Über den Autor:
Sven Kudszus, geboren 1979 in Schleswig-Holstein, kam über Umwege zur Animation. Es folgte ein über zehn Jahre dauernder Trip durch die Bettenburgen von Lloret de Mar bis Antalya. Heute ist er Clubleiter im größten Ferienclub für Kinder in ganz Deutschland.

Sven Kudszus
mit Christian Lütjens

Animateur inklusive

Ein Bericht von der Urlaubsfront

Besuchen Sie uns im Internet:
www.knaur.de

Originalausgabe Juni 2014
Knaur Taschenbuch
Copyright © 2014 bei Knaur Taschenbuch.
Ein Unternehmen der Droemerschen Verlagsanstalt
Th. Knaur Nachf. GmbH & Co. KG, München.
Alle Rechte vorbehalten. Das Werk darf – auch teilweise –
nur mit Genehmigung des Verlags wiedergegeben werden.
Redaktion: Caroline Draeger
Umschlaggestaltung: ZERO Werbeagentur, München
Umschlagabbildung: Gettyimages / Stone / Rebecca Handler;
FinePic®, München
Satz: Adobe InDesign im Verlag
Druck und Bindung: CPI books GmbH, Leck
ISBN 978-3-426-78665-9

2   4   5   3   1

Inhalt

TEIL 3: ABREISE

Diddeldaddeldudeldong!

Bescheuerte Überschrift, oder? Aber ich kann sie erklären. Mit dem Aufschlagen dieses Buches hast du den Alltag hinter dir gelassen, Sonne, Hitze und Meeresrauschen angeknipst und nebenbei einen Rundumunterhaltungsclown aus der Flasche gezaubert. Mich. Sven. Deinen Animateur.

Lassen wir das erst mal sacken. Mir ist völlig klar, dass jetzt ohne Ende Mundwinkel verzogen, Augen gerollt und Ach-du-Scheißes geflüstert werden. Das ist am Pool so, warum sollte es hier anders sein? Vielleicht liegst du ja sogar gerade auf deiner Sonnenliege und versuchst genau das zu tun, was die meisten Hotelgäste machen, wenn ein Animateur um die Ecke poltert: Du versuchst, dich hinter deinem Buch zu verstecken und vorzugeben, dass du die Ankunft des Spaß- machers nicht bemerkt hast. Doch dann dröhnt plötzlich die- ses unüberhörbare »Diddeldaddeldudeldong«, auch Jingle genannt, durch die Lautsprecher. Damit ist Weggucken zwecklos und die nächste Aktion eingeläutet. Das kann ein Clubtanz sein oder Wasser-Aerobic oder auch nur eine Einla- dung zum Volleyball. Ein paar Gäste um dich herum werden aufspringen und mitmachen. Wenn es dir in den Beinen krib- belt, bist du hiermit entlassen und kannst das Weiterlesen auf später verschieben. Andernfalls betrachte dieses Buch als offi- ziellen Freispruch vom Aktionismus meiner Kollegen. Wer Animation in Buchform über sich ergehen lässt, kann es nicht gleichzeitig in der Realität tun. Wobei ich dazu sagen muss, dass es mir weniger um die Übertragung von Unterhaltungs- ritualen ins Schriftliche geht als um die Beleuchtung eines Berufs, von dem alle denken, dass er nur Spielerei ist. Was verständlich ist, aber die interessanten Aspekte ausblendet.

Neben dem Herumalbern, dem Flirten und den verschiedenen Sportarten lernt man in dem Job nämlich vor allem, Menschen zu studieren. Sowohl körperlich als auch geistig. Wo dreißig Grad im Schatten herrschen, ist die Kleidung nun einmal knapp, und wo Menschen miteinander in Kontakt treten, tanzt die Psyche permanent Samba.

Wenn mich jemand fragt, wie Animation funktioniert, benutze ich als Beispiel gerne den überfüllten Fahrstuhl. Jeder kennt die Situation, dass er in einen vollgestopften Fahrstuhl einsteigt, die Tür sich hinter ihm schließt und die unangenehme Stille einsetzt, in der jeder versucht am anderen vorbeizugucken – was aufgrund der Enge gar nicht möglich ist. Je voller also der Fahrstuhl, umso bedrückender die Situation und desto beklommener die Mitfahrer. Wenn dann nur einer der Anwesenden einen lockeren Spruch macht oder irgendeinen Müll labert, hat das etwas total Befreiendes. Auf einmal haben die Leute die Möglichkeit zu lachen und aufeinander zu reagieren. Dabei lösen sich Peinlichkeit und Sprachlosigkeit nebenbei auf. Genau so funktioniert Animation. Clubhotels sind im Prinzip nichts anderes als vollgestopfte Fahrstühle. Auch hier müssen Menschen auf relativ engem Raum miteinander klarkommen. Und auch hier besteht das Problem der Ladehemmung bei der Kontaktaufnahme. An dieser Stelle kommen Animateure ins Spiel. Sie nehmen den Gästen den ersten Schritt ab, indem sie Witze machen, Unterhaltungen beginnen oder zu Spielen einladen. Alles Weitere ergibt sich von selbst. Ein Spruch führt zum nächsten, eine Meinung findet die andere, und schon bilden sich Gruppen. Denn eigentlich wollen die Leute sich ja austauschen. Weil sie Gemeinschaftstiere sind. Und sollte es innerhalb der Gemeinschaft zu Spannungen kommen, können sie sich immer noch auf denjenigen berufen, der sie zusammengebracht hat: den Animateur. Damit sind wir Initiatoren, Moderatoren und Blitzableiter.

Nebenbei sind wir aber auch selber Menschen – und damit eine Art personifizierter Fettnapf. Nach über zehn Jahren im Geschäft sage ich mittlerweile, dass mir eigentlich nichts mehr peinlich ist. Dass das nicht ganz stimmt, habe ich bei der Arbeit an diesem Buch gemerkt. Beim Gedanken an einige meiner Fehltritte aus der Vergangenheit schießt mir bis heute die Schamesröte ins Gesicht. Viele Pannen hab ich trotzdem aufgeschrieben. Weil sie nicht nur peinlich, sondern auch ziemlich lustig sind. Vor allem, wenn man nur über sie lesen und sie nicht selbst erleben muss. Übrigens auch so eine Grundregel in der Animation: Jeder Scherz auf Kosten eines anderen bedarf eines noch derberen Scherzes auf die eigenen Kosten. Es ist mir nicht schwergefallen, mich beim Schreiben an diese Regel zu halten. Stürzen wir uns also ins Vergnügen. Den Jingle hatten wir ja schon, die Action beginnt auf der nächsten Seite.

Einen schönen Urlaub wünscht
Sven Kudszus

Teil 1
Anreise

Das Leben davor

Eine der Fragen, die mir am häufigsten gestellt werden, lautet: »Wie wird man eigentlich Animateur?«
Darauf antwortet man entweder »Einfach machen« und wechselt das Thema, oder aber man rollt die eigene Berufsbiographie auf und offenbart damit das Nichtvorhandensein eines einheitlichen Karriereschemas. Ich würde sagen: Einerseits kann jeder Animateur werden, andererseits muss man dafür geboren sein. Der Widerspruch dieser Aussage löst sich am Beispiel meiner eigenen Geschichte auf.
Ich habe 21 Jahre meines Lebens zugebracht, ohne zu wissen, was ein Animateur überhaupt ist. Das ging. Manchmal zugegebenermaßen eher schlecht als recht, aber ohne dass mir wirklich etwas gefehlt hätte. Meine Kindheit war ganz okay, meine Jugend ein ziemliches Chaos, meine ersten Jahre als Volljähriger ... vergessen wir's. Ich hab eine Ausbildung zum Koch gemacht, in der mein Chef mich geschlagen hat. In meiner Freizeit hab ich geprügelt, gepöbelt und Handys verscherbelt, die ich nicht bezahlt hatte. Durch meine erste Führerscheinprüfung bin ich durchgerasselt, und kurz bevor ich sie wiederholen sollte, starb meine Mutter an Krebs. Klingt nicht nach Sonne, Hitze und Meeresrauschen, oder? War es auch nicht. Vielmehr bin ich nach dem Tod meiner Mutter in ein tiefes Loch gefallen und hatte den totalen Durchhänger. Den Führerschein hab ich sausenlassen, den Kontakt zu meiner Familie mehr oder weniger abgebrochen, und weil ich zu der Zeit sowieso keinen Job hatte, gammelte ich den ganzen Tag in einem Internetcafé meiner Heimatstadt Neumünster rum und daddelte. Klingt retro, ich weiß. Aber im Jahr 2001 hatten noch nicht alle einen Computer mit Onlineverbindung

zu Hause. Kleine Prolls wie ich schon gar nicht. Für mich war das wahrscheinlich ganz gut so. Auf diese Weise war ich gezwungen, mal aus meiner Bude rauszukommen, und konnte mir obendrein einreden, dass ich etwas Sinnvolles tat. Offiziell waren meine stundenlangen Internetsitzungen ja für Jobsuche und Bewerbungen gedacht. Es musste ja niemand wissen, dass ich sie in Wirklichkeit vor allem zum Musikhören und Flipperspielen nutzte. Und zum Leutegucken. Es war ein skurriles Figurenarsenal, das in dem Schuppen ein und aus ging. Es gab den Holsteiner Opa, der jeden Tag um 12 Uhr den Laden betrat, sich eine Flasche Korn kaufte, um sie dann vor Computer Nummer 10 zu leeren. Wenn er wieder ging, bezahlte er die Internetgebühr, obwohl er die ganze Zeit nur auf den blau schimmernden Monitor starrte. Ich glaube, der wusste gar nicht, wozu die Tastatur da war. Ein anderer Stammgast war eine Frau mit Schäferhund, die gegenüber wohnte und sich beim Gassigehen regelmäßig mit dem Verkäufer verquatschte. Und dann gab es noch einen kettenrauchenden Macker in meinem Alter, der »Geschäfte« machte, sein ständig klingelndes Handy aber nur für Privatgespräche nutzte, die er ohne jede Rücksicht im Brülltonfall absolvierte. Hinzu kam Laufkundschaft, die sich je nach Tageszeit aus verpeilten Jugendlichen, Nachbarn oder besoffenen Freaks zusammensetzte. Tja, und dann stand *er* eines trüben Aprilmorgens am Tresen: ein kleiner, untersetzter Angeber mit roter Nase und zerzausten Haaren, der in einer Lautstärke, die sogar die Telefonate des Geschäftsmackers übertönte, zum Besten gab, dass er nur auf der Durchreise und eigentlich »Animateur« sei. Wie gesagt: Mir war das Wort bis dahin nie untergekommen. Da der Kerl so halbseiden wirkte, dachte ich zunächst, es müsse sich um eine Form von Geisteskrankheit oder um eine Zirkusdisziplin handeln. Sein großspuriges Gequatsche über »Palmen« und »Traumstrände« hab ich ihm eh nicht abgekauft. Allerdings sagte er einen Satz, der mich hellhörig machte. Er lautete: »Und die Flüge bezahlt der Arbeitgeber!«

Ich war bis dahin noch nie in meinem Leben geflogen, und meine Auslandserfahrung belief sich auf ein paar Abstecher über die dänische Grenze, die von Neumünster dann auch nicht so wahnsinnig weit entfernt liegt. Einen eigenen Urlaubsflug zu buchen wäre mir nie in den Sinn gekommen. Aber das Ganze vom Arbeitgeber bezahlt zu bekommen ... Ich war angefixt. Während der Angeber weiterquasselte, gab ich das Wort »Animatör« bei Google ein und stieß erst mal auf eine türkischsprachige Jobbeschreibung des Trickfilmzeichners. Nicht dass ich Türkisch könnte, aber aus englischsprachigen Textelementen wie »Layout« oder »Movie« reimte ich mir das Nötige zusammen. Schließlich fiel mir aber auch die automatisch angebotene Alternativschreibweise »Animateur« auf. Ein Klick, und plötzlich las ich tatsächlich Sehnsuchtsbegriffe wie »Tourismus«, »Hotelbranche« und »Spaßfaktor«. Die Eingabe des zusätzlichen Suchworts »Jobangebot« lag nahe. Von dort aus war der Weg zum Onlinebewerbungsformular eines großen Reiseveranstalters nicht mehr weit.

Als ich das fertig ausgefüllte Dokument abschickte, war der Typ mit den zerzausten Haaren verschwunden, ohne dass ich seinen Abgang mitgekriegt hatte. Stattdessen stand schon wieder die Frau mit dem Schäferhund am Tresen und laberte. Hinter mir trompetete der Geschäftsmacker »Ey, wenn du Schluss machst, leg ich auf« in sein Handy. Vor Computer Nummer 10 trank der Holsteiner Opa den letzten Schluck aus seiner Kornbuddel. Rückblickend kommt mir das Auftauchen des Angebers mit der roten Nase vor wie eine Fata

Morgana. Schicksal war es in jedem Fall. Nur zwei Tage später hatte ich eine Antwortmail des Reiseveranstalters im Postfach. Mit einer Einladung zum Vorstellungsgespräch nach Kleve im Ruhrgebiet. Noch immer wusste ich nicht mehr über den Job, für den ich mich beworben hatte, als dass er mit »Tourismus«, »Hotelbranche« und »Spaßfaktor« zu tun hatte. War mir egal. Ich rief meinen besten Kumpel an, um das Erfolgserlebnis mit ihm zu feiern. Außerdem musste er mir für den Tag des Vorstellungsgesprächs sein Auto leihen. Und einen Anzug. Beides tat er anstandslos. Zwei Wochen später rollte ein kleiner Proll aus Neumünster ohne Peilung und ohne Führerschein ins Ruhrgebiet, um die Show seines Lebens abzuziehen.

Daylight in your eyes

Ich weiß noch, dass auf der Fahrt mindestens viermal »Daylight in your eyes« von den No Angels im Radio lief. Für alle, die sich nicht mehr erinnern: Das war die erste deutsche »Popstars«-Band. Fünf überdrehte Nervensägen, in deren TV-Wettstreit ich in den letzten Wochen ein paarmal zu oft reingezappt hatte. Mit dem Erfolg, dass ich irgendwann beschloss, Castings nervig und blöde zu finden. Man kann sich also denken, wie begeistert ich war, als die erste Frage, die mir nach meiner Ankunft von einer biederen Frau mit Pottschnitt gestellt wurde, lautete: »Und Sie? Wollen Sie auch zum Casting?«

»Nö«, antwortete ich im Brustton der Überzeugung. »Ich hab einen Termin zum Bewerbungsgespräch.«

Der Pottschnitt lächelte amüsiert und zwinkerte mir zu. »So kann man es natürlich auch nennen. Folgen Sie mir bitte unauffällig.«

Ich dachte, ich bin im falschen Film. Es war mir gleich komisch vorgekommen, dass das Bewerbungsgespräch nicht in der Stadt, sondern in einem Industriegebiet stattfand. Und es kam mir noch komischer vor, dass ich jetzt in einer Art Turnhalle abgeliefert wurde, in der eine Reihe von Stühlen stand, auf denen wie die Hühner auf der Stange zehn Mädchen hockten, die teilweise Gymnastikanzüge trugen.

»Viel Erfolg.« Erneut zwinkerte mir der Pottschnitt zu. Ich wollte gerade protestieren und anmerken, dass das wohl ein Missverständnis sein musste, da kam ein smarter Schnösel mit Hemd und Seitenscheitel auf mich zu und fragte: »Sind Sie Herr Kudszus?«

Ein Teil von mir war drauf und dran »Nein« zu schreien und

aus der Halle zu rennen, aber der überrumpelte Rest nickte stumm und ließ sich von dem Schnösel die Hand schütteln.

»Wir warten noch auf einen weiteren Bewerber, dann sind wir vollzählig«, meinte er. »Sie wollen sich sicher noch umziehen, oder?«

Wieder dachte ich, ich höre nicht richtig: »Umziehen?«

»Oder ist es das, was Sie unter ›sportlicher Kleidung‹ verstehen?«, fragte der Scheitel und deutete auf meinen Anzug.

Sportliche Kleidung? Was wollte der denn von mir? Und was sollte überhaupt dieser Blick von oben herab? Mein Unverständnis muss sich dem Typen auch ohne Worte mitgeteilt haben, jedenfalls zog er die Augenbrauen hoch und sagte mit einem schnippischen Unterton: »Die Anmerkung zur Kleiderempfehlung haben Sie vermutlich überlesen. Kein Problem. Wir können Ihnen gerne etwas Legereres zur Verfügung stellen.«

»Das geht schon so«, brummelte ich, ging schnurstracks zu einem der zwei übrigen freien Stühle und setzte mich. Hatte ich vorhin von der Stille im Fahrstuhl gesprochen? Seit diesem Tag weiß ich, dass es sie auch in Turnhallen gibt. Ich war froh, dass ich mich mit dem Ausfüllen eines Zettels beschäftigen konnte, auf dem noch mal die Personalien und der angestrebte Arbeitsbereich abgefragt wurden: »Kinderanimation«, »Allrounder« oder »Aerobic«? Damit erklärten sich wenigstens die Gymnastikanzüge. Ich kreuzte »Allrounder« an und zog mein Jackett aus. Da nahm plötzlich ein kaugummikauender Typ in Trainingshosen und T-Shirt neben mir Platz.

»Tach, ich bin Timo«, sagte er.

»Sven«, antwortete ich, und wir gaben uns die Hand.

»Hast dich ja richtig schick gemacht für die Mädels.«

»Mädels?«

Timo nickte bedeutungsvoll und machte eine Kopfbewegung

in Richtung Hühnerstange. Dann beugte er sich vor und flüsterte mir ins Ohr: »Aber Finger weg von der Blonden mit dem pinken Top. Die gehört mir.« Ich sah nach rechts und erkannte in der langen Reihe aus Glanzleggings, Sportoberteilen und Pferdeschwänzen eine strohblonde Sexbombe, die mit durchgedrücktem Hohlkreuz und hoch erhobenen Hauptes ihre Brüste in den Raum streckte, über deren üppigen Rundungen sich ein signalfarbenes Neontop spannte. Sexy, ohne Frage. Aber irgendwie auch schamlos.

»Ich dachte immer, solche Frauen schlafen sich hoch«, raunte ich Timo zu.

»Tun wir das nicht alle?«, zwinkerte er zurück.

Bevor ich weiter über diese Aussage nachdenken konnte, trat der Schnösel mit dem Seitenscheitel vor, erklärte die Runde für vollzählig und das »Casting« für eröffnet. Eine Frau aus der Personalabteilung und eine Expertin für den Fachbereich Animation assistierten ihm. Die Zettel wurden eingesammelt, Namensschilder verteilt und eine kurze Begrüßungsansprache verlesen, an die ich mich genauso wenig erinnere wie an die Vorstellungsrunde, den Auflockerungstanz und die Einzelgespräche. Ich weiß nur, dass ich mich sauunwohl fühlte. Und dass das Mädchen mit den pinken Brüsten Caro hieß. Und dass Timo beim Auflockerungstanz direkt zu ihr rüberschunkelte, während ich mit gesenktem Blick und meinen viel zu rutschigen Lederhalbschuhen ausschließlich damit beschäftigt war, mich auf dem glatten Turnhallenboden nicht auf den Hintern zu setzen.

Wahrscheinlich war es die pure Verzweiflung, die mich bei der letzten Aufgabe nicht nur meine Schuhe, sondern auch jegliche Hemmungen ablegen ließ. Wir bekamen zehn Minuten Zeit, um uns eine Strandolympiade mit drei Stationen zu überlegen. Als Hilfsmittel standen Volleybälle, Hula-Hoop-

Reifen, Badmintonschläger, Plastikkegel und diverse weitere Spielzeuge zur Verfügung. Auch biegsame Schaumstoffstangen waren dabei, deren Zweck sich mir nicht erschloss, die ich aber ein paar Wochen später als »Poolnudeln« zu schätzen lernte. Doch eins nach dem anderen: Bei meiner Strandolympiade kamen erst mal nur Reifen, Bälle und Kegel zum Einsatz – und sechs meiner Mitbewerber, die ich in einem Anfall von Respektlosigkeit als Testkaninchen einspannte. Die Aufgaben waren simpel: Kegelweitwurf, Prellen, Hula-Hoop. Die Schwierigkeit bestand allerdings darin, dass die Teilnehmer bei alldem aneinandergekettet waren. Am Start hatte ich fünf Hula-Hoop-Reifen in Form der olympischen Ringe auf den Boden gelegt. Timo musste in den Ring links außen steigen, Caro in den Ring rechts außen, die weiteren vier in die Hohlräume der sich jeweils überschneidenden Kreise. Beim Startsignal wurden die Reifen zur Hüfte hochgezogen, so dass sich eine Kette bildete. Bei den weiteren Stationen war die Herausforderung für alle sechs, die Aufgaben zu meistern, ohne dass die Kette durch einen herunterfallenden Ring unterbrochen wurde – was spätestens beim Hula-Hoop ein Ding der Unmöglichkeit war und zu einem chaotischen Gekreische und Gejuchze führte. Ich stand auf Socken mit hochgekrempelten Hosenbeinen daneben und versuchte, ernst zu bleiben. Auch die Juroren schienen sich das Lachen verkneifen zu müssen. Ich war nicht sicher, ob das ein gutes oder schlechtes Zeichen war. In Ermangelung einer Trillerpfeife beendete ich das Spiel mit einem lauten Pfiff auf den Fingern. Schlagartig war wieder Ruhe in der Turnhalle. Die Ringe, Kegel und Bälle wurden eingesammelt, und die nächste Bewerberin kam an die Reihe. Das war's. Einen Kommentar gab es nicht. Zehn mehr oder weniger amüsante Strandolympiaden später sprach der Scheitel ein paar verabschiedende Worte und kündigte an, dass man sich in den nächsten Tagen melden würde. Damit war das »Casting« nach einer guten Stunde vorbei. Ganz schön kurz für die lange Anreise. Ich weiß noch, dass ich zu Timo gesagt habe: »Wie, das war's schon?«

»›Schon‹ ist gut«, grinste er und geiferte zu Caro rüber. »Es wird höchste Zeit, dass ich das Projekt Pink-Top in Angriff nehme.«

Der Typ war unglaublich. Es schien ihn überhaupt nicht zu interessieren, ob er den Job bekam. Das Einzige, was ihn umtrieb, waren die Möpse der Sexbombe. Ein bisschen bewunderte ich ihn für seine Kaltschnäuzigkeit. So klang es vermutlich mehr anerkennend als tadelnd, als ich zu ihm sagte: »Du denkst auch nur ans Vögeln, oder?«

Seine Antwort kam wie aus der Pistole geschossen: »Na, was meinst du, warum ich hier bin?«

Man muss mir meine Naivität regelrecht angesehen haben. Ich kann es rückblickend kaum noch nachvollziehen, aber ich verstand seine Worte nicht. Ich hatte ja immer noch keine Ahnung von der Animation, geschweige denn vom Berufsimage. Ich wusste nicht, dass sich neunzig Prozent der männlichen Bewerber in erster Linie für diesen Job interessieren, weil sie gehört haben, dass man als Animateur viele Frauen ins Bett kriegt. Wahrscheinlich war meine Unwissenheit ein Segen. Hätte ich Bescheid gewusst, hätte ich mich wohl nicht beworben. Ich war bis dahin nie ein großer Aufreißer gewesen und hab mich von superselbstbewussten Typen wie Timo eher eingeschüchtert als verstanden gefühlt. Sie schienen in einer anderen Liga zu spielen. Nie hätte ich mir träumen lassen, dass ich nur ein Jahr später exakt den gleichen Du-denkst-auch-nur-ans-Vögeln-Dialog noch mal führen würde. Nur mit vertauschten Rollen. Aber auch dazu komme ich später. Meine letzte Erinnerung aus der Turnhalle sind jedenfalls der ungläubige Blick von Timo und seine väterlichen Worte: »Kennst du den Spruch ›Wer ficken will, muss freundlich sein‹?«

Ich schüttelte den Kopf.

»Okay, dann merk ihn dir. Um nichts anderes geht's bei diesem Job.«

Damit ließ er mich stehen und eilte dem Projekt Pink-Top hinterher.

Als ich eine Stunde später im Auto saß und zum fünften Mal an diesem Tag »Daylight in your eyes« über mich ergehen ließ, hatte der Song seine Ohrwurmautorität verloren. In meinem Hirn drehte sich ein anderes Mantra in der Endlosschleife: »Wer ficken will, muss freundlich sein.«

Castings und andere Katastrophen

Da wir gerade das Casting beendet haben, will ich dem Thema noch ein paar übergeordnete Worte hinterherschicken. Ich habe seit diesem denkwürdigen Tag im Ruhrgebiet diverse weitere Vorsprechen erlebt. Sowohl aus Bewerber- als auch aus Entscheiderperspektive. Deshalb weiß ich, dass der exemplarische Fall meines ersten Castings einige Rückschlüsse auf die Tugenden eines Animateurs als auch auf Bewerbungssituationen im Allgemeinen zulässt. Das will ich nämlich schon mal verraten: Ich wurde genommen. So eine Überraschung aber auch. Ich höre förmlich das erstaunte Raunen in den Reihen der Leser. Und den Applaus. Und die Glückwünsche. Und dann den kleinen Spielverderber, der missmutig fragt: »Wieso das denn?«

Ich muss zugeben, diese Frage hat angesichts der fast schon unverschämten Nichtexistenz meiner Vorbereitung ihre Berechtigung. Die kurze Antwort lautet: mehr Glück als Verstand. Die lange Antwort: Ich habe bei diesem Casting, wenn auch unbewusst, vieles richtig hingekriegt. Ich kann das im Nachhinein an drei Punkten festmachen.

Erstens: der verpatzte Dresscode. Natürlich hatte ich in der Einladung den Punkt mit der »sportlichen Kleidung« überlesen. Eigentlich ein unmögliches Verhalten. Aber durch meinen Umgang mit der Situation konnte ich wieder punkten. Ich hab zum richtigen Zeitpunkt die Schuhe ausgezogen und die Hosenbeine hochgekrempelt. Reine Improvisation. Da Improvisieren aber ein wichtiger Bestandteil des Jobs ist, war es gar nicht blöd. Dass es außerdem ziemlich uneitel wirkt, dürfte ein weiterer Pluspunkt gewesen sein. Eitelkeit ist in der Animation fehl am Platz.

Zweitens: Die »Respektlosigkeit«, meine Mitbewerber in die Strandolympiade zu integrieren, war zwar eine Notlösung – ich wusste schlicht nicht, wie ich die Idee mit der Reifenkette alleine hätte demonstrieren sollen –, aber sie war Gold wert. Als Animateur darf man keine Angst haben, Leute auch mal gegen ihren Willen in Spiele einzubeziehen. Deshalb leitet sich die Berufsbezeichnung ja von dem Wort »animieren« ab, was auf gut Deutsch nichts anderes heißt als Aufscheuchen oder In-den-Arsch-Treten. Ähnlich verhält es sich mit dem chaotischen Gekreische und dem Versuch der Juroren, sich das Lachen zu verkneifen. Eine bessere Bestätigung gibt's nicht. Wenn Mitspieler in der Selbstvergessenheit des Spiels die Hemmung verlieren, laut zu werden, und die Zuschauer über das, was sie sehen, lachen müssen, weißt du, dass du einen guten Job gemacht hast. Es ist im Arbeitsalltag oft gar nicht so einfach, dieses Ziel zu erreichen. In Bewerbungssituationen erst recht nicht. Dass ich es aus völliger Unbedarftheit heraus schon beim ersten Casting geschafft habe, nötigt mir im Nachhinein fast schon Respekt vor mir selber ab.

Drittens: der Schlusspfiff auf den Fingern. Auch der war eine Notlösung, weil ich vergessen hatte, mir eine Trillerpfeife geben zu lassen. Und weil es mir peinlich gewesen wäre, laut rumzuschreien – oder aber nicht laut genug zu schreien und von den Leuten überhört zu werden. Eine erneute Improvisation also. Aber mit exakt dem richtigen Effekt. Alle haben's gehört, alle haben's kapiert, alle haben reagiert. Ich vermute, dadurch ist bei den Juroren der Eindruck entstanden, ich hätte Übung darin, mich durchzusetzen. Inzwischen stimmt das, damals war es ein totales Missverständnis. Mehr Glück als Verstand halt.

Fassen wir also kurz zusammen: Improvisationskunst, Durchsetzungsvermögen und eine gewisse Respektlosigkeit sind die Tugenden eines Animateurs. Menschenscheu, Unsicherheit und Eitelkeit sind es nicht. Und bevor ich jetzt allzu selbstverliebt rüberkomme: Mir ist schon klar, dass ich den Job auch bekommen habe, weil aller glücklichen Fügung zum Trotz in der Animation jeder Mitarbeiter gebraucht wird. Es ist nicht so, dass die Bewerber den Reiseveranstaltern die Bude einrennen. Vielleicht trägt der angstbehaftete Ruf der Castings sogar zu diesem Mangel bei. Besonders die berüchtigten Drei-Minuten-Freistil-Shows, die einige Veranstalter einfordern, sind gefürchtet. Es gibt Internetforen, in denen Bewerber nichts anderes tun, als Tipps und Geschichten zu dieser verhassten Form der Selbstpräsentation auszutauschen, es aber trotzdem nicht schaffen, ihr den Schrecken zu nehmen. Die Herausforderung dieser Form des Castings besteht darin, dass die Bewerber die Jury drei Minuten lang mit einer Aktion ihrer Wahl unterhalten müssen. Jeder, der schon mal ein Referat oder eine freie Rede auf Zeit halten musste, weiß, dass drei Minuten ewig dauern oder auch viel zu kurz sein können. So ist das auch beim Freistilcasting. Außerdem führt die selbständige Entscheidung über die Art des Vortrags zu den kuriosesten Darbietungen. Es gibt Leute, die sich Choreographien überlegen, die sie dann so hektisch runterturnen, dass sie schon nach einer Minute total aus der Puste sind und für den Rest der Zeit ihr Pulver verschossen haben. Es gibt auch Leute, die Spiele erklären wollen, sich beim Aufbau aber so viel Zeit lassen, dass die drei Minuten schon um sind, bevor der Sinn des Spiels überhaupt zur Sprache kam. Einmal hab ich eine Frau erlebt, die – ohne Witz – mit ihrer Handtasche vor die Jury hintrat, ein Buch und eine Stoppuhr rausholte und dann seelenruhig drei Minuten aus »Friedhof der Kuscheltiere« von Stephen King vorlas. Nachdem sie mit dem Satz »Aus der geschwollenen, verzerrten rechten Schulter ragte ein Schlüsselbein heraus« geendet hatte, wurde sie von der Jury gefragt: »Vorlesen – eine ungewöhnliche Idee für ein Animateurcasting, meinen Sie nicht?«

»Ungewöhnlich sollte Animation doch sein, oder?«, lautete die schlagfertige Antwort.

»Aber finden Sie, dass ein Horrorroman das richtige Programm für einen Ferienclub ist?«

»Fürs Kinderprogramm sicher nicht. Ansonsten ist ›Friedhof der Kuscheltiere‹, meinen Recherchen zufolge, eine der meistgelesenen Urlaubslektüren der Deutschen. Im Zeitalter des Hörbuchs kann man diesem Phänomen ruhig mal mit einer Lesung Rechnung tragen.«

Die Juroren saßen mit offenem Mund da und wussten nicht, was sie sagen sollten. Als dem altklugen Fräulein die Standardfrage »Und in welcher Animationsform sehen Sie ihren Fokus?« gestellt wurde und sie »Kinderanimation« antwortete, dachte ich, das Bewerbungsgespräch sei für sie gelaufen. So kann man sich irren. Sie hat den Job bekommen. Ich hab das zunächst überhaupt nicht kapiert, mich sogar ein bisschen drüber geärgert. Inzwischen verstehe ich es. Sie ist mit der richtigen Selbsteinschätzung, mit Mut zur Provokation und ausreichend vorbereitet zum Gespräch gekommen. Die Formulierung »Meinen Recherchen zufolge …« sollte man sich für Bewerbungsgespräche warm halten. Lässt man ihr eine wie auch immer geartete Insiderkenntnis folgen, gaukelt sie eine so streberhafte Auseinandersetzung mit dem beruflichen Umfeld vor, dass kaum ein Personalerherz davon ungerührt bleibt. Das ist zumindest meine Erfahrung.

Zu meinem eigenen Debüt im Drei-Minuten-Freistil-Karussell: Es fand vier Jahre nach dem Ruhrpott-Casting in Bayern statt und zählt nicht so richtig, weil ich zu diesem Zeitpunkt bereits wusste, was ich tat. Lustig war's trotzdem, weil es den

Arschtrittaspekt auf die Spitze trieb. Ich hab mir ganz bewusst die Königsdisziplin der Animationsformen vorgenommen: die Minidisco. Vor dem Casting hab ich eine Drei-Minuten-Collage mit Ausschnitten aus beliebten Kinderliedern auf eine CD gebrannt. Los ging's mit »Ich war vor langer Zeit mal in Amerika«, weiter mit »Veo veo«, zum Schluss kam »If you're happy and you know it, clap your hands«. Insgesamt kamen sechs verschiedene Lieder vor, also auch sechs verschiedene Choreographien. Diesmal habe ich nicht meine Mitbewerber, sondern die Juroren mitmachen lassen. Ich habe eine ganze Weile darüber nachgegrübelt, ob man das bringen kann, aber irgendwann dachte ich: Diese Leute sitzen den ganzen Tag auf ihrem Hintern und gucken zu, wie sich die Bewerber vor ihnen zum Affen machen. Warum also nicht mal den Spieß umdrehen? Hätte ordentlich in die Hose gehen können, hat aber geklappt. Ich hab mich insgeheim totgelacht. Den Juroren war es natürlich total unangenehm, hinter der Verschanzung ihres Pultes hervorzukommen und bei Nonsenschoreographien mitzumachen, bei denen auch die honorigste Respektsperson lächerlich aussieht. Hände hoch und Arme im Wind wiegen, Füße aufstampfen und Fäuste in die Hüften stemmen, Hintern raus und Schwänzchen in die Höh. Sogar der dicke Schlipsträger aus der Personalabteilung hat sich drei Minuten lang diesen Klassikern aus der Minidisco-Move-Palette hingegeben. Vermutlich zum ersten und letzten Mal in seinem Leben. Übrigens ein Punkt, den ich mittlerweile kritisch sehe. Viel zu oft sitzen in den Jurys Leute, die von der Animation keine Ahnung haben. Sie können gar nicht richtig beurteilen, ob der Bewerber sich für den Job eignet oder nicht. Da wird dann nach Aussehen oder Zeugnissen oder persönlicher Sympathie ausgewählt. Ein Typ, der einen Abi-Durchschnitt von eins Komma null hat, eignet sich aber nicht zwangsläufig für die Animation. Auch eine Katalogschönheit mit Modelmaßen ist den Anforderungen des Jobs nicht unbedingt gewachsen. Und der wohlerzogene Bursche, den die Frau aus der Buchhaltung gerne zum Schwiegersohn hätte, kann seine Qualitäten an der Urlaubsfront vielleicht nicht wirklich zur Geltung bringen. So was bedeutet für die Teamleiter vor Ort dann meist Ärger und zusätzliche Arbeit. Beides kann man sich sparen, wenn man von vornherein Leute mit der Stellenvergabe betraut, die den Job schon mal gemacht haben. Hinzu kommt, dass in den vergangenen Jahren immer öfter Leute aufgrund eingeschickter Filmchen eingestellt werden, oder Bewerbungsgespräche nur noch online, also via Skype stattfinden. Auch so was trägt nicht zur Qualitätssteigerung bei. In der Animation geht es schließlich mehr als irgendwo sonst um persönliche zwischenmenschliche Interaktion. Die Grundlage für eine solche Tätigkeit sollte demnach eine persönliche Begegnung sein. So rede ich heute. Vor 13 Jahren hätte ich vermutlich gesagt: »Ja, ja, laber ruhig.« Bevor mir also irgendein missmutiger kleiner Spielverderber Fachsimpelei vorwirft, reisen wir noch einmal in der Zeit zurück, um zu erfahren, wie es nach meinem Ausflug in den Ruhrpott weiterging.

Die Reise zum Olymp

Von meiner Rückkehr nach Neumünster bis zur Abreise zu meinem ersten Job nach Griechenland lagen nicht mal anderthalb Wochen. Das ging ratzfatz. Einen Tag nach dem Casting bekam ich einen Anruf. Der Schnösel teilte mir mit, dass ich »dabei« sei. Er sagte das, als ob er erwartete, dass ich spontane Freudenschreie ausstoßen würde. Aber da kannte er mich schlecht. Mehr als ein sprödes »Cool« kam mir damals nicht über meine Lippen. Wann ich denn anfangen könne, wollte er wissen. Ein knappes »Von mir aus sofort« war die Antwort.

»Ich hätte da eine Stelle in Griechenland. Würde das passen?«

»Klar.«

»Olympische Riviera?«

»Was ist damit?«

»Äh … Da ist das Hotel.«

»Also doch nicht Griechenland?«

»Doch, doch.«

»Okay.«

So in der Art verlief dieses Telefonat. Es war mir auf gut Deutsch gesagt scheißegal, wo ich hinkam. Das Einzige, was mich interessierte, war der Flug. Ich weiß noch, wie der letzte Satz in meinen Ohren klingelte: »Gut, dann kümmere ich mich um das Ticket, das wir Ihnen dann per Post zuschicken.« An dieser Stelle wäre vielleicht wirklich ein Freudenschrei fällig gewesen, aber die Blöße gab ich mir nicht. Nach fünf Minuten war alles erledigt. Der Schnösel beteuerte noch mal seine Freude darüber, dass ich »dabei« sei, dann legten wir beide auf. Und dann? Tränen? Fanfaren? Glücksgeheul? Ich muss euch enttäuschen, Leute. Wir sind hier nicht in einer Dokusoap. Nachdem ich den Hörer aufgelegt hatte, hab ich

ihn sofort wieder abgenommen, um meinen Vermieter anzu-
rufen und die Wohnung zu kündigen, schließlich sollte der
erste Vertrag mich gleich für ein halbes Jahr ins Ausland führen. Das wurde mit einer ähnlich stoischen Gelassenheit zur
Kenntnis genommen, wie ich sie der Jobzusage entgegenge-
bracht hatte. Danach hieß es: Ausmisten. Nicht dass ich so
wahnsinnig viel Zeug gehabt hätte, aber bei einer Haushalts-
auflösung fällt auch in einem schlecht sortierten Jungshaus-
halt eine Menge Krempel an. Als meine damalige Freundin
am Abend zu Besuch kam, musste sie sich im Flur erst mal an
einem großen Haufen Möbelmüll vorbeiquetschen.

»Was is 'n hier los?«, fragte sie entgeistert.

»Ich wandere aus«, antwortete ich.

»Wie, du wanderst aus?«

»Griechenland. Olympisches Revier oder so ähnlich.«

»Hast du den Job echt gekriegt, oder was?«

Ich nickte. Und dann waren sie auf einmal doch da, die Tränen. Nicht bei mir, aber bei meiner Freundin. Das war das
erste Mal, dass mir in den Sinn kam, dass mich Leute ver-
missen könnten. Gefühlsmäßig muss ich damals wirklich ab-
gestumpft gewesen sein. Ich weiß noch, dass ich meine Freundin mit den Worten tröstete: »Brauchst nicht traurig sein. Du
kriegst auch die Katze.«

Daraufhin heulte sie noch mehr. Wegen der Katze oder meinetwegen? Im Nachhinein bin ich nicht ganz sicher. Ich weiß
nur, dass die beiden es nach meiner Abreise nur drei Wochen
miteinander ausgehalten haben. Danach war meine Freundin
überfordert vom Eigensinn des Tieres und ließ es einschläfern.
Blöde Kuh. Wäre die Beziehung zu ihr für mich emotional
nicht ohnehin mit der Entscheidung, den Job anzunehmen, beendet gewesen, hätte ich spätestens nach dem Katzenmord
Schluss gemacht. Aber Schwamm drüber und weiter im Text.

Als ein paar Tage später das Flugticket nach Thessaloniki im Briefkasten lag, war meine Wohnung mehr oder weniger leer geräumt. Wohnzimmertisch und Fernseher hatte ich an den Freund mit dem Anzug verscherbelt, Besteck und Geschirr meinem Vater zurückgegeben, von dem ich sie auch bekommen hatte, ein paar Stofftiere, Pflanzen und die Katze bekam meine Freundin. Der Rest wanderte in den Sperrmüll und die Altkleidersammlung. Beziehungsweise in den einzigen Koffer, den ich mitnahm. Es war ein radikaler Fall von Zelte-Abbrechen und Nach-mir-die-Sintflut, auch wenn ich das gar nicht so empfunden habe. Mich hielt nach dem Tod meiner Mutter einfach nichts mehr in meiner Heimat. Das Verlassen der vertrauten Umgebung bedeutete auch die Flucht vor Gefühlen, die ich sowieso verdrängte. Vielleicht fiel der Aufbruch deshalb so leicht. Ich habe nie richtig darüber nachgedacht, was mich in Griechenland erwartete. Oder dass ich da gerade etwas tat, von dem viele Leute träumen. Einfach abhauen und neu anfangen. Im Ungewissen. Im Süden. In der Sonne. Während in Deutschland der kalte Aprilwind blies und es alle paar Stunden regnete.

Als mein Vater mich zum Flughafen brachte, trug ich eine dicke Jacke und eine Mütze, die ich vor Aufregung den ganzen Flug über anbehielt. Ich war super aufgeregt. Als der Flieger vom Boden abhob, hab ich mich selbst dabei ertappt, wie ich mir in den Arm kniff und immer wieder »Wie geil, wie geil« vor mich hin murmelte. Zum Glück war noch keine Hochsaison, das Flugzeug nur halb voll und der Platz neben mir frei. Sonst hätten meine Sitznachbarn wahrscheinlich einen Psychiater gerufen für den aufgekratzten Typen mit der Mütze und der Winterjacke, der die ganze Zeit wie ein Irrer fotografierte. In die Wolken. In den Himmel. Wer wissen will, wie die Fotos geworden sind, stelle sich einfach blaue oder weiße Farbflächen vor, auf denen zwischendurch ein Fensterrahmen ins Bild ragt. So sieht Euphorie knipsed by Sven Kudszus aus. Oder sie tat es zumindest damals.

Als ich aus dem Flieger stieg, schlug mir trockene, flimmernde Hitze entgegen. Wie eine Wand stand sie vor der Flugzeugtür und nötigte mir ein weiteres »Wie geil! Wie geil!« ab. Ich hab Jacke und Mütze später einfach am Gepäckband liegen lassen. Mein Opfer an die Urlaubsgötter. Die Jacke hätte ich vielleicht besser behalten sollen. Auf der Busfahrt von Thessaloniki nach Leptokaria hätte ich sie als Dämpfmaterial für meinen Hintern gebrauchen können. Zwei Stunden lang rumpelte der Bus von einem Schlagloch zum nächsten, während die Welt draußen vor den Fenstern in felsig staubigem Wüstengrau vorbeizog, das auch das rote Licht der untergehenden Sonne nur bedingt seiner Tristesse beraubte. Müll, Kakteen, wilde Hunde … Von dieser Fahrt gibt es bezeichnenderweise keine Fotos. Als die Fahrt zu »Triton's Castle Resort«, meinem zukünftigen Arbeitsplatz, endlich vorbei war, hatten sich in den Rissen meiner angeknacksten Euphorie erste Bedenken gesammelt. War es wirklich eine gute Idee gewesen, mein vertrautes Umfeld für ein ausgedorrtes Land aufzugeben, in dem die Busfahrer fuhren wie die Henker und ihre Fahrzeuge bei jeder Erschütterung auseinanderzufallen drohten? Diese Frage geisterte mir durch den Kopf, als ich meinen Koffer die Rampe zum Hoteleingang hochhievte. In der Lobby jedoch waren alle Zweifel wie weggeblasen. Stattdessen schlich sich das liebliche Klimpern leiser Klaviermusik in meine Gehörgänge. Die Bodenfliesen waren so blank gebohnert, dass die Deckenleuchten sich in ihnen spiegelten. Es roch nach Essen und Putzmitteln. Das Personal an der Rezeption trug elegante Uniformen. Schlagartig war die Zuversicht zurück. Eine blonde Sportskanone mit Polohemd, kurzen Hosen und Käppi, auf denen das Hotellogo prangte, kam auf mich zu: »Du musst Sven sein, richtig?«

»Ja, stimmt.«

»Herzlich willkommen im ›Triton's Castle‹«, lächelte sie. »Ich bin Sonja, deine Teamleiterin. Komm, ich bring dich zu deinem Zimmer und zeig dir den Club. Ich hoffe, du hattest eine gute Fahrt. Es gab vor ein paar Wochen Probleme mit den Verkehrswegen, weil an der Küstenstraße eine Gerölllawine runtergekommen war. Ein Glück, dass das nicht in der Hauptsaison passiert ist …«

Damit setzte Sonja sich in Bewegung und redete fortan ohne Punkt und Komma wie ein Wasserfall auf mich ein. Über das Klima und das Land. Über den Club und die Gäste. Über das Essen und die Kollegen. Die Frau verstand ihren Job. Hätte ich ihr auch nur ansatzweise zugehört, hätte ich mir viele ihrer Konversationsfloskeln abgucken können. Aber ich hörte nicht zu. Ich guckte nur. Überall standen angestrahlte Palmen, der Pool leuchtete hellblau, vor behaglichen Bungalows saßen Leute und tranken Wein, an der Bar wurde gelacht und gefeiert, im Hintergrund rauschte das Meer. Wie auf Wolken schwebte ich durch diesen Club und dachte mir: »Du verdammter Glückspilz. Noch gestern hätte dir in Neumünster jeder prophezeit, dass du vom Trecker überfahren oder von der Dorfpolizei eingelocht wirst, sobald du zwanzig Meter übers Ortsschild hinausgehst, und jetzt bist du hier. Im Paradies.«

Ich wusste noch nicht, dass es ein Paradies voller Fallen und Gefahren war. Und dass ich schon am nächsten Morgen seine Krallen zu spüren bekommen würde. Vermutlich hätte ich gar nicht hingehört, wenn mich jemand gewarnt hätte. Dieser Augenblick war über die Realität erhaben. Er fühlte sich an wie Weihnachten und zehn Orgasmen zusammen. Für eine Nacht war ich der glücklichste Mensch der Welt.

Willkommen im Club

Viel geschlafen habe ich in der ersten Nacht in »Triton's Castle« nicht. Obwohl ich todmüde war und sogar ein Zimmer für mich alleine hatte. Durchaus kein Normalfall, wie ich später herausfinden sollte. Auf die abenteuerlichen Unterkünfte, die Animateuren in Kellerabteilen, Abstellkammern und ausrangierten Gästezimmern zur Verfügung gestellt werden, gehe ich später noch ein. Diese hier war vergleichsweise komfortabel. Es gab ein kleines Bad, ein Fenster, ein großes Bett und einen Schrank, in den ich meinen gesamten Kofferinhalt entleerte. Im Licht der flackernden Deckenleuchte sah der Raum ganz behaglich aus. Das relativierte sich bei Tageslicht ein wenig. Da kamen dann doch Risse in Wänden, abblätternde Tapeten und staubige Ecken zum Vorschein. Das unablässige Tropfen des Wasserhahns hatte ich zu diesem Zeitpunkt bereits als festen Bestandteil der Geräuschkulisse verbucht. Die fremdartigen Laute und Düfte hatten mich noch viel zu lange wach liegen lassen, als dass ich am Morgen frisch und ausgeschlafen gewesen wäre. Ob genug Schlaf allerdings etwas an den Schrecken dieses Tages geändert hätte? Ich befürchte: nein.

Es fing damit an, dass ich das Frühstück verpennte und im Eiltempo duschen und in die frisch gewaschene »Arbeitsuniform« (kurze Hose, Polohemd und Käppi mit Hotellogo) springen musste, die mir Sonja am Vorabend überreicht hatte – in zweifacher Ausführung und mit den Worten: »Deine Dienstkleidung. Oder wie ich es nenne: das Narrenkostüm. Wenn du das trägst, erkennen die Gäste, dass du zum Team gehörst. Sonst nicht. Deshalb Privatklamotten bitte nur an freien Tagen anziehen.«

Verdammt. Ich hatte extra meine coolsten Shirts und Shorts eingepackt, um Frauen zu beeindrucken. Natürlich war mir das »Wer ficken will, muss freundlich sein« nicht aus dem Kopf gegangen. Meine letzten Sitzungen im Neumünsteraner Internetcafé hatte ich dazu genutzt, den Begriff »Animateur« in den Suchmaschinen der Onlinewelt mit Wörtern wie »Frauen«, »Sex« und »Anbaggern« zu paaren. Eine Maßnahme, die mir das besagte halbseidene Berufsbild vermittelt hatte. Dass in dem Job bei allem Gezwitscher und Gevögel auch gearbeitet wird, blendete meine Recherche komplett aus. Ich musste es auf die harte Tour lernen.

Ich war also spät dran und eilte mit wehenden Fahnen zum Aufenthaltsraum der Animateure, wo um 9 Uhr die morgendliche Teamsitzung stattfinden sollte. Auch das hatte Sonja mir in ihrem unablässigen Redeschwall beiläufig erklärt. Und sie hatte mir gezeigt, wo sich der Aufenthaltsraum befand: in einem Kabuff zwischen Theater und Disco. Aber wo war jetzt noch mal das Theater? Und wo zum Teufel war die verdammte Disco? Jeder, der schon mal in einem größeren Clubhotel Urlaub gemacht hat, weiß, dass man sich in diesen Anlagen ganz schön verlaufen kann. Auch oder gerade weil alles ausgeschildert ist. Ich folgte einem Pfeil nach rechts, auf dem »Theatre« stand, um an der nächsten Ecke auf einen Pfeil Richtung »Discothèque« zu stoßen, der nach links zeigte, nur um zwei Ecken später auf einen Doppelpfeil für beide zusammen zu stoßen, der in die Richtung wies, aus der ich gerade gekommen war. Ich kann euch sagen: Hektik ist kein guter Wegweiser und Verzweiflung kein guter Ratgeber. In meiner Planlosigkeit beging ich den ersten großen Fehler des Tages: Ich fragte ein vorbeigehendes Pärchen nach dem Weg.

»'tschuldigung, wissen Sie, wo's hier zur Disco geht?«

Die beiden sahen mich an, als wäre ich ein Alien. Die Frau, eine braungebrannte Dame mittleren Alters, die einen Badeanzug mit Dschungelaufdruck trug und ein rotes Seidentuch um die Hüften geschlungen hatte, schob ihre Sonnenbrille zum Haaransatz hoch, musterte skeptisch mein Käppi und raunte ihrem Mann halblaut zu: »Sieh mal, Walter. Das muss der Neue sein.«

Walter, ebenfalls braungebrannt, weiße Haare, blaue Badehose und ein Handtuch um den Hals, sah auf seine Armbanduhr und zog die Mundwinkel nach unten.

»Schon fünf nach neun …«, stellte er missbilligend fest. Dann fuhr er an mich gewandt fort: »Da ist aber jemand spät dran, wie?«

Ich nickte: »Stimmt. Arbeiten Sie hier?«

Bei dieser Frage brach die Frau in hysterisches Gelächter aus, während Walters Mundwinkel sich zu einem jovialen Grinsen hoben.

»Nein, um Gottes willen«, brummte er. Die Frage schien ihm irgendwie zu schmeicheln.

Seine Frau wieherte derweil: »Ha, ha, ha, ha, ha! Aber fast, Walter. Aber fast.«

»Wir kommen dreimal pro Jahr zwei Wochen hierher«, gab er sich vertraulich. »Seit fünfzehn Jahren. Da gehört man quasi zum Inventar.«

»Dann können Sie mir doch bestimmt sagen, wo …«

»Jetzt muss ich aber mal ganz streng werden, mein Lieber«, gewann Madame ihre Contenance zurück. »Das ›Sie‹ musst du dir ganz schnell abgewöhnen. In ›Triton's Castle‹ sagen wir du zueinander.«

Energisch streckte sie mir die Hand entgegen. Roter Nagellack. Passend zum Seidentuch: »Ingrid.«

»Sven«, erwiderte ich und schüttelte willenlos ihre Hand.

»Walter.«

»Sven.«

Das Händeschütteln mit Walter wurde von Ingrids aufgeregtem Rufen unterbrochen. Sie sah ihrerseits auf die Uhr und fuhr mich an: »Und nun Schluss mit der Bummelei. Die Sonja wartet doch.«

»Wer ist denn Sonja?«, fragte Walter. Die Frage wurde mit einem strafenden Blick beantwortet. Offenbar nahm Ingrid es mit der Kenntnis der Namen des Clubpersonals etwas genauer als ihr Gatte. Schon war sie neben mir und wies mir den Weg: »Also, Sven, zu den Teamräumen gehst du hier rechts, dann die nächste links, durch den Torbogen und hinter dem bronzenen Triton scharf rechts.«

Das war genau die Strecke, die ich zuvor gekommen war. Ich schlug sie trotzdem ohne Widerrede ein. Für alles andere hätte ich vermutlich Prügel bezogen. Und der Weg stimmte sogar. Ich hatte zuvor nur die halbgeöffnete Tür hinter der Tritonstatue übersehen. Als ich sie nun vorsichtig aufschob, fühlte ich mich wie bei meiner Ankunft für das Casting in der Turnhalle. Die Unterhaltung im Raum erstarb, und ein Dutzend Frauenhälse reckte sich in meine Richtung. Klingt verheißungsvoll, mögen einige männliche Leser denken, war es aber nicht. Denn es waren keine begehrlichen Blicke, die mich hier trafen, sondern vorwurfsvolle.

»Na, das geht ja gut los«, meinte Sonja, die mit einem Notizblock vor der Truppe stand, auf mich zeigte und weitersprach: »Darf ich vorstellen, unser neuer Kollege Sven.«

Verhaltenes Klatschen. Ich erwiderte es mit einem betretenen: »'tschuldigung, ich wurde aufgehalten.«

»Aha, wer hat dich denn aufgehalten?«, fragte Sonja spitz. »Genosse Trödelei oder Bruder Tiefschlaf?«

Ich antwortete, ohne nachzudenken: »Ingrid und Walter.«

Mit dieser Ansage machte ich unerwartet Boden gut. Einige Mädchen im Raum zischten »Ach, du Scheiße«, andere schlugen sich die Hände vors Gesicht, und sogar in Sonjas strenge Miene mischte sich ein Ausdruck von Mitleid.

»Na, das nenne ich einen Sprung ins kalte Wasser«, sagte sie fast schon anerkennend und wandte sich wieder ihren Notizen zu. »Die lieben Stammgäste. Ich sage nur, dreimal zwei Wochen pro Jahr. Seit vierzehn Jahren.«

»Fünfzehn«, korrigierte ich vorsichtig.

»Ach, richtig, wie die Zeit vergeht«, grinste sie. »Die Entschuldigung ist jedenfalls angenommen. Morgen bitte trotzdem pünktlich. Wir haben gerade die Aufgaben verteilt. Spielst du Volleyball?«

»Geht so«, erwiderte ich.

»Okay, das muss reichen«, gab sie sich pragmatisch und setzte einen Haken auf ihre Liste. »Sonst irgendwelche Sportspezialitäten?«

»Äh, Handball?«

»Okay, dann machst du heute Vormittag Volleyball und nachmittags Wasserball. Glück gehabt, Doro, dann kannst du heute Nachmittag das Bogenschießen übernehmen.«

»Fett«, freute sich eine lockenköpfige Blondine und klatschte sich mit ihrer Nebenfrau ab.

»Und wer macht dann Boccia?«, meldete sich eine füllige Rothaarige aus der zweiten Reihe zu Wort.

»Mist, hab ich vergessen«, überlegte Sonja. »Tja, dann bleibt das wohl an mir hängen.«

»Arschkarte, Arschkarte«, feixte der blonde Lockenkopf.

»Pass bloß auf, bevor ich's mir anders überlege. Und nun raus mit euch, Mädels.«

Damit sprang das muntere Dutzend auf und quetschte sich mit großem Hallo an mir vorbei ins Freie. Einige zwinkerten mir dabei zu, manche sagten »Willkommen«, die meisten ignorierten mich. Am Ende war nur Sonja übrig.

»Und was ist mit dir?«, fragte sie schnippisch. »Brauchst du 'ne Extraaufforderung.«

»Ich dachte, du wolltest mir noch was sagen oder so?«

»Nein, wieso?«

»Na, von ›Raus mit euch, Mädels‹ hab ich mich ehrlich gesagt nicht angesprochen gefühlt …«

»Ach so, verstehe«, meinte sie gedehnt. »An so was wirst du dich vermutlich gewöhnen müssen.«

»Warum?«

Es folgte ein Satz, mit dem ich gerechnet hatte, den ich allerdings trotzdem wie einen morgendlichen Todesstoß empfand: »Du bist im Moment leider der einzige Mann im Team, Sven.« Sonja sprach diese Worte mit einem genüsslichen Grinsen im Gesicht. Nach einer kurzen Pause fügte sie hinzu: »Du wirst zwischendurch also Röcke tragen müssen.«

Spätestens jetzt muss ich geguckt haben wie ein Auto. Jedenfalls lachte Sonja im nächsten Moment laut auf und beschwichtigte dann: »Das mit den Röcken war ein Scherz. Und jetzt raus mit dir, Mann.«

»Wohin denn?«

»Zum Pool. Da beginnen wir jeden Tag mit einem Clubtanz.«

»Clubtanz?«

Jetzt ging mir endgültig der Arsch auf Grundeis. Die nächsten Minuten zogen an mir vorbei wie durch einen Schleier. Während vom Pool ein lautes »Diddeldaddeldudeldong« herüberwehte, schob Sonja mich ohne eine weitere Erklärung ins Freie. Dann setzte Musik ein: »Good morning, good morning«, aus dem Musical »Singing in the Rain«. Wenige Augenblicke später stand ich mit den Mädels in einer Reihe am Pool. Sonja hatte ein Mikrophon in der Hand, in das sie hineinbrüllte: »Wie wir euch gestern schon angekündigt haben, ist die Gemeinschaft von Tritons Schwestern um einen Bruder angewachsen.«

Tritons Schwestern?

»Er ist gestern aus dem schönen Schleswig-Holstein zu uns gekommen.«

Nein, bitte nicht!

»Begrüßt ihn mit einem Riesenapplaus!«

Scheiße.

»SVEN!«

Damit deuteten alle Kolleginnen in meine Richtung. Ich wurde knallrot im Gesicht. Die Blicke der Gäste trafen mich wie Pfeile. Applaus dröhnte in meinen Ohren. Am anderen Ende des Beckens sah ich Ingrid und Walter auf ihren Sonnenstühlen thronen. Sie klatschten nicht. Stattdessen tuschelten sie hinter vorgehaltener Hand mit ihren Sitznachbarn. Kein gutes Zeichen, nahm ich an. Dann wieder das Gebrüll von Sonja: »Und jetzt tanzen wir wie jeden Morgen: DEN CLUB-TANZ.«

Auf einmal schienen meine Kolleginnen in Ekstase zu geraten. Alle grölten, jubelten und klatschten in die Hände, als ob sie einen Sechser im Lotto gelandet hätten. Ein Zustand, der sich noch verstärkte, als der »Good morning«-Song nahtlos in »Land of dreaming« von Masterboy überblendete. Von jetzt an gab es kein Halten mehr. Wie vom wilden Affen besessen, rissen die Mädels mehr oder weniger synchron die Arme hoch, warfen die Beine in die Luft und drehten sich um die eigene Achse. Meine Nebenfrau stieß mich in die Seite und keuchte: »Los, mach mit.«

Mir blieb nichts anderes übrig. Ich gehorchte, so gut ich konnte. Also schlecht. Was soll man erwarten von einem schüchternen Eigenbrötler mit zwei linken Füßen und der

Anmut eines Trampeltiers? Da mir niemand die Schrittfolge gezeigt hatte, hing ich immer mindestens zwei Takte hinter meinen übermotivierten Kolleginnen hinterher. Wie ein kaputtes Musikvideo mit verschobener Tonspur muss ich ausgesehen haben. Zwischendurch nahm ich wahr, wie Ingrid und Walter auf ihren Liegen lagen und sich die Bäuche hielten vor Lachen. Ich bezog das natürlich auf mich. Dadurch wurden meine Bewegungen noch ungelenker, und mein Selbstbewusstsein sank vom Nullpunkt in den Minusbereich. Es war ein Alptraum. Aus dem Paradies des Vorabends war eine Hölle der Peinlichkeit geworden.

Dass ich mich von diesem desaströsen Auftakt den ganzen Tag nicht erholte, muss ich nicht weiter ausführen, oder? Nach dem Tanz stand ich wieder dumm rum, bis die Dicke mit den roten Haaren zu mir kam und meinte: »Willst du Wurzeln schlagen? Ich denke, du machst Volleyball?«

»Und das heißt?«

»Wie wär's mit Leute einsammeln und rüber aufs Spielfeld?« Damit zog sie ihr Käppi vom Kopf, wedelte es in der Luft herum und rief in ohrenbetäubender Lautstärke: »Achtung, Achtung! Die Volleyballer und Volleyballerinas begeben sich heute in die Obhut unseres neuen Obervolleys Sven, verstanden?«

Als niemand reagierte, zeigte sie mit dem Finger auf einen sportlichen Typen in der Liege neben sich.

»Verstanden, Björn?«

Der Typ nickte und sagte: »Jo.«

Sie: »Dann alle mal hipp …«

Björn und ein paar lautstarke Leute neben ihm: »Hopp!«

»Geht doch«, grinste Miss Schreihals mich an. »Jetzt gehören sie dir.«

Damit drehte sie sich auf dem Absatz um und verschwand aus

meinem Blickfeld. Ich schlich also missmutig um den Pool herum und fragte jeden Einzelnen, ob er mit Volleyball spielen komme. Meistens sprach ich dabei so leise, dass die Gäste mich gar nicht hören konnten. Ein paar kamen trotzdem mit. Die mussten mir dann erst mal zeigen, wo das Spielfeld und die Bälle lagen. Am Nachmittag ging das Theater beim Wasserball weiter. Dort kannte ich nicht mal die Regeln und bekam am Ende einen so harten Ball an den Kopf, dass mir Sterne vor den Augen tanzten. Zwischendurch wiederholte sich noch dreimal das Clubtanzdebakel, für die abendliche Musicalshow wurde ich zum Glück in den Zuschauerraum verbannt, aber für den anschließenden »Gästekontakt« wurde ich gnadenlos wieder in die Manege geschubst – man könnte auch sagen: den Gästen zum Fraß vorgeworfen. So habe ich es damals empfunden, und letztendlich war es auch so. Clubhotelgäste sind gnadenlos. Sie verzeihen den Animateuren keine Schwächen. Das wusste ich damals nicht, heute weiß ich es umso besser. Erholen wir uns also von den Strapazen des schwärzesten Tages meines Lebens, indem wir den Ingrids und Walters dieser Welt ein eigenes Kapitel widmen. Man könnte genauso gut Bücher mit ihren Marotten füllen, aber wir wollen ja nicht übertreiben.

Gästegucken I: Die Hotelgast-Prototypen

Es gibt unzählige Arten von Gästen, aber keine ist so berüchtigt wie die eine, weltweit gefürchtete Spezies, auf die ich mich auf den folgenden Seiten spezialisieren möchte: »The German Guest« – der deutsche Gast. Ein sehr spezielles Trüppchen. Deutsche wollen deutsche Animateure haben, sie wollen deutsches Essen, und sie wollen deutsche Mucke. All diese Faktoren helfen ihnen dabei, sich auch in der Fremde heimisch zu fühlen. Und was passiert, wenn man sich heimisch fühlt? Richtig: Man kommt wieder. Auf den Stammgasteffekt setzen Reiseveranstalter, denn sie profitieren davon. Er hat aber auch eine Schattenseite: Stammgäste wollen mitreden und melden Gewohnheitsrechte an. Das kann sehr anstrengend werden. Fast alle Urlauber langweilen sich zwischendurch, und es scheint ein Reflex zu sein, aus Langeweile heraus ein perfides Hobby zu entwickeln: die Beschwerde. Ratet mal, wer sich nach jenem ersten Tag an der Olympischen Riviera als Erstes bei meiner Teamleiterin über mich beschwert hat? Logisch: Ingrid und Walter. Am Abend nach der Show lagen sie Sonja eine halbe Stunde lang mit ihren Zweifeln in den Ohren, ob ich gut für den Club sei. Ich hätte ja noch nicht mal das Duzgebot verinnerlicht, mein Clubtanz sei eine Katastrophe gewesen, und, ganz im Vertrauen, der Fernando aus dem letzten Jahr sei auch optisch viel ansprechender gewesen. Ich war bei dem Gespräch nicht dabei, aber Sonja teilte mir die Kritikpunkte am nächsten Tag durch die Blume mit. Außerdem habe ich inzwischen Hunderte vergleichbarer Unterhaltungen aus der Kummerkastenperspektive miterlebt, um zu wissen, dass es bei solchen Klagen eigentlich immer nur um eines geht: Jeder Neuling im Team stellt eine Bedrohung für das Vertrautheitsgefühl der Gäste dar. Er ist ein Fremdkörper im Reigen der Gewohnheiten. Wenn dann noch ein Mangel an Autorität hinzukommt, hat der Neuankömmling schlechte Karten. Ich habe vorhin schon kurz erwähnt, dass die Gäste den Animateuren keine Schwächen verzeihen. Verständlicherweise. Sie haben Urlaub. Das bedeutet, dass sie Verantwortung und Pflichtgefühl beim Einchecken in die Hand der Hotelangestellten legen. Kochen, Putzen, Planen – das sollen im Urlaub mal schön die anderen machen. Wenn dann ein Animateur um die Ecke fegt, der erst mal nach dem Weg zur Disco fragt, ist das so ungefähr, als ob ein Gemüsehändler sich den Unterschied zwischen Radieschen und Gurken von seinen Kunden erklären lässt. Das geht gar nicht. Verdient Disqualifikation.

Ich sage es gleich: In meiner Anfangszeit hatten fast alle Beschwerden, die bei meinen Kollegen aufliefen, ihre Berechtigung. Es gibt nichts daran zu beschönigen, dass ich keine Ahnung hatte und mich unangemessen verhielt. Beim Volleyball spielte ich so verbissen, als ginge es um meine persönliche Meisterschaft und nicht um den Spaß der Gäste. Wenn ich schlechte Laune hatte, hab ich es allen gezeigt und eine Fresse gezogen. Beim Gästekontakt wurde ich immer sofort persönlich und hab aus Gewohnheit ständig »Scheiße«, »Ficken« und »Arschlecken« gesagt. Alles keine Angewohnheiten, mit denen man in der Animation punkten kann. Dass mir, ähnlich wie beim ersten Clubtanz, nie jemand im Vorfeld beibrachte, wie man's richtig macht, ist eine andere Geschichte.

Jetzt gibt's aber erst mal die Glorreichen Sieben der Gastprototypen, die einem in Clubhotels über den Weg laufen – oder sich neben einem auf der Liege räkeln. Mein Tipp: noch einmal geruhsam den Blick rund um den Pool schweifen lassen, die Mit-Urlauber einer jeweiligen Typengruppe zuordnen und in den folgenden Tagen beobachten, ob die Einschätzung richtig war. Ein spaßiges Spiel, das auch bei Animateuren beliebt ist. Allerdings haben sie meist keine Zeit dafür. Also seid ihr am Zug. Los geht's!

Spießer

Man weiß nicht genau, warum sie überhaupt in den Urlaub fahren. Im Zweifelsfall ist es wie alles in ihrem Leben zur Gewohnheit geworden. Die Spießer sind in der Regel Pärchen, die jeden Tag den gleichen Platz am Pool, den gleichen Platz im Speisesaal und den gleichen Platz an der Bar besetzen. Am besten schon seit dreißig Jahren. Sie sind Stammgäste, die jede Form von Veränderung mit einem Naserümpfen kommentieren und ihrem Umfeld mit derselben stummen Gleichgültigkeit begegnen, mit der sie einander am Frühstückstisch gegenübersitzen. Manche sind dabei zufrieden, andere todunglücklich. Dazwischen gibt es nichts. Der Lackmustest für den Zustand des Spießerglücks ist ganz einfach: Man fordert die Frau abends in der Bar zum Tanzen auf. Wenn sie verschämt den Kopf senkt und peinlich berührt abwinkt, während ihr Macker keine Miene verzieht, gehört sie zu den Todunglücklichen. Die Zufriedenen machen meistens mit. Ihre Kerle sind viel zu ausgeglichen, um eifersüchtig zu sein. Darf ich bitten?

Stille Wasser

Stille Wasser sind allein reisende Frauen, die eigentlich »ihre Ruhe« haben wollen, sich aber nach drei Tagen und fünf durchgelesenen Büchern langweilen und auf die Jagd nach Abenteuern gehen. Was in der Regel heißt, dass sie erstaunlich schamlos Kerlen nachstellen, von denen sie meinen, dass sie sie kriegen können. Animateure gehören meist zur Kriegen-können-Kategorie. Weil man mit ihnen Deutsch reden kann und es immer einen Vorwand gibt, sie anzusprechen. Stille Wasser können ziemlich penetrant sein. Besonders, wenn Alkohol im Spiel ist. Dann bröckelt die Fassade, und aus innerlich scheinbar ausbalancierten Yogaköniginnen werden hysterische Stalkerinnen. Damit umzugehen ist ein Tanz auf dem Vulkan. Manche geben auf Anhieb Ruhe, nachdem sie einmal gepoppt worden sind, andere hängen für den Rest ihres Aufenthalts am Rockzipfel des Objekts ihrer Begierde. Fazit: Auch ein stilles Wasser kann zum Tsunami werden.

Ballermänner

Der allein reisende Mann ist in Clubhotels selten. Sieht man ihn dennoch, ist er in der Regel schwul und nutzt die Clubanlage nur als Ausgangspunkt für nächtliche Streifzüge zu einschlägigen Bars in der Umgebung. Die restlichen Kerle reisen mit Freundin, Frau oder Familie. Oder mit Kumpels. Die Kumpel-Urlauber nenne ich Ballermänner. Weil es bei ihnen in der Regel um Saufen, Sonne und Sex geht. Solange diese Jungs mit Alkohol umgehen können, sind sie unkompliziert und nehmen den Animateuren mit ihren aufgekratzten Albernheiten sogar Arbeit ab. Das geschieht zwar unbewusst, dient aber einem klaren Ziel: Wer tagsüber die beste Show abzieht, hat abends leichtes Spiel bei den Frauen. Denn natürlich gehört das Abschleppen bei dieser hedonistischen Gästekategorie von vornherein zum Entspannungskonzept. Das führt oft dazu, dass die Ballermänner mit den Animateuren auf Kriegsfuß stehen, weil sie sich gegenseitig als Konkurrenz empfinden. Ansonsten sind sie das genaue Gegenteil zu den Stillen Wassern, landen aber trotzdem oft mit ihnen in der Kiste.

Meckerpötte

Stell dir vor: Deine Kinder fahren zwar noch mit dir in den Urlaub, sind aber schon zu groß, um sich noch viel sagen zu lassen, deine Ehe hat nie auf Liebe beruht und ist ein einziger Scherbenhaufen, und Urlaub ist für dich eher eine lästige Unterbrechung des Alltagstrotts als ein Grund zur Freude. Wie kompensierst du die daraus resultierende Unzufriedenheit? Du meckerst. Über das Hotel, über das Personal, über das Reiseland. Es findet sich immer ein Grund. Wenn man als Animateur neu im Geschäft ist, können die ewigen Meckerpötte einem den letzten Nerv rauben. Mit ein bisschen Erfahrung weiß man: Man muss sie nicht ernst nehmen. Das Aufregen ist bei ihnen Selbstzweck. Es geht ihnen nicht um dich oder den Beschwerdegrund, sondern einzig und allein ums Dampfablassen. Einige legen sich dafür richtig ins Zeug: Sie gleichen Prospekte mit der Realität ab, suchen jedes Haar in der Suppe und lassen sich keine Panne entgehen. Andere haben erkannt, dass das gar nicht nötig ist. Man muss nur unzufrieden genug sein, damit einem die Beschwerdegründe mit jedem vorbeigehenden Passanten in den Schoß fallen. Ich hatte anfangs Mitleid mit notorischen Meckerpötten. Das hat sich mittlerweile gelegt. Ich bin ein paarmal zu oft Zielscheibe ihrer wahllosen Unmutsäußerungen geworden. Was soll ein Animateur dazu sagen, dass der Fitnessraum einen Quadratmeter kleiner ist als im Prospekt angegeben? Wie kann ein Animateur an der Qualität des Essens schrauben? Und was kann der Animateur daran ändern, dass der Pool mit Salzwasser befüllt ist? Gar nichts. Er kann die Beschwerde höchstens weitergeben. Die Meckerpötte verlangen aber Erklärungen, obwohl sie gar keine haben wollen. Sonst hätten sie ja keinen Grund mehr zum Meckern. Ein Teufelskreislauf, dem man sich am besten entzieht.

Sonnengötter

Kinder, Frischverliebte, Flitterwöchler ... Zur Gruppe der Sonnengötter zähle ich alle, die mit ihrem Leben im Einklang sind und die Ferien nur als i-Tüpfelchen ihrer Zufriedenheit verstehen. Diese Leute sind entspannt und umgänglich, weil sie niemandem etwas beweisen müssen. Man könnte sagen, dass sie den Inbegriff des Urlaubers verkörpern. Trotzdem waren sie in keinem der zahlreichen Hotels, die ich in den letzten zwölf Jahren von innen gesehen habe, in der Mehrzahl. Vielleicht weil Glück ein rares Gut ist und Urlaube eher dazu dienen, es zu suchen oder wiederherzustellen, als es zu pflegen. Hinzu kommt, dass ich viele Gäste als Sonnengötter kennengelernt habe, die später als Vertreter einer anderen Kategorie wiedergekommen sind. Kinder werden erwachsen, frische Liebe nutzt sich ab, aus den Flitterwochen erwächst der Ehealltag. Verbuchen wir die Sonnengöttlichkeit also als zeitlich begrenzten Idealzustand, nach dem vielleicht jeder Reisende sucht.

Teilzeitschlampen

Die Hardcore-Variante der Stillen Wasser sind Teilzeitschlampen. Das sind Frauen, die mit Freundin oder auch alleine reisen und jede Hemmung fahrenlassen, sobald sie heimischen Boden verlassen haben. Heißt: Sie schmeißen sich an jeden Kerl ran, der nicht bei drei auf der Palme ist. Meiner Feldforschung zufolge fristen diese Frauen zu Hause ein sehr reguliertes und diszipliniertes Dasein, in dem sie ihre Instinkte und Bedürfnisse im Zaum halten. Im Urlaub wollen sie dann alles nachholen, was ihnen im Rest des Jahres entgeht. Die fremde Umgebung, die lockere Atmosphäre und das »Hier kennt mich ja keiner«-Bewusstsein bieten dafür den perfekten Rahmen. Und da das Nachholen eine bewusste

Entscheidung ist, wird von Anfang an Flirt-Vollgas gegeben. Junge Frauen dieser Kategorie bekommen in der Regel schnell, was sie wollen, bei älteren mindert die gehetzte Schamlosigkeit den Sexappeal. Sie kommen oft erst zum Zug, wenn bei den Ballermännern ein fortgeschrittenes Schöntrink-Stadium erreicht ist.

Fickrige Familienväter

Sie sind nicht gerade Aushängeschilder für das männliche Geschlecht. Die Fickrigen Familienväter sind unverbesserliche Patriarchen, die mit Vorliebe jungen Frauenärschen hinterherglotzen und ohne Rücksicht auf mitreisende Gattinnen und Kinder die Animateurinnen anbaggern. Sie sind Typen, vor denen man die Kolleginnen immer nur retten will. Sobald man es aber tut, sorgt man für feindselige Stimmung, deshalb lässt man es lieber. Zumal sich Animateurinnen auch ohne Hilfe der männlichen Kollegen solcher Avancen zu erwehren wissen. Außerdem hab ich mir sagen lassen, dass die beste Gegenoffensive die Flucht nach vorne ist. Wenn eine Lady das schleimige Gebalze beantwortet, indem sie den Typen den Arsch tätschelt oder das Knie zwischen die Beine schiebt, schrumpfen den Fickrigen Familienvätern schnell die Eier. Weil sie Frauen nur als Objekte sehen, die erobert werden müssen, anstatt dass diese es wagen, selbst auf die Jagd zu gehen. Deshalb kommen diese Herren leider nur selten mit den Teilzeitschlampen ins Geschäft. Schade eigentlich.

Hätten wir das! Der Blick rund um den Pool fühlt sich gleich ganz anders an, oder? Die Frau, die ihre Augen zwar hinter einer großen Sonnenbrille versteckt, deren Kopfbewegungen aber keinen Zweifel daran lassen, dass sie jeden vorbeilaufenden Kerl in Badehose mustert, ist schnell einer »Stille Wasser«-Existenz überführt. Der Glatzkopf nebenan, der zwar ständig Frau und Kinder anschnauzt, zu allen anderen aber scheißfreundlich ist, entpuppt sich als Fickriger Familienvater. Und Ingrid und Walter? Spießer natürlich. Wenn auch welche von der zufriedenen Sorte. Hätte ich in meinen ersten Wochen in »Triton's Castle« die Menschenkenntnis besessen, dieses Typenraster auch nur ungefähr anwenden zu können, hätte ich es vermutlich einfacher gehabt. Doch ich verfügte nicht darüber, und so glichen jeder neue Tag und jede neue Begegnung einer Runde im Boxring, die entweder mit einem Unentschieden oder einer Schlappe endete. Erfolgserlebnisse blieben aus – abgesehen vielleicht von der stetigen Verbesserung meiner Volleyball- und Tischtennisfähigkeiten. So stand zwar die Sonne über meiner neuen Lebenssituation, aber kein guter Stern. Die Hotelangestellten konnten genauso wenig mit mir anfangen wie ich mit ihnen. Der Sinn der Arbeit wurde mir nie erklärt und verlor sich irgendwo zwischen Sechzehn-Stunden-Schichten und meinen Versuchen, mich vor jeder Pflicht zu drücken. Beim Gästekontakt mogelte ich mich mehr schlecht als recht durch. Heute weiß ich, dass ich viel zu sehr mit mir selbst beschäftigt war, als dass ich anderen Menschen ein Gefühl von Geborgenheit oder Sicherheit hätte vermitteln können. Das war wohl auch der Grund, warum ich nicht merkte, dass sich im Kreise meiner Kolleginnen eine immer größer werdende Front gegen mich aufbaute, die schon bald zum Rausschmiss führen sollte. Bevor es allerdings dazu kam, beging ich eine Todsünde, die schon Tausenden von Animationsanfängern im Beruf das Genick gebrochen hat: Ich verknallte mich bei der Arbeit. Kommen wir also zu dem, was ich inzwischen »Die Romanze mit den Stacheln« nenne.

Die Romanze mit den Stacheln

Eines Abends stand sie plötzlich vor mir. Lange braune Haare, rot-weißes Sommerkleid, große dunkle Augen, süßes Lächeln: Juliane. Auf so was war ich nicht vorbereitet. Ich will nicht sagen, dass ich die Womanizer-Fantasien, von denen ich im Internet gelesen hatte, nach Arbeitsbeginn restlos aus meinem Gehirn verbannt hatte, aber einen Plan, wie ich sie in mein Leben integrieren konnte, hatte ich nicht. Wenn ich einen weiblichen Gast toll fand, ging ich der Frau aus Unsicherheit eher aus dem Weg, als sie anzusprechen. Und wenn ich mich doch mal mit einer unterhielt, konnte ich sicher sein, dass im nächsten Moment eine Kollegin um die Ecke bog, um mich für irgendeine Aktivität einzuspannen. Darüber ärgerte ich mich zwar jedes Mal, kam aber weder auf die Idee, dass die »zufälligen« Unterbrechungen so zufällig gar nicht waren, noch hatte ich den Mut, die angefangene Unterhaltung zu einem späteren Zeitpunkt wieder aufzunehmen. Chance verpasst. Über die Möglichkeit, dass es auch so etwas wie eine zweite Chance gibt, dachte ich damals nicht weiter nach. Stattdessen verfiel ich in die Routine, immer den Weg des geringsten Widerstands einzuschlagen. Wenn abends nach den Shows der von mir abgrundtief gehasste Moment kam, in dem Sonja hinter der Bühne ein »Und nun Mädels: Auf die Gäste mit Gebrüll!« in die Truppe schrie, stürzte das Mädel namens Sven in den Zuschauerraum, suchte sich den Tisch des ältesten Ehepaars im Raum und ließ sich mit den Worten »Ausweiskontrolle! Dürft ihr überhaupt schon Alkohol trinken?« bei ihnen nieder. Gar kein schlechter Spruch übrigens. Ich weiß mittlerweile, dass er auch ohne die Ironie der Altersschere ein guter Eisbrecher ist. Damals war ich einfach froh, wenn die Rentner drüber lachten und sich danach mit mir unterhielten. Außerdem ließen mir die Oldies in ihrer altersweisen Ausprägung von Sonnengöttlichkeit sprachliche Entgleisungen und plumpe Vertraulichkeiten durchgehen, die mir andere sofort übelnahmen. Wenn ich die Leute erst mal volllaberte, gehorchten die Gespräche zumeist einer Kamikaze-Dramaturgie, die von Banalitäten wie Wetter oder Essen im Eiltempo zu meinem vergeigten Führerschein, meiner vermurksten Lehre und dem Tod meiner Mutter führte. Die Kunst des harmlosen, aber amüsanten Smalltalks war mir fremd. Ich wurde immer gleich existenziell.

Auch an diesem Abend mit Bruno und Gerda wollte ich gerade das Martyrium meiner Herkunft auf die Tischplatte hieven, als auf einmal dieses rot-weiße Sommerkleid durch den Raum schwebte und direkt vor unserem Tisch stehen blieb. Ich verstummte unwillkürlich.

»Da bist du ja, Schatz«, strahlte Gerda.

»Das ist unsere Juliane«, grinste Bruno sichtlich stolz. »Juliane, das ist Sven.«

»Hallo, Sven.« Die Stimme klang so süß wie das Lächeln, das den Mund ihrer Besitzerin umspielte.

»Äh … Hi …«, stammelte ich. »Ich wollte gerade …«

»Sven wollte uns gerade erzählen, warum er keinen Führerschein hat«, kam Gerda mir zuvor.

Konnte die blöde Kuh nicht die Klappe halten? Man diskreditiert einen Mann nicht, indem man ihn vor einer Frau als führerscheinlos outet. Diese Benimmregel war ja sogar mir klar. Was sollte dieses Traumgeschöpf denn von mir denken? Dass ich zu blöd zum Autofahren war? Dass ich kein Geld für den Führerschein hatte? Okay, das stimmte beides ein bisschen, aber damit musste man doch Juliane nicht behelligen. Die musste doch den Eindruck bekommen, dass ich ein

Trottel war. Sie musste denken, dass die Prüfer mich beim Idiotentest nicht weitergelassen hatten. Oder dass ich ein Ökofundi auf Missionskurs war. Das konnte ich nicht auf mir sitzenlassen. Ich musste unbedingt …

»Cool, findest du Autofahren auch so scheiße wie ich?«, brachte die schöne Stimme meinen inneren Aufruhr in neun Wörtern zum Verstummen. Während das Sommerkleid auf den Stuhl neben mir sank, hörte ich mich sagen: »Äh … ja, so ungefähr.«

Mit dieser kleinen Notlüge war die Grundlage für eine Romanze gelegt, von der ich rückblickend sagen kann, dass sie mein Leben veränderte. Wir unterhielten uns die ganze Nacht, übers Wetter und übers Essen, über Julianes abgebrochenes Abitur und meine vermurkste Lehre, über meine tote Mutter und über Julianes Angst vorm Straßenverkehr, seit ihre Eltern bei einem Autounfall ums Leben gekommen waren. Zum ersten Mal war die Kamikaze-Dramaturgie nicht meinem Mangel an Erfahrung in Sachen Konversation geschuldet. Vielmehr war sie Ausdruck eines wachsenden Vertrauens. Wir hatten beide Verluste erlitten, die unser Leben einsamer gemacht hatten. Und es machte ein bisschen weniger einsam, mit einem Leidensgenossen darüber zu sprechen. Bruno und Gerda, die übrigens Julianes Großeltern waren, hatten sich längst verabschiedet, als wir irgendwann am dunklen Strand saßen, dem Rauschen der Wellen lauschten und Juliane sagte:

»Bist du schon mal nackt geschwommen?«

»Klar«, antwortete ich.

»Auch nachts?«

»Ja, aber nicht im Meer.«

»Warum denn nicht?«

»Schiss«, gab ich zu.

»Du hast Schiss vorm Meer?«

»Nö«, lachte ich verlegen. »Aber vorm dunklen Meer.«

Ich werde den Blick nie vergessen, mit dem Juliane mich in diesem Moment ansah. Diese Mischung aus Spott und Zärtlichkeit und Trost, bei der ich gar nicht anders konnte, als sie zu küssen. Oder küsste sie mich? Egal, wir küssten uns halt. War sowieso überfällig. Und wunderschön. Und dauerte ewig. Irgendwann unterbrach sie und sah mich wieder so komisch an: »Würdest du eine Ausnahme machen?«

»Ausnahme?«

»Mit mir?«

»Mit dir würde ich grad 'ne ganze Menge Ausnahmen machen.«

»Auch das dunkle Meer?«

Ich musste lachen. Weil ich in Gedanken ehrlich gesagt schon sehr viel weiter war. Und weil sich in diesem Moment der erste helle Streifen am Horizont zeigte, als wollten die Gezeitengötter mich davor bewahren, ins schwarze Wasser steigen zu müssen.

»Was gibt's denn da zu lachen?«

Ich wies mit dem Kopf in Richtung Sonnenaufgang: »Ich fürchte, wir müssen bis morgen Nacht warten.«

Jetzt lachte auch sie. Halb zärtlich, halb spöttisch. Dann knutschten wir weiter.

Um es nicht allzu kitschig werden zu lassen und die Spannung nicht unnötig anzuheizen, sage ich es besser gleich: Ich habe mit dieser Frau nie geschlafen. Im Gegensatz zu vielen anderen Frauen, mit denen ich es getan habe, habe ich sie allerdings auch nicht vergessen. Es war eine Form von Seelenverwandtschaft, die uns in der folgenden Woche jede freie Minute zusammen verbringen ließ. Beim Volleyball gab ich jetzt den Punktrichter, damit ich mich gleichzeitig mit Juliane unterhalten konnte. In den Clubtanz baute ich kleine Albernheiten ein, die nur sie verstehen konnte. Der Gästekontakt war sowieso für sie reserviert. Man könnte sagen, dass ich in diesen Tagen zum ersten Mal gute Animation machte. Wenn auch mit dem kleinen Manko, dass ich es nicht für die Allgemeinheit tat, sondern einzig und allein für meine Angebetete. Den neugierigen Kolleginnen blieb diese Entwicklung natürlich nicht verborgen. Ich habe mir in diesen Tagen jede Menge gehässiger Sprüche anhören müssen. Es ging los mit einem süffisanten »Rührend! Sven hat als Animateur versagt, aber als Bodyguard sein Glück gefunden« und endete mit Giftspritzen à la »Das haben wir gern: den Arsch nicht hochkriegen, aber an jeder Laterne den Schwanz heben«.

Das Tolle dabei: Zum ersten Mal waren mir die herablassenden Kommentare völlig egal. Genau wie mir der komplette Job plötzlich schnurz war. An meinem freien Tag konnte ich es gar nicht abwarten, mit Juliane aus der Hotelanlage rauszukommen. Wir machten einen ewig langen Spaziergang, verbrachten den halben Tag damit, uns durch die verwinkelten Straßen von Leptokaria treiben zu lassen und eine Rucksacktour durch Nepal und die Mongolei zu planen. Es war komisch. Obwohl ich bereits ausgewandert war, trieb es mich schon wieder weiter. Das Freiheitsgefühl, das ich mir von meinem neuen Job versprochen hatte, ließ auf sich warten. Kein Wunder: Im Prinzip war das Gefühl von Enge und Perspektivlosigkeit, das ich bisher mit den grauen Ebenen Schleswig-Holsteins verbunden hatte, lediglich mit mir an die sonnigen Gestade des Ägäischen Meers gereist. Es waren nicht Griechenland oder die Animation, die dieses Gefühl vertrieben hatten. Dazu war erst Juliane imstande gewesen. Ihre Augen, ihre Küsse, ihre leise geflüsterten Liebesschwüre.

Eine Woche lang taten wir so, als hätten wir alle Zeit der Welt.

Vermutlich zögerten wir den Moment des unvermeidlichen Nachtschwimmens unbewusst hinaus, um sicherzugehen, dass wenigstens einer unserer zahllosen Pläne Wirklichkeit wurde. In der Nacht vor ihrer Abreise landeten wir wieder am dunklen Strand. Wie zufällig. Und doch folgten wir einem unausgesprochenen Plan. Ich muss zugeben, dass mir das Szenario diesmal ein bisschen trostloser vorkam als an unserem ersten Abend. Und dass ich ein bisschen fröstelte, als ich meine Klamotten auszog. Trotzdem wurde ich spitz, als ich zusah, wie Juliane ins Wasser lief und ihr nackter Körper in die Wellen eintauchte. Ich folgte, bevor meine Erregung allzu offensichtlich wurde. Lachend schwammen wir ein paar Züge auf eine Felsengruppe zu, die dem Strand vorgelagert war.

»Und?«, prustete Juliane.

»Was?«, prustete ich zurück.

»Ist doch gar nicht so schlimm, das dunkle Meer, oder?«

»Noch haben wir die Monster der Tiefe ja nicht geweckt!«

»Wie weckt man die denn?«

»Indem man so rumbrüllt wie du.«

In diesem Moment fanden meine Füße Halt auf den Felsen. Ich streckte die Arme aus und zog Juliane vorsichtig zu mir heran: »Aber ich bring dich schon zum Schweigen, du Schreihals …«

Ich küsste sie. Ihre Lippen schmeckten nach Salzwasser, was ich ziemlich sexy fand. Genau wie ihre seidigen, langen Haare, die im Wasser tanzten. Und ihren warmen, schlanken Körper in meinen Armen. Ich wollte sie ewig so halten. Und ich wollte ihr meine Liebe zeigen. Und ich wollte … Aaaaahhh. Verdammte Scheiße! Ein rasender, stechender Schmerz durchfuhr von der Fußsohle aus mein rechtes Bein. Vor Schreck schrie ich auf und ließ Juliane los. Absurderweise dachte sie, ich mache Witze, und fing ihrerseits an zu schreien und lachend zu rufen: »Sie kommen, sie kommen! Hilfe, die Monster kommen.«

Wenn sie gewusst hätte, wie recht sie hatte. Es waren zwar keine großen schleimigen Meeresungeheuer mit gelben Augen und scharfen Zähnen, die den letzten Stunden unseres Glücks den Kampf ansagten, dafür waren es kleine, stumm lauernde Unterwassermonster, die mit spitzen Stacheln und stoischer Geduld an den Felsen klebten und meine Lust zum Platzen brachten, als wäre sie ein zu stramm aufgeblasener Ballon: Seeigel. Die Kolleginnen hatten mich vor den Viechern gewarnt. Für mich hatte das immer ein bisschen nach Hysterie geklungen. Nun war ich voll auf eins draufgetreten und spürte, dass die Stacheln der Tiere durchaus Respekt verdienten. Die Stiche schmerzten wie die Hölle. Wir schwammen überhastet zum Strand zurück und verbrachten den Rest der Nacht damit, insgesamt bestimmt vierzig Stachel – ohne Übertreibung – aus meiner Fußsohle zu ziehen. Danach war an Sex nicht mehr zu denken. Zumal schon wieder der Morgen heraufzog – der Morgen jenes Tages, an dem ich Juliane zum letzten Mal sehen sollte. Ich trommelte gerade Leute fürs Tischtennis zusammen, als sie vor der Abreise noch mal auf die Terrasse am Pool trat und mir zum Abschied winkte. In ihrem rot-weißen Sommerkleid. Mit diesem Lächeln. Der Moment, in dem sie sich umdrehte und ging, war vielleicht der einsamste meines ganzen Lebens. Am liebsten hätte ich alles hingeschmissen und wäre ihr gefolgt. Ich hab's nicht getan. Stattdessen hab ich Tischtennis gespielt – humpelnd, wegen der Seeigelstiche. Und in der Mittagspause saß ich heulend in meinem Zimmer. Noch am gleichen Abend popptе ich mit einer Teilzeitschlampe, die schon die ganze Woche zickig gewesen war, wenn ich mich mit Juliane unterhalten hatte. Es war das erste Mal seit meiner Ankunft, dass ich Sex hatte. Ob es gut war, weiß ich nicht mehr. Wie die Frau hieß, weiß ich auch nicht mehr. Es war eine Übersprungshandlung. Eine Versicherung, dass das Leben auch ohne Juliane weiterging. Oder neu anfing. Es blieben trotzdem ein paar Stiche zurück, in der Herzgegend, nicht der Fußsohle …

Warum ich diese Geschichte erzähle? Vielleicht, weil ich ein bisschen sentimental werde, wenn ich daran zurückdenke. Vor allem aber, weil sie einen klassischen Wendepunkt in meiner eigenen Laufbahn markiert, der sich auf die Verläufe vieler Animateurskarrieren übertragen lässt. Ich habe vorhin gesagt, dass es für Animateure eine Todsünde ist, sich im Job zu verknallen. Klingt dramatisch, ist aber logisch. Verliebtsein bringt immer ein Wir-gegen-den-Rest-der-Welt-Gefühl mit sich, das zwar die Sicht aufs eigene Dasein ins Positive wendet, aber selten die Arbeitsmoral und das Pflichtbewusstsein fördert. Was kümmerten mich die bissigen Kommentare der Kolleginnen? Ich hatte ja Juliane. Was ging es mich an, dass andere Gäste überhaupt nicht mehr an mich rankamen? Hauptsache, ich hatte Juliane. Was störte es schon, dass ich jeden Morgen völlig übernächtigt zur Teambesprechung und den Programmpunkten taumelte? Ich tat es ja für Juliane. Ich denke, das Prinzip wird deutlich. Abgesehen davon, dass es sowieso jeder nachvollziehen kann, der schon mal verliebt war. In der Laborsituation einer Clubhotel-Existenz ist dieser Zustand allerdings doppelt gefährlich. Weil er so trügerisch ist. Fern der Heimat und jenseits des Arbeitsalltags sind viele Menschen bereit, große Pläne zu schmieden und sich Gemeinsamkeitsmodelle für die Zukunft auszudenken. Da fühlt sich vieles, was eigentlich nur durch Sonne, Freizeit und Umfeld zusammengehalten wird, nach der Liebe des Lebens an. Auch das weiß jeder, der schon mal eine Urlaubsromanze hatte.

Aber wie reagiert ein unerfahrener Junganimateur auf so einen Verknalltheitszustand, nachdem er sich in seinen ersten Arbeitswochen ein bisschen Spaß und Bestätigung abgeholt hat und nun erkennen muss, dass sich die Routine einschleicht? Richtig. Er kündigt, reist zurück nach Deutschland und versucht, mit seiner großen Liebe ein gemeinsames Leben aufzubauen. So blöd ist keiner, mögen Skeptiker einwenden. Dazu kann ich nur sagen: Doch, so blöd sind viele. Ich kann die Jungs und Mädchen gar nicht mehr zählen, die ich im Laufe der Jahre verliebtheitsbedingt kündigen sehen habe. Von denen, die nach wenigen Wochen enttäuscht wiederkamen, mal ganz zu schweigen. Und die, von denen ich weiß, dass sie tatsächlich mit der Liebe ihres Lebens glücklich geworden sind, kann ich auch nicht zählen. Weil es sie nicht gibt.

Vielleicht haben mir meine Neigung zu Zweifeln und meine leichte Bindungsunfähigkeit damals also ausnahmsweise einen Gefallen getan. Sonst hätte ich im einsamsten Moment meines Lebens wahrscheinlich die Tischtennisschläger in den Pool geworfen und wäre durch eine zum Scheitern verurteilte »Ich folge dir«-Szene zum Gespött des Hotels geworden. Das geschah nicht. Stattdessen ging ich zur Tagesordnung über. Und nicht nur das. Als hätte die Mischung aus Bestätigung und Desillusion, die mir die Episode vermittelte, das Selbstbewusstsein gefunden, doch noch Frauen abzuschleppen. Ohne Erwartungen, ohne schlechtes Gewissen, ohne Rücksicht auf die Hotelregeln, die Intimitäten zwischen Animateuren und Gästen eigentlich untersagten. So folgten der Trostvögelei am Tag von Julianes Abreise noch einige weitere One-Night-Stands. Jeden von ihnen bekamen Sonja und die Mädels mit. Was mich im Ansehen der Kolleginnen immer tiefer sinken ließ. Aber immerhin stimmte jetzt der Vergleich mit dem Streuner, der an jeder Laterne den Schwanz hebt.

Kudszus fliegt

Vielleicht wundern sich einige, dass wir uns immer noch im
»Anreise«-Modus befinden und die Animation als solche einen relativ kleinen Teil einnimmt. Das liegt einfach nur daran,
dass ich bisher über eine Zeit berichte, in der ich zwar nomi-
nell Animateur war, mich aber eigentlich nicht als solcher gefühlt habe, geschweige denn, dass ich begriffen hatte, worum
es in dem Job geht. Auch dafür bedurfte es eines Erkenntnis-
moments. Und auf den steuern wir zielstrebig zu, keine
Angst. Vorher kommt aber noch meine Verbannung aus
»Triton's Castle«. Eine kuriose Geschichte, die zu schade
wäre, an dieser Stelle unerzählt zu bleiben.

Wenn ich sage, dass ich nicht begriffen hatte, worum es in
dem Job ging, dann beinhaltet das auch das komplette Fehlen
jeglicher Eigeninitiative. Ich tat einfach das, was man mir sagte. Und weil ich zu nichts zu taugen schien, außer zu Volleyball, Tischtennis und zum Bühnenassi, wurde ich auch immer
nur für diese Tätigkeiten eingeteilt. Bis zu jenem denkwürdigen Tag, an dem Sonja bei der Teamsitzung meinte: »Sven, du
gehst heute tauchen.«

»Tauchen?«

»Man könnte es auch mit ›schwimmen unter Wasser‹ um-
schreiben.«

»Cool.«

»Es geht aber nicht um dein eigenes Vergnügen, sondern darum, dass du dir das alles genau anguckst.«

»Aha.«

»Damit du den Gästen später erzählen kannst, wie toll die
Tauchtouren sind. Die Buchungszahlen lassen in letzter Zeit
zu wünschen übrig.«

»Und wenn ich's gar nicht toll finde?«

»Dann machst du deinen Job und erzählst trotzdem, dass es toll war und alle buchen sollen, verstanden?«

»Dann muss ich ja gar nicht erst mitfahren.«

»Mund halten und abtauchen.«

Zwei Stunden später saß ich mit fünf Gästen und einem Tauchlehrer in einem Motorboot voller Flossen, Unterwassermasken und Sauerstoffflaschen und düste die Küste entlang. In einer kleinen Bucht stoppte das Boot, und es wurde eine ziemlich bescheuerte »Wassertaufe« zelebriert, bei der jeder Passagier ein paar Schlucke aus einer Zwei-Liter-Pulle Ouzo mit Trinkaufsatz nuckeln musste. Ob damit auch das letzte Fünkchen Erinnerung an die zuvor erfolgte theoretische Einführung getilgt werden sollte? Ich hab keine Ahnung. Ich weiß nur, dass ich die Tauchausrüstung mit Schläuchen und Mundstücken von vornherein ziemlich verwirrend fand und schnell dazu übergegangen bin, die Wartenden durch zappelige Sprünge von der Reling zu unterhalten. Für meinen Geschmack war das viel spaßiger als das Rumgegluckere unter der Wasseroberfläche: Arschbombe, eintauchen, auftauchen, wieder rauf aufs Boot, und das Ganze von vorne. Ich fühlte mich wie ein Teenager. Auch meine Mitfahrer amüsierten sich köstlich, was mich zu immer wilderen Sprüngen und Grimassen anspornte. Es war ein Jammer, dass meine Kolleginnen nicht mit an Bord waren. Die hätten sich die Augen gerieben, wenn sie gesehen hätten, was der stoffelige Sven in Wirklichkeit für ein Showtalent war. Dass ich obendrein zur Dramaqueen taugte, zeigte sich bei einem Sprung, den ich großspurig als »Die menschliche Harpune« ankündigte. Eigentlich sollte es ein ganz normaler Köpper werden, aber ich lud meine Darbietung durch großspurige Streck- und Dehnübungen so mit Spannung auf, dass ich nach dem Absprung fast schon selbst das Gefühl hatte, in Zeitlupe durch die Luft zu schweben. Ich spürte, wie meine ausgestreckten Arme erst die Luft, dann das Wasser teilten. Ich sah, wie die klare, blaue Meeresoberfläche auf mich zuraste. Ich hörte, wie meine Mitpassagiere johlten und applaudierten. Meine Schädeldecke tauchte unter, meine Stirn, meine Ohren und … puff. Ein dumpfer Schlag krachte durch meinen Kopf. Dann wurde mein rechtes Ohr taub. Der Rest war irgendwie unwirklich. Ich sank tiefer, drehte mich auf den Rücken, sah von unten die Wasseroberfläche, wo das Boot um die eigene Achse kreiste und von roten Schlieren eingefärbt wurde. Blut. Ich nahm das alles wie betäubt wahr und machte zunächst gar nichts. Dann dachte ich plötzlich, ich müsste ertrinken, und fing an wie wild mit den Armen zu rudern. Ohne Orientierung. Denn auf einmal drehte sich nicht nur das Boot, sondern auch das Wasser um mich herum. Oben, unten, rechts, links – alles schwamm ineinander. Ich hatte keine Ahnung, ob ich mich der Wasseroberfläche nun näherte oder mich von ihr entfernte. Ein schreckliches, panisches Gefühl, das mich wahrscheinlich so heftig strampeln ließ, dass ich zwangsläufig an die Oberfläche kam. Dort kriegte ich es irgendwie hin, die unterste Sprosse der Bootsleiter zu greifen und mich festzuhalten. Am Ende musste der Tauchlehrer mich hochziehen. Danach lag ich flach, blutete aus dem Ohr und fühlte mich wie bedröhnt. Ich wurde dann schnell zurück ins Hotel gebracht, wo die Diagnose lautete: Trommelfell geplatzt. Ein Arzt meinte, es müsse genäht werden, Sonja meinte, so eine Operation solle lieber nicht in Griechenland, sondern in Deutschland stattfinden. Noch am selben Tag saß ich mit taubem Ohr und Schwindelgefühlen im Flugzeug nach Hamburg. Wo mir der HNO-Arzt sagte, dass eine Operation nicht nötig sei, weil mein Trommelfell von selbst wieder zusammenwachsen würde. Und dass ich in einer Woche noch mal zur Kontrolle wiederkommen solle. Und dass er mich so lange krankschreiben wolle.

Wie bitte? Der ganze Aufriss für eine Krankschreibung und eine lumpige Kontrolluntersuchung? Ich fühlte mich verarscht. Als ich nach einer Woche (inzwischen beschwerdefrei und dank des fürsorglichen Übergangsasyls bei meinem Vater gut erholt) die Kontrolluntersuchung hinter mich gebracht hatte, rief ich beim Arbeitgeber an. Der Schnösel vom Vorstellungsgespräch war am Apparat. Ich erkannte ihn sofort an seinem schnippischen Tonfall wieder. Auch er erinnerte sich an mich.

»Kudszus, der Mann mit dem Anzug, richtig?«

»Stimmt.«

»Griechenland war also doch eine Nummer zu groß, ja?«

Irgendetwas an der Art, wie er das sagte, gefiel mir nicht.

»Wieso?«, fragte ich vorsichtig.

»Nun ja, man hört, dass in ›Triton's Castle‹ nicht nur Trommelfelle geplatzt sind, sondern auch ...«

»Ja?«

»... die Geduldsfäden der Teamleiterin.«

Mit Gezicke über die Bande war er bei mir an der falschen Adresse. Wenn Sonja ein Problem hatte, sollte sie mir das persönlich ins Gesicht sagen. Ich kam eiskalt zur Sache: »Ich wollte eigentlich nur fragen, wie das mit dem Rückflug geregelt wird.«

Es kam noch eiskälter zurück: »Rückflug? Es gibt keinen Rückflug.«

»Häh?«

»Nun, die Kollegen in ›Triton's Castle‹ haben kein Interesse an einer weiteren Zusammenarbeit.«

»Aber … Aber ich …« Ich war entgeistert.

»Nur keine Aufregung«, versuchte der Schnösel zu beschwichtigen. »Ich hab noch eine Überraschung im Ärmel.«

Schönen Dank auch. Von Überraschungen hatte ich genug.

»Es geht stattdessen zum Andro.«

»Andro?« Was sollte das denn sein? Ein kyrillisches Abschiebecamp?

»Andrijia. Andro ist sein Spitzname. Er ist Teamleiter auf Lanzarote.«

»Lanzarote?«

»Ein guter Mann. Er ist für unsere Problemfälle zuständig.«

»Problem … was bitte?«

»Das Flugticket nach Arrecife geht noch heute in die Post.«

»Arrecife!«

»Die Hauptstadt von Lanzarote.«

»Und was ist mit meinen Sachen?«

»Werden nachgeschickt. Viel Erfolg weiterhin.«

Damit legte er auf. Und ich fühlte mich erst recht verarscht. Nicht grundlos, wie sich herausstellen sollte. Denn selbst wenn ich vermutlich nie erfahren werde, ob Sonjas vermeintliche Fürsorge, mich nach Deutschland zu schicken, nicht einzig und allein dem Zweck gedient hatte, mich aus dem Kreis von »Tritons Schwestern« herauszudrängen, so steht eines doch fest: Meine Sachen habe ich nie wiedergesehen.

Bienvenido, amigo!

Als ich auf Lanzarote ankam, wusste ich über die Insel eigentlich nur drei Dinge: Sie gehört zu den Kanaren, sie ist vulkanischen Ursprungs, und der spanische Diktator Franco wollte sie in den sechziger Jahren zur Mülldeponie umfunktionieren. Reizende Aussichten. Aber was sollte man schon erwarten von einem Ort, der offenbar als Besserungsanstalt für schwer erziehbare Animateure genutzt wurde. Ohne Witz: Ich hatte zeitweise Bilder von Züchtigungsritualen, Fußfesseln und Arrestzellen im Kopf. Diese Fantasien machte auch der Mann, der mich vom Flughafen abholte, nicht vergessen. Im Gegenteil. Ein bulliger Südländer mit schwarzer Mähne, Muskeln und Hakennase empfing mich in der Ankunftshalle und bellte mir statt eines fröhlichen »Bienvenido« oder eines ermutigenden »Buenos días« nur das Wort »Koffer?« entgegen. Ich war so perplex, dass ich unwillkürlich mit einem ungelenken »Nix Koffer, just Rucksack« antwortete und auf meinen Rücken deutete. Dort hing er: mein alter Achtziger-Jahre-Puma-Rucksack, den ich bei meinem Vater auf dem Dachboden gefunden hatte. Viel war nicht drin. Zahnbürste, Zahnpasta, Handtuch, ein Dreierpack Billigunterhosen, zwei T-Shirts, Badeshorts, ein Kapuzenpullover – das war momentan mein einziger Besitz. Da ich darauf baute, dass man mir meine coolen Aufreißer-T-Shirts aus Griechenland nachschicken würde, brauchte ich vorerst auch nicht mehr. Der bullige Typ nahm mein schmales Gepäck mit einem Schulterzucken zur Kenntnis und winkte mich hinter sich her. Wortlos gingen wir zum Parkplatz, wortlos stiegen wir ins Auto, wortlos legten wir die ersten Kilometer Richtung Puerto del Carmen zurück, wo das Hotel lag. Irgendwann ging mir die Stille auf den Sack, und ich kratzte meine rudimentären Spanischkenntnisse für ein »Tu es Espagnol?« zusammen.

Die knappe Antwort lautete: »Nee, Türke.«

Das war's. Ich bin knallrot angelaufen, und die Unterhaltung war beendet. Was für ein Empfang! Ich frage mich bis heute, wie ich reagiert hätte, wenn ich gewusst hätte, dass der Bulle niemand anderer war als Andro, mein neuer Teamleiter. Es gehörte zu seiner Masche, neue Leute persönlich vom Flughafen abzuholen, sie anfangs aber erst mal komplett auflaufen zu lassen. Zugegebenermaßen war er auch sonst kein Mann großer Worte. Es dauerte Wochen, bis ich erfuhr, dass Animationsstandards wie der Clubtanz, die Jingles und diverse Showkonzepte seine Erfindung waren, dass er also nicht nur ein »guter Mann«, sondern eine Koryphäe im Animationsgeschäft war. Ich erfuhr es auch nicht von ihm, sondern von den Kollegen, die alle einen Heidenrespekt hatten und sogar ohne Züchtigungsmaßnahmen spurten wie die Schoßhündchen. Eigentlich war die Unterwürfigkeit gar nicht nötig. Andro war ein netter Kerl, der keiner Fliege etwas zuleide tun konnte. Wir sind nach einer Weile gute Freunde geworden, deshalb weiß ich, dass sein kantiges Auftreten nur Fassade war. Aber er strahlte eben diese körperliche Autorität aus, die auch mich dazu veranlasste, ihm nach unserer Ankunft im »Hotel Fuego del Volcán« ohne weitere Fragen zu folgen.

Es war später Nachmittag, und wir gingen direkt zum Open-Air-Theater, wo meine zukünftigen Kollegen die Show für den Abend vorbereiteten – und wo mich ein unerwartetes Wiedersehen erwartete. Mit Timo. Ihr erinnert euch? Der kaugummikauende Typ mit den Trainingshosen vom Casting? Er saß etwas abseits auf einer Mauer und sah den anderen beim Proben zu. Als er mich erkannte, grinste er breit übers ganze Gesicht. Mir ging es ähnlich. Ein großes Hallo blieb trotzdem aus. Mein »Fahrer« klatschte dreimal in die Hände, rief ein ohrenbetäubendes »Alle mal herhören!« in den Raum und winkte Timo zu uns herüber.

»Das sind unsere beiden Neuen«, dröhnte er in die Runde. »Ihre Namen können sie selbst verraten.«

Damit wandte sich der Bulle an mich: »Amigo?«

»Häh?«

»Dein Name, Mann.«

»Ach so: Sven.«

»Hat keiner gehört. Lauter bitte.«

»SVEN!«

Ich erschrak mich fast vor meiner eigenen Lautstärke. Aber der Riese schien zufrieden. Die Kollegen applaudierten. Dann war Timo dran. Er brüllte »TIMO!«, wieder klatschten die Kollegen, dann gab Andro uns beiden die Hand, stellte sich doch noch als Teamleiter vor und entschwand mit den Worten: »Und jetzt immer schön machen, was meine Leute verlangen.« Da niemand kam und etwas verlangte, blieb uns Zeit zum Quatschen.

»Haben sie dich erst jetzt rangelassen?«, fragte ich.

»Nee, so kann man's nicht sagen.«

»Sondern?«

»Ist ein bisschen peinlich, Alter«, druckste Timo herum. »Aber wahrscheinlich wissen's sowieso alle.«

Dann fügte er im Flüsterton hinzu: »Ich bin sozusagen zwangsversetzt worden.«

Das kam mir bekannt vor. Lachend meinte ich: »Warst du nicht freundlich genug, oder was?«

»Was soll 'n das heißen?«

»Na, der Spruch kam doch von dir: Wer ficken will, muss freundlich sein.«

Ich hatte das lustig gemeint, doch statt sich zu amüsieren, bekam Timo eine rote Birne und nuschelte: »Na, wenn's danach geht, war ich eher ein bisschen zu freundlich. Das war ja das Problem.«

Jetzt musste ich noch mehr lachen: »Und was ist aus deinem ›Projekt‹ geworden?«

Er sah mich verkniffen an, als wisse er nicht, was ich meine.

»Na, die Blonde«, erklärte ich. »Caro oder wie sie hieß.«

Jetzt guckte er noch verkniffener und winkte ab, als wolle er das Thema schnell beenden. Aber da kannte er mich schlecht. Wer auf dicke Hose machen konnte, konnte auch Tacheles reden. Ich ließ nicht locker.

»Hast du Alzheimer, Mann?«, wurde ich lauter. »Caro! Das Gymnastikmädchen. Dein Projekt. Die mit dem pinken Anzug und den dicken Titten.«

Ich sah nur noch, wie Timo sich mit der flachen Hand gegen die Stirn schlug, dann tippte mir jemand von hinten auf die Schulter. Ich wirbelte herum – und sah direkt in ein üppiges Dekolleté, das von einem neonpinken Trikotkragen zusammengehalten wurde. Von oben flötete es: »Hi, Sven. Kennst du mich noch? So schnell sieht man sich wieder.«

Das war jetzt ein Witz, oder? Ich sah hoch. Okay, es war kein Witz.

»Äh … Caro«, stammelte ich. »Du hier?«

»Die Welt ist klein«, kicherte sie.

Wie recht sie hatte. Aber ihr Busen war noch immer riesengroß.

Das Feuer des Vulkans

Rückblickend habe ich in den ersten Tagen auf Lanzarote mehr über die Animation gelernt als in meiner kompletten Zeit in »Triton's Castle«. Es ging mit dem unerwarteten Wiedersehen mit Timo und Caro los, das ich anfangs als wundersame Fügung empfand. Inzwischen weiß ich: Es ist ganz normal, dass man in einem Job, in dem das Nomadendasein quasi zum Berufsbild gehört, sowohl Weggefährten als auch Gäste in den kuriosesten Konstellationen wiedertrifft. Der zweite Punkt war der Umgang unter den Kollegen. Neben Caro kamen nach der Begrüßung weitere Animateure zu uns, um hallo zu sagen und ihre Hilfe anzubieten. Da gab es kein oberflächliches Nicken oder gar Ignoranz, vielmehr hatte man das Gefühl, die Leute freuten sich, dass wir da waren. Zudem wurden uns »Tandempartner« zur Seite gestellt, die als persönliche Ansprechpartner bei Problemen und Orientierungsschwierigkeiten fungierten und uns unser Zimmer zeigten. Ja, ihr habt richtig gehört: »unser Zimmer«. Womit wir bei Lektion Nummer drei wären. Die Zeiten, in denen ich mein eigenes Reich hatte, waren vorbei. Stattdessen bewohnten Timo und ich mit sechs weiteren Kollegen eine Animateurs-WG, im Untergeschoss des Hotels. Ein ziemliches Loch war das. Tageslicht gab es nicht, das Mobiliar hatte offensichtlich bereits Generationen von Bewohnern überlebt, die Klimaanlage war kaputt, und die einzigen Fenster im Raum mündeten in eine miefige Tiefgarage. Dass mir auf dem Weg zum Abendessen zu allem Überfluss eine fette Ratte über den Weg lief, trug nicht zur Verbesserung des ersten Eindrucks bei, verzerrte ihn allerdings auch nicht. Das »Fuego del Volcán« war eine Bruchbude. Umso erstaunlicher war es, dass der Laden vollgestopft war mit Stammgästen, die mit seligem Dauergrinsen durch die Anlage wandelten und sich scheinbar keinen besseren Ort zum Urlaubmachen vorstellen konnten. Auch das begriff ich allerdings recht schnell. Lektion Nummer vier: Freundliches Personal und eine engagierte Animation, die von Herzen kommt, sind über jeden baulichen Mangel und jedes Feng-Shui-Defizit erhaben. Die freundschaftliche Atmosphäre im »Fuego del Volcán« glich den überholten Sechziger-Jahre-Charme des Hauses spielerisch aus. Für einige gehörten die altmodischen Fliesen in der Lobby, die Löcher auf dem Weg zum Pool und das Brüllen der Klimaanlage im Speisesaal wahrscheinlich sogar zum Urlaubsgefühl dazu.

Die fünfte und für mich persönlich entscheidendste Erkenntnis kam allerdings am Abend bei der Show. Timo und ich saßen gemeinsam im Zuschauerraum und sollten uns das Ganze erst mal ansehen. Lustigerweise lief, wie an meinem ersten Abend in Griechenland, eine Best-of-Musical-Show, bei der eine Mischung aus den Hits verschiedener Stücke geboten wurde. In Leptokaria hatte ich den Abend als langwieriges Hokuspokus-Spektakel voller billiger Effekte und überambitionierter Gesten empfunden, aber hier ... Die Ratte, das muffige Zimmer, die Rostflecken am Gestänge des Bühnenzeltes – all das geriet in der Energie der furiosen Darbietung in Vergessenheit. Bei »Grease« fühlte ich mich wirklich in die fünfziger Jahre zurückversetzt und konnte regelrecht spüren, wie die Rivalität der Bandenanführer an der Rampe zitterte, bei »Hair« mischten sich die Darsteller unters Publikum und ließen die Hippieatmosphäre von der Bühne in den Zuschauerraum überschwappen, bei »Starlight Express« fuhr tatsächlich ein Kollege mit Rollschuhen über die Bühne. Jeder Song war eine Welt für sich und erzählte seine eigene Geschichte, jeder Darsteller hatte seinen eigenen großen Moment. Endgültig umgehauen hat mich der Auftritt von Andro. Er trat als Luigi Lucheni aus »Elisabeth« auf und performte »Kitsch«, eine Nummer, die in Leptokaria immer Sonja an sich gerissen hatte. Bei ihren Auftritten mit Zylinder, angeklebtem Schnauzer und Pseudo-Machogesten habe ich mich immer ein bisschen fremdgeschämt. Es wirkte einfach lächerlich, wenn eine Frau diese Rolle spielte. Andro brauchte keinen Zylinder und keinen angeklebten Schnauzer, und wenn er Machogesten einsetzte, dann waren sie bei ihm echt. Es war faszinierend zu sehen, wie dieser bullige Typ auf der Bühne durch gezielte Mimik und präzise Gesten eine Eleganz entwickelte, die man ihm auf den ersten Blick nie im Leben zugetraut hätte. Es war magisch, und ich klatschte wie ein Bekloppter. Im selben Moment dachte ich bei mir: »Da will ich auch hin. Das will ich auch können. Diesen Applaus will ich auch ernten.«

Als ich nach der Show dem Kollegen mit den Rollschuhen gratulierte und fragte »Wie macht ihr das bloß?«, war seine simple Antwort: »Jeder hat seine Spezialität. Und jeder macht das, was er am besten kann. Ich kann Rollschuh fahren, also haben wir eine Nummer draus gemacht. Caro ist Gymnastikfreak, deshalb tanzt sie immer in der ersten Reihe und so weiter.«

»Und Andro?«

»Andro?«, lachte er. »Ich würde sagen, der ist einfach ein geiler Typ.«

Ein geiler Typ. Ja, das wollte ich auch werden. Aber mir war klar, dass ich mich dafür erst mal beweisen musste. Ich musste mir eine »Spezialität« suchen. Schon am nächsten Tag fing ich an, mir selbst Gitarre beizubringen und mich in die Zauberei einzuarbeiten. Auf einmal waren die Pausen zwischen den Aktivitäten und vor dem Essen nicht mehr zum Schlafen oder Rumhängen da, sondern zum Üben. Und auf einmal waren die Shows für mich keine albernen Hampeleien mehr, sondern eine Möglichkeit, mir etwas abzugucken. Und auf einmal trieb ich nicht mehr planlos vor mich hin, sondern hatte ein klares Ziel vor Augen: Ich wollte ein guter Animateur werden. Dieser Wille ist vielleicht die wichtigste Eigenschaft, die man für diesen Beruf mitbringen muss. Endlich hatte es mich gepackt. Das Feuer des Vulkans war auf mich übergesprungen. Mit diesem brennenden Bekenntnis verlassen wir den Anreisemodus und tauchen endgültig ein ins pralle Leben an der Urlaubsfront. Bienvenido, amigos!

Teil 2
Im Flow

Das Leben mittendrin

Die zweithäufigste Frage über meinen Job lautet: »Was macht man eigentlich als Animateur?«

In den seltensten Fällen meinen die Leute die Frage ernst, weil sie sowieso denken, dass sie die Antwort kennen: spielen, quatschen, vögeln. Oder um mit einem berühmten Urlaubsschlager zu sprechen: Party, Palmen, Weiber und ein Bier. Ich kann darauf nur erwidern: 16-Stunden-Tage, Sammelunterkünfte, Resteessen, Dauerhitze, keine Privatsphäre. Auch das sind Bestandteile des Animateurdaseins. Dass die Lebensrealität irgendwo zwischen diesen beiden Polen liegt, wird sich in den folgenden Kapiteln zeigen – mit einer klaren Tendenz zur positiven Seite. Nicht umsonst lautet die Hauptüberschrift für diesen Buchteil »Im Flow«. Ich habe meine ersten zwei, drei Jahre in der Animation tatsächlich wie eine große schillernde Lebensblase in Erinnerung, in der sich eigentlich alles von alleine entwickelte. Insbesondere ich selbst. Nach dem holperigen Start an der Olympischen Riviera wendete sich das Blatt auf Lanzarote radikal zum Guten. Auf einmal stand ich sprichwörtlich auf der Sonnenseite des Lebens. Das ging damit los, dass mich die Leute auf einmal mochten. Und respektierten. Und sogar lustig fanden. An dieser Stelle meldet sich vermutlich wieder der kleine Spielverderber aus den Leserreihen zu Wort, um ungläubig nachzuhaken: »Wie ging das denn auf einmal?«

Ein berechtigter Einwand, den ich mit der Anekdote kontern kann, dass die plötzliche Sympathie eigentlich auf einem Missverständnis beruhte. Ich habe ja erzählt, dass ich bei der überstürzten Abreise aus Griechenland all meine Klamotten, Fotos, CDs, Wertsachen und so weiter in »Triton's Castle« zurückgelassen hatte, so dass mein Antrittsgepäck auf Lanzarote ein eher spärliches war. Etwas zu spärlich, wie ich sehr bald feststellen musste. Bei Lufttemperaturen, die auf Lanzarote zwar selten die Dreißig-Grad-Marke überschreiten, aber auch selten unter zwanzig Grad sinken, ist so ein Trio Billigunterhosen relativ schnell durchgeschwitzt, und bei einem Job, in dem man ständig am Laufen, Rumspringen und Tanzen ist, sind zwei T-Shirts als Ersatz für die »Arbeitsuniform« (die auch hier aus Polohemd, Shorts und Käppi mit Hotellogos bestand) dann doch ein bisschen wenig. Außerdem gab es ja noch freie Tage, an denen ich auch irgendwas anziehen musste. An einem solchen begann das Sympathie-Missverständnis.

Als nach meiner ersten Woche im »Fuego del Volcán« immer noch kein Paket mit meinen Sachen angekommen und auch auf Nachfrage in der Deutschlandzentrale des Veranstalters nichts über den Verbleib des Zeugs in Erfahrung zu bringen war, blieb mir an meinem ersten freien Tag im Prinzip nichts anderes übrig, als dreckige Klamotten anzuziehen, die eigentlich in die Wäsche gehört hätten. Da hatte ich keine Lust drauf. Also kam mir eine Idee. Morgens um halb zehn, als alle meine Kollegen am Pool waren, um den Clubtanz zu tanzen, schlich ich mich unbemerkt in den Kostümfundus hinter der Bühne und durchsuchte die Kartons und Regale nach Kleidung, die wenigstens einigermaßen nach normalen Straßenklamotten aussah – was sich schwieriger gestaltete, als ich es mir vorgestellt hatte. Sketche und Musicals schöpfen ihren Unterhaltungswert nun mal aus einer bewussten Überzeichnung der Realität. So war das »Normalste«, was ich fand, ein Hawaiihemd, das mit rosa Flamingos und bunten Papageien bedruckt war, eine blaue Leinenhose mit karierten Flicken am Hintern, ein schwarzes Big Shirt mit grünem »Crazy Chick«-Schriftzug sowie Batikshorts im Regenbogenlook. Ich probierte mehrere Kombinationen durch. In allen sah ich aus wie ein Clown. In einem Anfall von Galgenhumor entschied ich mich für die Flucht nach vorne, zog das Hawaiihemd und die Batikshorts über und krönte das Ensemble mit einem schwarzen Schlapphut. Das war zumindest konsequent geschmacklos. Außerdem würde mich in diesem Aufzug sowieso niemand erkennen. Dachte ich. Ein Irrglaube, der sich sofort erledigte, als ich das Theater wieder verließ und Gerrit und Bärbel in die Arme lief. Die beiden waren Mitte fünfzig, Hippies und irgendwann in ferner Vergangenheit auf einem Trip hängengeblieben, der ihnen ermöglichte, sich für den Rest ihres Lebens im Zustand der Sonnengöttlichkeit zu aalen. Besonders Bärbel zeichnete sich dadurch aus, dass sie alles und jeden leidenschaftlich und lauthals »geiiil« fand, was Gerrit normalerweise mit einem Udo-Lindenberg-mäßigen »Verschärft!« kommentierte. Ich schloss also die Tür zum Fundus hinter mir und hörte noch im selben Moment ein aufgekratztes »Geiiil«. Eigentlich fühlte ich mich gar nicht angesprochen, konnte mir aber trotzdem einen Blick über die Schulter nicht verkneifen. Schon eilte Bärbel mit wehendem Haar und wippender Oberweite auf mich zu. Oder was heißt auf mich? Auf meine Shorts. Ihren Mann schleifte sie unbarmherzig hinter sich her.

»Mensch, Gerrit, guck doch mal!«

»Was 'n?«

»Die Shorts, Gerrit«, schnappte Bärbel fast über vor Begeisterung. »Mann, sind die geiiil.«

Schon war sie neben mir und betastete meine Hose.

»Seide oder Baumwolle?«, wurde sie auf einmal sachlich. Den Stoff rieb sie dabei fachmännisch zwischen Daumen und Zeigefinger. Was sollte ich sagen? Dass ich keine Ahnung hatte, weil ich das Ding gerade erst aus dem Fundus geklaut hatte? Lieber nicht. Ich zuckte einfach mit den Schultern und hielt den Mund. Woraufhin sie zu mir hochsah und im nächsten

Moment kreischte: »Mensch, guck mal, wer das ist, Gerrit! Das ist Sven.«

Gerrit klappte meine Hutkrempe zurück, sah mir ins Gesicht und grinste: »Tatsache. Verschärft.«

»Mensch, warum bist 'n du nicht am Pool bei den anderen, Sven?«

»Freier Tag«, stotterte ich.

»Dann sind das deine Privatklamotten? Geiiil!«

Ein paar Stunden später war das halbe Hotel darüber informiert, dass der Sven aus der Animation »auch privat eine voll durchgeknallte Type« sei. Unfreiwillig hatte ich damit ein Image weg, dem mein Charakter zwar nicht gerecht wurde, das meine Popularität unter den Gästen aber auf einen Schlag vervielfachte. Manche Leute lachten hinter vorgehaltener Hand über mich, andere sprachen mich auf »die geilen Shorts« an, weitere wollten wissen, wie ich es denn geschafft hätte, Bärbel zum »Sven-Fan« zu machen – ein geflügeltes Wort, das sie selbst geprägt hatte und das seinerseits eine Eigendynamik entwickelte. Mich überrumpelte die plötzliche Aufmerksamkeit zwar, aber sie tat mir gut. Und sie schuf den Rahmen für eine Rolle, in die ich langsam, aber sicher hineinwachsen konnte. Seitdem halte ich es mit dem Motto: Lieber ein zweifelhafter Ruf als gar keiner. Denn auch darum geht es in der Animation. Ein gewisser Wiedererkennungswert hilft den Gästen, eine Beziehung aufzubauen. Im besten Fall funktioniert ein Animationsteam wie die Besetzung einer guten Sitcom: Vom Chaoten bis zum Streber ist alles dabei, so dass es für jeden Gast eine Identifikationsfigur gibt. Wenn ich es recht bedenke, war das Team im »Fuego del Volcán« ein Musterbeispiel für dieses Prinzip. Grund genug, an diesem Beispiel die unterschiedlichen Animateurstypen abzuklappern.

Die Animateursfamilie

Über den Daumen gepeilt kann man sagen, dass von hundert angehenden Animateuren maximal zwanzig die Schallgrenze der ersten drei Arbeitsmonate durchbrechen. Der Rest geht irgendwo auf dem Weg dorthin verloren. Die Gründe, warum Leute das Handtuch werfen, sind so vielfältig wie die Charaktere, die sich an dem Job versuchen. Heimweh, Hochmut, Hitzschlag … hab ich alles schon erlebt. Nobody's perfect. Was zu der Frage führt, was einen perfekten Animateur überhaupt ausmacht. Die Antwort: Ein perfekter Animateur sieht gut aus, ohne zu schön zu sein, er ist freundlich, ohne zu verbindlich zu werden, er ist intelligent, ohne damit protzen zu müssen, er ist selbstbewusst, aber nicht hochnäsig, humorvoll, aber nicht albern, sportlich, aber nicht zu ehrgeizig, er hat eine Gesundheit wie ein Stier und ein Gedächtnis wie ein Elefant, und er hat im Leben genug erlebt, um sowohl in oberflächlichen wie auch in tiefgründigen Unterhaltungen etwas zu erzählen zu haben. Mit anderen Worten: das perfekte Mittelmaß. Dass ein solches Durchschnittsprofil einer möglichst großen Schnittmenge mit den Hotelgästen dient, ist klar. Dass es selten bis nie in dieser Balance zu finden ist, ebenfalls. Jeder hat seine Macken und Vorzüge, und nicht zuletzt sind es die »Spezialitäten«, die einen Menschen interessant machen. Aber sie müssen eben gezielt eingesetzt und an manchen Stellen auch mal versteckt werden.

Ein anschauliches Beispiel dafür war die Geschichte von Anna und Bert. Die beiden waren ein Paar, und sie waren vor ihrem Abstecher in die Animation Deutsche Meister im Standardtanz gewesen. Das bedeutete, dass sie alle Blicke auf sich zogen, sobald sie die Tanzfläche oder die Bühne stürmten.

Was super war, solange sie im Duett glänzen konnten. Wenn sie allerdings bei Musical- oder Revueabenden in Ensemblenummern auftraten, hatten ihre Gelenkigkeit und perfekte Körperspannung zur Folge, dass jeder andere neben ihnen wie ein unbeholfener Trampel aussah. Es gab damals tatsächlich ein Sechsaugengespräch, in dem Andro die beiden bat, in Gruppennummern ein bisschen »schlechter« zu tanzen, als sie es eigentlich konnten. Nicht weil er ihnen den Applaus nicht gönnte, sondern weil es den Gesamteindruck der Show beeinträchtigte, wenn neunzig Prozent des Ensembles wie Stümper rüberkamen. Ein Team ist eben immer nur so stark ist wie sein schwächstes Glied. Und in einer Familie müssen die Großen die Kleinen mittragen.

Die Sensibilität und das diplomatische Geschick, eigene Entscheidungen und Fähigkeiten zugunsten des Teams einzusetzen, sind in unserem Job damit fast noch wichtiger als physische Qualitäten. Im besten Fall muss man in jedem Bereich aushelfen können. Dann funktioniert auch das, was ich das »Blitzprinzip« nenne. Wenn ein Kollege in diesem Moment vom Blitz getroffen wird, müssen theoretisch alle anderen in der Lage sein, spontan seine Aufgaben zu übernehmen. Was im Umkehrschluss auch heißt, dass jeder ersetzbar ist. Das werden viele nicht gerne hören, aber es ist in einem Beruf, in dem mehr als bei allen anderen Jobs Leute wegen Verletzungen, Liebeskummer, Trunkenheit oder Erschöpfung ausfallen, einfach mal Fakt. Dass trotz allem noch genug Raum für Individualität bleibt, beweist meine damalige Animateursfamilie auf Lanzarote. Machen wir also das, was neue Hotelgäste normalerweise beim obligatorischen Begrüßungscocktail erwarten: eine Vorstellungsrunde.

Die Miniclub-Tante

Dunja war ein Pfundsweib. Sie war Mitte zwanzig, zwei Zentner schwer, 1,60 Meter groß, hatte braune Locken bis zum Hintern und ein Lachen, das Wände erzittern ließ. Vor allem aber verkörperte sie für mich die ultimative Verschmelzung von Berufung und Persönlichkeit. Dunja war Miniclub-Tante mit Leib, Herz und Seele. Als sie sich mir vorstellte, war ihre erste Frage: »Hast du Kinder?«

Mir fiel dazu nichts ein als ein blödes: »Nee. Du?«

»Ob ich Kinder habe? Na, klar. Hunderte.«

Ich muss ein ziemlich ungläubiges Gesicht gemacht haben. Jedenfalls erklärte Dunja ihre Aussage nach einer kurzen Pause mit einer ausladenden Geste und den Worten: »Alle hier im Club sind meine Kinder.«

Dann drehte sie sich einmal um die eigene Achse, wuschelte mir zweimal kräftig durch die Haare und zog mit den Worten von dannen: »Auch du! Wenn du mal spielen willst: Du findest mich im Miniclub.«

Ich habe lange darüber nachgedacht, wie ich diese Bemerkung zu verstehen hatte. Eigentlich tue ich es bis heute. Aber eins nach dem anderen. In der folgenden Zeit lernte ich Dunja als unangefochtene Königin der Kinderanimation kennen und schätzen. Wenn sie durch den Club walzte, dauerte es nie lange, bis ein paar Kids ihr mit herzzerreißendem »Wo gehst du hin, Tante Dunja?« oder »Tanzen wir morgen wieder Tango, Tante Dunja?« am Rockzipfel hingen. Morgens und nachmittags saß Madame singend, spielend oder bastelnd mit ihren Schützlingen im Miniclub, dessen Schlüssel sie hütete wie ihren Augapfel. Bei der Kinderdisco versetzte sie die Kleinen jeden Tag mit anderen Mottos und neuen Kostümen in Verzückung. Mal erschien sie mit Blume im Haar, Flamenco-Outfit und einem roten Tuch und spielte mit den Kindern

Stierkampf. Am nächsten Abend kam sie als Nixe und sang mit ihnen »Unter dem Meer« aus »Arielle, die Meerjungfrau«. Ihre Paraderolle war allerdings »Lanzarota, die Vulkanhexe«. Als solche erschien sie mit einem lavagrauen Mantel, unter dem sie ein Kleid mit Flammenmuster trug. Der Höhepunkt war, wenn Lanzarota beim letzten Lied »Feuer fing« (also den Mantel abstreifte) und sich »zum Löschen« in den Pool schubsen ließ. Eine Aktion, die nicht nur bei den Kids für aufgeregtes Kreischen und begeistertes Gelächter sorgte, sondern immer auch ein paar männliche Voyeure auf den Plan rief. Nicht nur Fickrige Familienväter, sondern auch viele Ballermänner fanden sichtlich Gefallen an Dunjas üppigen, weiblichen Rundungen. Ob sie das selber merkte? Ich bezweifelte es. Diese Frau ging viel zu sehr in der Hingabe für ihren Job auf, als dass sie neben Kindern und ihren zwei weiteren Hobbys, Essen und Lachen, noch Gedanken an Sex hätte verschwenden können. Dachte ich zumindest. Ich wurde eines Besseren belehrt.

Eines Abends wollte ich nach dem Gästekontakt noch mit ein paar Leuten an den Strand gehen und dafür eine Decke aus dem Zimmer holen. Auf dem Weg fiel mir auf, dass im Miniclub die Tür halb offen stand und Licht brannte. Was ungewöhnlich war, weil Schlüsselverwalterin Dunja eigentlich eine strikte Verfechterin regulärer Öffnungszeiten war. Aber vielleicht hatte ja auch sie was vergessen. Ich kümmerte mich also nicht weiter drum, holte die Decke und stellte auf dem Rückweg beruhigt fest, dass der Miniclub wieder dunkel war. Ein zweiter Blick ergab allerdings, dass die Tür noch immer offen stand. Vielleicht habe ich in meiner Jugend zu viele Horrorfilme geguckt oder durch meine Vorgeschichte einen Knacks weg, aber irgendwie ließ mir das keine Ruhe. Ich stand eine gefühlte Ewigkeit im Dunkeln und wartete darauf, dass jemand aus der Tür trat. Dabei tanzten Bilder von Einbrechern, satanischen Zeremonien und Serienkillern vor meinem inneren Auge. Die Einbrecher schieden für die vorliegende Situation allerdings aus. Im Miniclub gab es nun wirklich nichts zu holen, was von Wert gewesen wäre. Und bei satanischen Zeremonien benutzte man doch normalerweise Kerzen, die geflackert hätten, oder? Es blieb also nur der Serienkiller. Als sich nach fünf Minuten immer noch nichts gerührt hatte, ging ich zum Angriff über. Ich legte die Decke weg, bewaffnete mich mit einem massiven Blumentopf samt darin blühender Kaktuspflanze, schlich auf die Tür zu und schob sie Stück für Stück weiter auf. Dann hielt ich einen Moment inne und lauschte in die Stille. Oder was heißt Stille? Es war ein seltsames Lautgemisch aus brummender Klimaanlage, dem Rauschen meines eigenen Blutes im Ohr und einem rhythmischen Quietschen, das durch meine Gehörgänge dröhnte. Nichts Beunruhigendes eigentlich. Auch meine Augen konnten in dem Raum nichts weiter ausmachen als tiefes, alles verschlingendes Schwarz. Obwohl ... Doch, da bewegte sich etwas. An der Stelle, wo sonst immer die niedrige Plastikbank stand, auf der Dunja mit den Kindern Busfahren spielte, zeichneten sich die Umrisse eines wackelnden, vibrierenden Etwas ab. Und war das nicht ein Schnaufen, das von dem undefinierbar schwingenden Gebilde ausging? Vielleicht sogar ein ersticktes Stöhnen?

Ehrlich gesagt weiß ich auch nicht, was mich geritten hat, als ich in Ermangelung einer freien Hand mit der Schulter den Lichtschalter betätigte. Oder was ich gedacht habe, als im gleißenden Strahl des aufflammenden Lichts für den Bruchteil einer Sekunde die Rückansicht eines nackten Männerkörpers sichtbar wurde, um den sich die leidenschaftlich gespreizten Beine von Dunja schlangen. Ich habe auch keine

Ahnung, warum gerade in diesem Augenblick die Glühbirne durchbrannte. Ich weiß nur, dass ich den Blumentopf mit dem Kaktus vor Schreck fallen ließ und im nächsten Moment aus der Tür stürzte und wegrannte. Und dass ich nie mit Dunja über dieses Erlebnis gesprochen habe. Ohne mit der Wimper zu zucken, nahm ich am nächsten Morgen zur Kenntnis, dass sie bei Andro eine neue Glühlampe bestellte, weil die Birne im Miniclub »irgendwie den Geist aufgegeben« hatte. Und dass die Scherben des zerbrochenen Blumentopfs im Müllkorb vor dem Miniclub lagen. Und dass die Bemerkung »Wenn du mal spielen willst: Du findest mich im Miniclub« plötzlich doch wieder eine außerordentlich schlüpfrige Note hatte. Man könnte sagen, dass Dunja meinem Glauben an die Unantastbarkeit des Miniclubs die Unschuld geraubt hat. Sie bleibt für mich trotzdem die Königin der Kinderanimation. Nicht zuletzt, weil alle im Club ihre »Kinder« waren.

Die Dampfblasen

Blinde Hühner, Quereinsteiger, Glücksritter, Zufallstreffer, Stümper, Kasper, Nerds ... In Anbetracht ihres Mangels an Qualifikationen kann man die Vertreter dieser Kategorie nennen, wie man will, ich persönlich nenne sie Dampfblasen – und meine damit diejenigen, die mehr oder weniger planlos in die Animation hineinrutschen und sich erst, wenn sie drinstecken, darüber Gedanken machen, was das überhaupt bedeutet. Wie zum Beispiel Timo und mich. Uns einte eine komplette Konzeptlosigkeit in puncto Lebens- und Berufsplanung. Wir probierten diesen Job halt mal aus. Aus unterschiedlichen Motiven, aber ohne große Erwartungen und Ambitionen. Und bevor mich jetzt jemand der Selbstbezichtigung anklagt, sage ich besser gleich, dass derartige Grund-

voraussetzungen bei Junganimateuren, wenn nicht der Regel-
fall, dann doch sehr, sehr häufig vorkommen. Allerdings muss
man zwischen zwei verschiedenen Sorten von Dampfblasen
unterscheiden. Die einen fallen nach kurzer Zeit in sich zusammen und implodieren, die anderen wachsen und erreichen
die Wasseroberfläche. Chemiker würden das vermutlich anders beschreiben, aber wir befinden uns ja zum Glück nicht
im Siedelabor, sondern in einem Clubhotel. Nehmen wir die
Entwicklung der beiden Dampfblasen Timo und Sven also
kurz unter die Lupe und besinnen uns dafür auf das Gespräch
in der Casting-Turnhalle. Einige werden sich erinnern, dass
ich mich schon damals über die Kaltschnäuzigkeit gewundert
habe, mit der Timo die Bewerbungssituation schulterte, ohne
dabei auch nur einen Augenblick sein eigentliches Ziel aus
den Augen zu verlieren: Frauen aufzureißen.
Eine ähnliche Situation gab es an unserem ersten Lanzarote-
Abend noch mal. Während ich nach der Show vor der Bühne
saß und meiner Bewunderung durch frenetischen Applaus
Luft machte, schien Timo eher gelangweilt und abgelenkt.
Erst als ich ihm in meiner Euphorie in die Seite stieß und rief
»Supergeil, oder?«, war er schlagartig wieder hellwach und
fragte: »Welche noch mal?«
»Wie jetzt ›welche‹?«
»Na, welche meinst du denn?«, stutzte er. »Die Dunkelblon-
de oder die Hellblonde?«
»Ach so, das hatte ich jetzt gar nicht gemeint.«
»Ach, du Scheiße«, kicherte er. »Dann stehst du auf die Dicke
mit den Locken? Freak!«
Damit war die Unterhaltung beendet. Timo kam gar nicht auf
die Idee, dass ich mit meinem »supergeil« auch die Show als
solche hätte meinen können. Wenn ich ihm von meiner Faszination für Andros Auftritt erzählt hätte, er hätte wahrschein-

lich gedacht, ich bin schwul. Sein Denken war diesbezüglich etwas eindimensional. Das änderte allerdings nichts daran, dass er ein guter Animateur wurde. Während ich meine Energie aus einer wachsenden Faszination für den Job zog, zog er sie aus dem permanenten Drang, potenzielle Sexpartnerinnen zu beeindrucken. Ich wollte mir selbst beweisen, dass ich der Aufgabe gewachsen war, er wollte den Frauen beweisen, dass er ein cooler Macker war. Was ich damit sagen will: Wir sahen irgendwie beide einen Sinn in unserer Tätigkeit, wenn auch aus völlig verschiedenen Gründen, darum versuchten wir dennoch, sie so gut wie möglich zu machen. Und deshalb wurden wir nach der jeweiligen Implosion unserer ersten Engagements doch noch zu Dampfblasen, die die Wasseroberfläche erreichten – sprich, die Schallgrenze der ersten drei Arbeitsmonate durchbrachen. Timo ging später übrigens in die Türkei, wo er mit einer Frau zusammenkam, die auch Animateurin war. Danach soll er ruhiger geworden sein, blieb aber trotzdem noch eine Weile dabei. Eine Beziehung ist eben auch ein Antrieb. Und damit Schluss mit der Dampfplauderei und ab zur Aerobic.

Die Aerobic-Grazie

Ich freue mich, den Verfechtern der Geschlechtergerechtigkeit an dieser Stelle doch noch ein Bild von Caro liefern zu können, das über ihre körperlichen Attribute hinausgeht. Zwei Möpse machen schließlich keinen Menschen. Oder doch? Spaß beiseite! Carolin (»Aber für dich Caro!«) war sportlich, schlank, sexy und die Idealbesetzung für die weiblichen Hauptrollen in den Abendshows. Mit anderen Worten: eine Aerobic-Grazie, wie sie im Buche steht. Und da jetzt sowieso erst mal alle wissen wollen, ob zwischen Timo und

Caro was gelaufen ist, nutze ich meine Insiderkenntnis, um in eine nähere Charakterisierung dieses Typus einzusteigen. Die Antwort lautet: Nein, natürlich nicht. Weil Aerobic-Grazien zwar hübsch und nett, aber auch ziemlich unnahbar sind. Sie haben entweder einen Freund in Deutschland, der genauso schön ist wie sie, oder sie haben einen Lover in der Nähe, der mit dem Hin und Her im Hotel nichts zu tun hat. Bei Caro war das Erste der Fall. Deshalb war Timo bei seinem Flirtversuch nach dem Casting auch gescheitert. Er hatte »Miss Pink-Top« vor der Turnhalle durch ein paar Komplimente über ihre Gymnastikperformance dazu überreden können, »noch was trinken« zu gehen. Dabei waren sie im Bistro einer Tankstelle gelandet, wo Caro Multivitaminsaft und Timo Kaffee getrunken hatte, während jegliche Resterotik in einem Schwall von »Mein Freund hat gesagt ...«- und »Mein Freund findet übrigens ...«-Anekdoten ersoffen war. Timo wurmte das ungeheuer. Wenn er angetrunken war, versuchte er auf Lanzarote immer mal wieder, Caro in die Kiste zu kriegen. Im Grunde wusste er aber, dass das nichts brachte. Aerobic-Grazien vögeln nicht in der Gegend herum. Das passt nicht zu ihrem Weltbild, das sich aus Abitur, Reitstunden und einem wohlhabenden Elternhaus zusammensetzt. Dass sie damit ein bisschen langweilig sind, gleichen sie durch bemerkenswerte körperliche Fitness aus. Das sage ich aus gegebenem Anlass mit dem größten Respekt. Ich habe nämlich eine Einheit bei Caro mitgespurtet. Ja, ihr habt richtig gelesen. Kudszus war in der Gymnastik-Tretmühle. Wenn auch nicht ganz freiwillig.

Der Aerobic-Raum lag direkt neben der Tischtennisplatte, an der ich nach ein paar Wochen nicht nur Stammgast, sondern auch Champion war. Wenn die Aerobic-Klasse Schluss machte, mussten ihre vornehmlich weiblichen Teilnehmer an mir vorbei, wobei ich mich jedes Mal wunderte, warum alle außer

Caro so wahnsinnig verschwitzt waren. Irgendwann rief ich ihr in einem Anfall von Meisterschaftseuphorie hinterher: »Gib's zu: Du spritzt deine Leute nach der Stunde mit dem Wasserschlauch ab, damit sie aussehen, als ob sie was getan hätten.«

Wenn Blicke töten könnten, wäre ich in diesem Moment vermutlich leblos auf der Tischtennisplatte zusammengeklappt. Stattdessen verpasste ich nur den nächsten Ball. Auch das lässt angesichts meiner damaligen Treffsicherheit tief blicken.

»Wie war das?«, fragte Caro und blieb stehen. Ihr glänzendes Neonoberteil, diesmal in Grün, spannte stramm und trocken über ihren Brüsten, als käme es frisch aus der Wäsche.

»Na, sieh dir deine Leute doch an«, grinste ich und überließ meiner Truppe die Tischtennisplatte. »Die triefen wie Eis in der Sonne, und du siehst aus wie aus dem Ei gepellt.«

»Vielleicht weil ich ein bisschen besser im Training bin als sie«, antwortete Caro lauernd.

»Aber ich schwitz doch auch«, konterte ich.

»Und das heißt …?«

»Dass Tischtennis Sport ist.«

»Und Aerobic ist …?«

»Äh … Rumhampelei?«

Zack! Das war ein Seitenhieb zu viel gegen die Grazien-Ehre. Caro drehte sich auf dem Absatz um und stolzierte ohne ein weiteres Wort davon. Am nächsten Morgen teilte Andro überraschend Timo fürs Tischtennis ein und wandte sich dann mit einem süffisanten Grinsen an mich: »Und von dir, Sven, hab ich gehört, dass du heute gerne mal in die Aerobic reinschnuppern würdest.«

Ein amüsiertes Raunen ging durch den Kreis der Kollegen. Mittendrin thronte Caro, sah mir triumphierend in die Augen und versuchte, sich das Lachen zu verkneifen. Ich dachte nur:

»Na, warte, dich mach ich fertig, Fräulein.« Nach der Teamsitzung eilte ich in den Fundus und kramte mir Strickstulpen, Schweißbänder und ein Tüllkleid aus der Kiste. Mit dieser Jane-Fonda-Montur und einem siegesgewissen Grinsen ging ich zur Aerobic-Stunde. Die Gäste fanden's lustig, Caro meinte nur: »Hübsch siehst du aus.«

Dann setzte auch schon die Musik ein, und ich versuchte, meinem bescheuerten Outfit durch extra ungelenke Bewegungen eine parodistische Note hinzuzufügen. Bei den Dehnübungen am Anfang klappte das ganz gut. Auch beim Auf-der-Stelle-Marschieren hatte ich noch gut lachen. Aber dann kamen die »Steps«. Sie hatten blumige Namen wie »Flamingo«, »Helikopter« oder »Rocking Horse« und waren für sich genommen gar nicht so schwierig. Aber bei anziehender Geschwindigkeit kam ich schon deshalb ins Schwitzen, weil ich mit der Koordination meiner Füße überfordert war. Und dann diese ätzenden »Pliés«, bei denen wir immer wieder in die Knie gehen und ein paar Sekunden in der Hocke ausharren mussten. Und das Gehüpfe. Und das Rumgefuchtel mit den Armen. Und hatte hier drin eigentlich irgendjemand vergessen, die Heizung auszustellen? Um das Ganze abzukürzen: Am Ende der Stunde entließ eine gewohnt frische Caro einen komplett verschwitzten Sven, der Aerobic zwar immer noch als Rumhampelei empfand, seine verächtliche Haltung vor der physischen Herausforderung dieses Sports allerdings komplett abgelegt hatte. Am Abend stieß ich mit Caro auf die gelungene Lektion an. Sie trank Multivitaminsaft. Und erzählte mir dabei, dass sie ihrem Freund schon mal den gleichen Denkzettel erteilt hatte. Was lernen wir daraus? Man legt sich besser nicht mit Aerobic-Grazien an – egal ob man mit ihnen ins Bett geht oder es nur gerne täte.

Der Alt-Animateur

Manne war ein echtes Original. Er war ein kleiner drahtiger Mann Mitte vierzig mit mittellangen, blonden Haaren und einem Gesicht, das, selbst wenn er weinte, aussah, als würde er lachen. Und er war mit Leib und Seele Animateur. Seit Ewigkeiten. Er selbst sagte, er könne sich nicht erinnern, je einen anderen Job gemacht zu haben. Wenn man doch mal ein bisschen tiefer grub, kam heraus, dass er eine echte Achterbahnbiographie hinter sich hatte. Er war Taxifahrer gewesen und zur See gefahren, er hatte eine Kneipe gehabt und ein Wettbüro geleitet. Ein Lebenskünstler halt, der sich darauf verstand, aus jeder Aufgabe ein Spiel zu machen. Mein erster näherer Kontakt mit ihm war bezeichnend. An meinem dritten Tag auf Lanzarote tanzte er morgens beim Clubtanz neben mir. Ohne es zu merken, war ich aus dem Takt gekommen und den anderen mit meinen Bewegungen immer schon einen Schritt voraus. Irgendwann boxte Manne mir in die Seite und grinste: »He, Großer, du willst wohl als Erster ins Ziel kommen, wie?«

Als ich nicht verstand, deutete er auf meine Beine. Dann zischte er mir zu: »Aber nicht mit mir. Wetten, ich bin schneller?«

Bevor ich etwas erwidern konnte, begann Manne in hektischen Stakkatobewegungen, die gesamte Clubtanz-Choreographie im Zeitraffertempo durchzuzappeln, so dass er schon in der Mitte des Liedes mit allen Schritten fertig war. Danach streckte er die Faust in die Luft, brüllte »Strike! Erster!« und schlug mit mir ein. Ein Gag, den er kurz darauf wiederholte, indem er mich auf dem Rückweg zum Teamraum überraschend zu einem Rennen herausforderte, das er ebenfalls gewann (»Strike! Schon wieder Erster!«). Kurzum: Er liebte es, Alltagssituationen spontan zu Wettkämpfen zu erklären, in

denen er seine »Gegner« dank konsequenter Überrumpelungstaktik eigentlich immer besiegte. Wie weit er dabei ging,
zeigte sich einige Wochen später. Vor dem Abendessen hockte
ich mit ein paar Kollegen in unserer Animateurs-WG vor
dem Fernseher, als auf einmal Manne den Kopf durch die Tür
streckte und fragte: »Pst! Ist Andro hier?«

Als wir einhellig den Kopf schüttelten, kam er herein. Im
Schlepptau hatte er eine hübsche Blondine Anfang zwanzig.
Kichernd und auf Zehenspitzen schlichen die beiden in Mannes Zimmer und warfen die Tür hinter sich zu. Logisch, dass
kurz darauf auch wir am Kichern waren. Wir stellten den
Fernseher leiser und harrten mit gespitzten Ohren der zu er-
wartenden Bumsgeräusche. Jedoch: Nach einer Minute wurde die Tür wieder aufgerissen, und Manne stürmte hindurch –
nur mit einem T-Shirt bekleidet, einer Halbplatte und hochge-
streckter Faust. »Strike! Schon wieder Erster!«, brüllte er,
grinste uns entrückt an und preschte zurück in seine Bude.
Wenige Augenblicke später tippelte die Blondine mit hochro-
tem Kopf und gesenktem Blick an uns vorbei und flüchtete
ins Freie. Es ist davon auszugehen, dass sie bei dieser Express-
nummer nicht auf ihre Kosten gekommen ist. Oder dass sie
sich veralbert fühlte. Oder dass sie geschockt war. Was genau
hinter der verschlossenen Tür passiert ist, wird wohl für immer ein Geheimnis bleiben. Als wir Manne zur Rede stellen
wollten, lag er bäuchlings auf dem Bett und schnarchte wie
ein Weltmeister. Und als ich ihn später auf die Situation ansprach, meinte er nur: »Keine Ahnung, was da passiert ist. Zu
besoffen.«

Von da an war der Weg zur Erkenntnis der Kehrseiten von
Mannes sonnigem Charakter nicht mehr weit: Er hatte ein
Alkoholproblem, und er konnte nicht alt werden. Diese bei-
den Eigenschaften treffen leider häufig auf die Fraktion der

Alt-Animateure zu. Die Grenze zwischen Glück und Tragik ist bei dieser Gruppe hauchdünn. Eine Scheinwelt aus Sonne, Spaß und guter Laune lässt die Bewohner schnell vergessen, dass die Uhren jenseits ihrer Grenzen weiterticken. Und da es für einen Animateur durchaus eine Qualität sein kann, wenn er sich mit vierzig noch benimmt wie ein 15-Jähriger, lohnt es sich aus professioneller Sicht sogar, es zu ignorieren. Ob es allerdings für die persönliche Entwicklung von Vorteil ist, bezweifle ich. Dafür habe ich inzwischen zu viele Kollegen gesehen, die irgendwann anfingen, unter dem Älterwerden zu leiden. Manche mussten feststellen, dass ihnen jüngere Kollegen konditionsmäßig den Rang abliefen. Andere sahen sich mit dem Gefühl konfrontiert, dass ihr Leben einem Stillstand in der Endlosschleife glich. Von Manne weiß ich, dass er Jahre nach unserer gemeinsamen Zeit im »Fuego del Volcán« die Leitung eines benachbarten Hotels übernommen hat. Er scheiterte an dieser Aufgabe und verschwand von einem Tag auf den anderen wie vom Erdboden. Vielleicht fährt er jetzt wieder zur See. Oder Taxi. Oder er hängt in norddeutschen Internetcafés herum und verkündet mit roter Nase und zerzausten Haaren, dass er Animateur ist. Irgendwo ist er bestimmt bis heute der Erste. Strike!

Der Sportlertyp

Alle Teenie-Mädels bitte mal laut kreischen! Hier kommt er, der Mann, der das Ideal eines männlichen Animateurs verkörpert: Sascha. Ich war spontan neidisch, als er das erste Mal auf mich zukam. Jedes weitere Mal ebenfalls. Es war einfach ungerecht, wie gut es die Gene mit diesem Typen gemeint hatten. Sascha war Sportstudent, hatte eine coole Surfermatte, war braun gebrannt, durchtrainiert, beherrschte von Fußball bis Bogenschießen alle Disziplinen, verstand sich auf geistreiche Konversation und bekam jede, und ich meine wirklich jede Frau ins Bett, die er haben wollte. Unter dem Siegel der Verschwiegenheit gebe ich hiermit zu Protokoll, dass er sogar Caro rumgekriegt hat. Nur einmal, aber immerhin. Offiziell darf das niemand wissen, inoffziell weiß es allerdings jeder. Weil Sascha auch ein ziemlicher Angeber war und seine Klappe nicht halten konnte. Auch Supermänner haben Schwächen. Für mich war es sehr aufschlussreich, diesen Typen kennenzulernen. Manchmal muss man sich wahrscheinlich an einer etwas zu großen Nummer messen, um etwas über sich selbst herauszufinden. Ich will die Schilderung des Sportlertypen deshalb an meinem eigenen Weg zum Verständnis dieser Spezies spiegeln. Klingt hochtrabend, ist es aber gar nicht. Und angesichts der Tatsache, dass sich fast alle Menschen (außer Sascha vielleicht) zwischendurch Gefühlen der Unterlegenheit ausgesetzt sehen, werden mich viele verstehen. Erklimmen wir also die drei Stufen der Erkenntnis. Sie führen vom Volleyballfeld über die DJ-Kabine bis zum Pool.

Stufe eins: Sascha und ich wechselten uns mit den Volleyball- und Tischtennisgruppen ab. Wenn er Volleyball spielte, spielte ich Tischtennis und umgekehrt. Beim Volleyball war es für ihn ein Ritual, sich erst in die Mannschaft mit den hübschesten Mädels einzureihen und dann zum Beginn des Spiels sein Muskelshirt auszuziehen und seinen Körper zu präsentieren. Der Aufmerksamkeit der Mitspielerinnen war das eher abträglich, aber das war ja irgendwie Sinn der Sache. Ich selbst wäre nie auf die Idee gekommen, eine derart demonstrative Show abzuziehen. Oder mir gar einzubilden, dass sie jemand sehen wollte. Bis mir eines Tages Marta, eine ältere Dame, die ich zur Gästekategorie der Stillen Wasser zählen würde – und die schon seit einiger Zeit ein Auge auf mich geworfen hatte –, vom Spielfeldrand zurief: »Hey, Sven, zieh mal dein T-Shirt aus. Wir wollen was sehen für unser Geld.«

Erst dachte ich, sie verarscht mich, aber dann fingen auch meine Mitspieler an, »Ausziehen! Ausziehen!« zu rufen. Der Gast ist König, also beugte ich mich dem Willen der Mannschaft. Und ihr werdet es nicht glauben: Ich lieferte das Spiel meines Lebens ab. Es fühlte sich einfach supergeil an, vollen Körpereinsatz zu zeigen und gleichzeitig von bewundernden Blicken begleitet zu werden. Nicht dass ich meinen Körper danach mit dem von Sascha verglichen hätte, aber mir wurde klar, dass uns neben all den offensichtlichen Differenzen (er war aufgedreht, ich war ruhig, er war schön, ich war Durchschnitt, er war Topathlet, ich war Hobbysportler) vor allem eines unterschied: Er hatte ein Megaselbstbewusstsein, und ich hatte kaum welches.

Stufe zwei: Fortan versuchte ich darauf zu achten, mich nicht von meinen Komplexen in die Knie zwingen oder vom Selbstbewusstsein des Schönlings blenden zu lassen. Mir war von Anfang an aufgefallen, dass beim Abdekorieren der Bühne alle am Schieben und Schrauben und Schleppen waren, während Sascha immer nur in der DJ-Kabine hockte und über Kopfhörer Musik hörte. Erst dachte ich, dass das niemandem auffiel. Als ich es ansprach, zuckten die meisten jedoch wissend mit den Achseln und meinten »Lass ihn doch«. Um keinen Ärger zu provozieren, verbuchte ich das Ganze als Privileg der Schönheit, und hielt den Mund. Nachdem ich mich allerdings eines Nachts im Gästekontakt verquatscht hatte, zu spät zum Abbauen kam und prompt einen Anschiss kriegte, platzte mir der Kragen. Wutentbrannt stapfte ich zur DJ-Kabine, riss das Kabel des Kopfhörers aus der Anlage und brüllte: »Wenn andere schon wegen eines halben Schichtausfalls angekackt werden, ist es wohl nicht zu viel verlangt, dass der feine Herr aus dem Elfenbeinturm auch mal einen Finger krumm macht, oder?«

Sascha glotzte mich entgeistert an: »Alles okay bei dir, Alter?«

»Nee, überhaupt nicht, Alter«, polterte ich weiter. »Wie wär's, wenn du mal beim Aufräumen hilfst, anstatt immer nur die anderen buckeln zu lassen.«

Ich kann euch sagen: Ich war in Rage. Mein Kopf glühte, meine Angriffslust brodelte, und ich wappnete mich mit geballten Fäusten für das Kontra, das ich der arroganten Frechheit, die Sascha erwartungsgemäß erwidern würde, entgegenschleudern wollte. Doch dann geschah etwas Seltsames. Sascha lächelte mich an, klopfte mir mit einem anerkennenden »Respekt, dass mal jemand den Mund aufkriegt« auf die Schulter und sprang ohne jeden Widerstand aus der Kabine, um den anderen zur Hand zu gehen. Ich war perplex. Und wurde mir im selben Moment darüber klar, dass Schönheit manchmal auch einen ausgrenzenden Effekt haben kann.

Stufe drei: Lustigerweise hatte mein Wutausbruch zur Folge, dass Sascha mich anschließend mit einem Respekt behandelte, den er sonst nur Andro gegenüber zeigte. Er fragte mich sogar zwischenzeitlich um Rat oder vertraute sich mir an, wenn bei ihm etwas schieflief. Einmal standen wir gemeinsam am Pool und unterhielten uns über Gott und die Welt, als er mir aus heiterem Himmel die unverblümte Frage stellte: »Findest du mich eigentlich arrogant?«

Ich überlegte kurz und meinte dann: »Klar, manchmal schon. Wieso?«

»Reines Interesse«, zuckte er mit den Schultern. »Manchmal weiß ich selber nicht, ob ich's wirklich bin oder ob ich nur so aussehe. Was meinst du?«

Wieder zögerte ich einen Augenblick. Dann antwortete ich:

»Keine Ahnung. Für Außenstehende ist das wahrscheinlich oft dasselbe, oder?«

Fazit: Selbstbewusstsein macht sexy, und Sportlertypen wird das Leben leichter gemacht, als sie es selber (wahr)haben wollen. Außerdem sind gutes Aussehen und Arroganz oft dasselbe. Und jetzt alle Teenie-Mädels bitte mal laut kreischen!

Die Partybitch

Aus der Ferne sah sie aus wie eine Aerobic-Grazie, aus der Nähe wie ein Clown – weil sie immer Grimassen zog und mit ihrem riesigen Mund sprichwörtlich übers ganze Gesicht lachen konnte: Sophie. Diese Frau war der Knaller. Sie war sehr klug, sie hatte immer einen lockeren Spruch parat, und sie hatte die Energie eines menschlichen Flummis. Nachdem ihr zum Beispiel jemand erzählt hatte, dass der 15. Mai der Gedenktag ihrer eisheiligen Namensvetterin sei, lief sie an diesem Datum einen ganzen Tag mit Anorak und Pudelmütze durch die Anlage und quatschte jeden mit »Die kalte Sophie macht alles hie« an – bei 25 Grad im Schatten wohlbemerkt. Als ein paar Tage später der Ironman-Triathlon auf Lanzarote stattfand, legte sie jeden Weg entweder im Laufschritt oder mit Schwimm- beziehungsweise Radfahrbewegungen zurück und erklärte sich zur »Ironwoman« des Clubs. Als im Hotel Giftköder gegen die Ratten ausgelegt wurden, ließ sie sich jedes Mal, wenn jemand das Wort »Ratte« erwähnte, zu Boden fallen, als würde sie ohnmächtig. Man könnte ewig so weitermachen. Der Erfindungsreichtum dieser Frau machte vor keiner Peinlichkeit halt. Ich habe sie für ihre Verrücktheit geliebt und ihr das auch regelmäßig gesagt. Darauf antwortete sie immer mit: »Lieb von dir, Sven. Aber mein Kerl ist der Job. Und fremdgehen ist bei mir nicht.«

Bei allem Augenzwinkern: Das stimmte. Sophie fehlte zwar bei keiner Party und hatte durchaus ihre Verehrer, aber ich habe sie nie irgendwen abschleppen sehen. War mir eigentlich auch egal. Mein persönliches Verhältnis zu ihr war rein platonisch, und meine Liebesschwüre waren nur als Freundschaftsbekundung gemeint. Das Einzige, was mich diesbezüglich wirklich interessierte, war, wie das bei ihrem riesigen Mund eigentlich mit dem Küssen funktionierte. Ich hab sie sogar mal gefragt, woraufhin sie theatralisch die Augen aufriss und sagte: »Ich bin eine Gottesanbeterin!«

»Das ist aber keine Antwort auf meine Frage«, meinte ich.

»Na, klar«, lachte sie. »Weißt du nicht, dass Gottesanbeterinnen ihre Partner beim Sex auffressen.«

»Igitt, echt jetzt?«

»Klar, kannst du nachschlagen.«

Hab ich getan. Es stimmte. Danach wusste ich aber immer noch nicht, wie Knutschereien bei der Kollegin funktionierten. Aber das sollte noch kommen. Ich erfuhr es in einer lauen Juninacht, in der Sophie sich gleich nach der Show verabschiedete, weil sie nach Puerto del Carmen wollte, um eine Freundin aus Deutschland zu treffen. Wir anderen machten den Gästekontakt an diesem Abend also ohne sie und beschlossen danach, ebenfalls in den Ort zu gehen, um weiterzufeiern. Dort passierte es: Mitten auf der Avenida de las Playas rannte ich beinahe ein eng umschlungenes, wild knutschendes Pärchen über den Haufen – dessen erste Hälfte zu meinem Erstaunen Sophie war. Und die zweite Hälfte? Ihre Freundin. Andere hätten sich an dieser Stelle vielleicht der Verwunderung über das lesbische Überraschungsmoment der Begegnung hingegeben. Das war mir ehrlich gesagt völlig gleichgültig. Was mich viel mehr faszinierte, war die Tatsache, dass die Freundin einen ebenso riesigen Mund hatte wie So-

phie. Ein Phänomen, das im Zuge ihres beiderseitig über-
glücklichen Grinsens besonders stark ins Auge fiel. Eine
hübsch plakative Doppelbestätigung der Bauernweisheit
»Gleich und Gleich gesellt sich gern«, oder? So habe ich die
Anekdote zumindest für mich persönlich verbucht. In jenem
Moment auf der Avenida da las Playas flüsterte ich Sophies
Freundin allerdings lediglich in verschwörerischem Tonfall
zu: »Ich wäre vorsichtig an deiner Stelle: Die ganze Insel
spricht davon, dass diese Frau ihre Partner beim Sex auf-
frisst.«

Dann ging ich weiter und überließ die beiden ihrer Liebes-
glut. Seit diesem Abend werde ich den Eindruck nicht los,
dass die wahren Partybitches der Animateursbranche meistens Lesben sind. Zumal er sich immer wieder bestätigt. Ob
zwischen Humorlevel und sexueller Präferenz Zusammen-
hänge bestehen, sollen allerdings andere herausfinden. Ich
habe zum ultimativen Erkennungsmerkmal der Partybitches
nur noch so viel beizusteuern: Wer ein hübsches Mädchen
trifft, das bei einem Sketcheabend nicht die Sexbombenrolle
mit Minikleid, Pumps und goldener Perücke bevorzugt, sondern mit diebischer Freude durch Zahnschwarz, Hornbrille,
Sackkleid und toupierte Haare zur Verunstaltung seiner selbst
beiträgt, ist definitiv an eine Partybitch geraten. Die Todsünde der Eitelkeit ist diesem Typus im Gegensatz zu den Aerobic-Grazien unter den Frauen völlig fremd.

Der Boss

Keine Familie ohne Papa! Oder wie man damals in den Clubhotels von Griechenland bis zu den Antillen zu sagen pflegte:
»Jedes Team braucht seinen Andro.« Für mich war der Mann,
der mich vom Flughafen abgeholt hatte, eine ganze Weile ein

Buch mit sieben Siegeln. Er tauchte morgens um elf Uhr das erste Mal an der Bar auf, trank in aller Seelenruhe seinen Café cortado, machte eine Runde durch den Club, um zu sehen, was seine Animateure so trieben, und verschwand dann wieder für ein paar Stunden, um erst am Nachmittag zu den Proben für den Abend wieder aufzutauchen. Er musste nicht fragen, wenn er ein Hotelauto leihen wollte, wenn er auf etwas Appetit hatte, ging er einfach in die Küche und bekam es, er musste nur mit dem Finger schnipsen, und alle gehorchten. Das war die eine Seite seiner unaufgeregten Autorität. Die andere offenbarte sich, wenn er auf der Bühne eine Hauptrolle spielte oder für ausgefallene Kollegen Aktivitäten übernahm. Dann wich seine stille Eminenz einer kindlichen Energie und einer guten Laune, mit der er sowohl Gäste als auch uns, sein Team, ansteckte. Dass er für mich seit dem ersten Abend, als er mich in der Rolle des Luigi Lucheni begeistert hatte, zum Vorbild wurde, muss ich wohl nicht weiter betonen. Obwohl ich zugeben muss, dass ich es mir lange selbst nicht eingestand. Denn natürlich hallte in meinem Hinterkopf noch immer der Satz »Er ist für unsere Problemfälle zuständig« nach, was bei mir automatisch Assoziationen zu einem David-gegen-Goliath-mäßigen Kräftemessen wachrief. Ich blieb also misstrauisch, obwohl er mich vom Moment unserer offiziellen Begrüßung an der Open-Air-Bühne als vollwertiges Mitglied des Teams behandelte. Selbst als er von der Geschichte mit meinem verschwundenen Koffer Wind bekam und mir aus eigener Tasche Geld für neue Klamotten zusteckte, traute ich dem Frieden nicht. Ich kapierte erst viel später, dass Andros Qualität nicht in einem übermäßig strengen Führungsstil lag, sondern darin, dass er seine Leute durch gezieltes Delegieren von Aufgaben zur Selbstverantwortlichkeit erzog. Ganz anders als Sonja in »Triton's Castle« war er nicht an stetigen Rechenschaftsberichten oder regelmäßigen Kontrollen interessiert. Vielmehr beobachtete er seine Leute aus der zweiten Reihe, machte sich ein Bild von ihren Schwächen und Stärken und fand individuelle Lösungen, den jeweiligen Mitarbeiter aus der Reserve zu locken. Bezeichnend ist für mich immer noch der Moment, in dem wir beide Freunde wurden. Das war etwa ein Jahr nach meiner »Abschiebung« nach Lanzarote. Es war eine Handvoll neuer Leute ins Team gekommen, mit denen ich ein paar Kabbeleien gehabt hatte. Daraufhin hatten sie überall, sogar bei den Gästen, rumerzählt, dass ich Andro nicht leiden könne und seine Teamleitung nicht ernst nehmen würde. Dass solche Gerüchte in einem Clubhotel sehr schnell wieder bei den Betroffenen ankommen, kann man sich spätestens seit der Anekdote mit den »geiiilen« Batikshorts denken. Als mir erstmals eine Stille-Post-Version des Geredes zu Ohren kam, wurde ich also auch schon zu Andro ins Büro zitiert. Es war das erste Mal, dass er mir Zutritt zu seinem Reich gewährte. Auf einmal sah ich die Instrumentarien, die all die reibungslosen Abläufe garantierten, die wir Animateure als selbstverständlich hinnahmen: die Dienstpläne und die Personallisten, die Skizzen für die Bühnendeko und die Entwürfe für die Aushänge, die Ordner mit den Gehaltsabrechnungen und die Bestellformulare für die Arbeitsmaterialien … Für mich hatte es etwas Feierliches, in diese Schaltzentrale des täglichen Animateurwahnsinns vorzudringen. Auch wenn mir klar war, dass der Grund meiner Einbestellung alles andere als feierlich war.

»Ich hab gehört, du hast ein Problem mit mir?«, fragte Andro, nachdem ich auf dem Stuhl vor seinem Schreibtisch Platz genommen hatte.

»Ja, das hab ich auch gerade gehört«, antwortete ich. Eine gute Antwort, wie ich fand. Es stand eins zu null für mich.

Sogar Andro schien einen Moment lang nicht zu wissen, was er sagen sollte. Dann kniff er die Augen zusammen und hakte nach: »Was soll das heißen?«

»Das soll heißen, dass ich selbst gerade erst erfahren habe, dass ich ein Problem mit dir habe.«

»Aha«, nickte er verstehend. »Und wie sieht's aus? Hast du eins?«

»Bisher nicht«, erwiderte ich. »Sollte ich eins haben?«

Noch einmal fixierte Andro mich mit seinen ernsten, dunklen Augen, dann zuckte darin auf einmal ein Leuchten wie ein Blitz auf, und er fing aus heiterem Himmel an laut zu lachen. Ich hatte mir eigentlich vorgenommen, ernst zu bleiben, aber das bekam ich nicht lange hin. Die Lache dieses Typen war einfach zu ansteckend. So saßen wir eine ganze Weile voreinander und wieherten wie die Bekloppten, bis Andro irgendwann gluckste: »Mann, bist du gut geworden.«

»Gut geworden?«, kicherte ich zurück.

»Schlagfertig halt«, grinste er. »Wenn ich da an unsere erste Unterhaltung denke …«

»Unsere erste Unterhaltung?«

»Jetzt sag bloß, das weißt du nicht mehr. Du und ich? Im Auto? Auf dem Weg von Arrecife hierher?«

Ich wurde unweigerlich rot: »O nein, bitte nicht. Meinst du etwa ›Tu es Espagnol‹?«

Sofort brach er erneut in schallendes Gelächter aus, zeigte mit dem Finger auf mich und nickte prustend mit dem Kopf. Als er sich langsam wieder beruhigte, wiederholte er kichernd seine eigenen Worte von damals: »Nee, Türke.«

»Wieso eigentlich Türke?«

»Weil ich halb Österreicher und halb Türke bin. Sieht man doch, oder?«

»Jetzt, wo du's sagst!«

Er wurde wieder ernst: »Sind unsere persönlichen Differenzen damit aus dem Weg geräumt?«

»Von mir aus ja. Ob das Gerücht allerdings so schnell verschwindet …«

»Gerüchte sind mir egal«, winkte Andro ab. »Aber innerhalb des Teams müssen wir ehrlich miteinander reden, sonst läuft das nicht.«

Andro begann in einem Papier zu blättern, das ich beim zweiten Hinsehen als meinen eigenen Personalbogen erkannte. Ich wurde stutzig. War der vertrauliche Start etwa nur das Vorspiel für einen galanten Rausschmiss gewesen?

»Ich hab vor ein paar Tagen einen Anruf aus der Dominikanischen Republik bekommen«, meinte Andro, ohne den Blick von meiner Akte zu wenden. »Im ›Playa Gorda‹ brauchen die dringend einen neuen Animateur.«

Ich schluckte und schwieg.

»Ich hab in deinem Personalbogen gesehen, dass du als erstes Wunschziel die Dominikanische Republik angegeben hast«, fuhr Andro fort. Das stimmte. Fast alle Animateure gaben als erstes Wunschziel die Dominikanische Republik an. Das war Karibik, Mann. Und es war knapp achttausend Kilometer von Deutschland entfernt. Logisch, dass da alle hinwollten.

»Ich wollte dich der Fairness halber fragen, ob du diesen Job haben willst.«

Ich war von den Socken. Mit so was hatte ich nicht gerechnet. Und ich hatte auf die Schnelle beim besten Willen keine Antwort parat. Ich fühlte mich wohl auf Lanzarote. Trotz aller Abstriche beim Wohnkomfort und trotz der besagten Zickerei der Kollegen hatte ich zum ersten Mal in meinem Leben das Gefühl, ein Arbeitsumfeld zu haben, in dem ich nicht nur gefordert und akzeptiert wurde, sondern sogar Spaß hatte.

Um Zeit zu gewinnen, fragte ich mit heiserer Stimme: »Was heißt 'n das: der Fairness halber?«

»Ich hab dich in den letzten Wochen beobachtet.« Andro sah mir jetzt direkt ins Gesicht. »Ich meine das ernst, was ich vorhin gesagt habe: dass du gut geworden bist. Du strengst dich an, du bringst die Gäste zum Lachen, du fasst die Kollegen nicht mit Samthandschuhen an, bleibst aber immer fair. Das gefällt mir. Und deshalb bin ich jetzt ebenfalls fair zu dir und biete dir einen Job in der Dominikanischen Republik an.«

»Und wo ist der Haken?«, fragte ich.

»Kein Haken«, antwortete Andro und streckte wie zur Bestätigung beide Hände in die Höhe. »Du musst nur ›Hier‹ schreien, und die Sache ist gelaufen.«

Ich schrie nicht »Hier«. Ich schrie gar nicht. Meine eben noch gepriesene Schlagfertigkeit hatte sich in Luft aufgelöst. Und auch Andros unerschütterliche Präsenz schien von einer sprachlosen Verlegenheit schachmatt gelegt worden zu sein. So saßen wir eine Weile belemmert voreinander, bis er irgendwann meinte: »Okay, einen Haken gibt's doch: Ich würde dich eigentlich ganz gerne hierbehalten.«

Mit einem Schlag kam wieder Leben in mich, und ein Grinsen breitete sich auf meinem Gesicht aus: »Echt jetzt?«

»Na ja, wie wär's, wenn wir dich in die Position des Teamleiteranwärters befördern? Dann kannst du beweisen, ob wirklich ein richtiger Animateur in dir steckt. In die Dom-Rep kannst du danach immer noch.«

Ich hätte an die Decke springen können vor Freude. Weniger wegen der Beförderung als wegen der Anerkennung, die mit ihr verbunden war. Da bot mir ein Typ, den ich seit Monaten bewunderte, erst einen der begehrtesten Arbeitsplätze der ganzen Branche an, um mich dann indirekt zu seinem Nachfolger zu erklären. Das war ein Adelsschlag für den kleinen

Proll, der ich im Herzen immer noch war. Wir schlugen auf den Teamleiteranwärter ein und stießen anschließend an der Bar mit einem Café cortado auf ihn an. Alle Gäste und Kollegen, die dabei an uns vorbeigingen, guckten verstohlen und tuschelten leise. Man konnte also davon ausgehen, dass sich schnell rumsprechen würde, dass der »Streit« zwischen Andro und mir Geschichte war. So geschah es dann auch. Ein paar Tage später war das Gerücht vergessen. Stattdessen hieß es Abschied nehmen. Von Sascha. An meiner Stelle war er es, der die Reise in die Dominikanische Republik antrat. Ich fand es schade, dass er ging, aber ich bedauerte nicht einen Moment, nicht an seiner Stelle zu sein. Dafür blieb auch gar nicht viel Zeit. Mein Tanz auf dem Vulkan ging jetzt erst richtig los. Ich musste mich schließlich in meine neue Rolle einfinden: Teamleiteranwärter. Dabei stellte sich schnell heraus, dass es nicht nur für mich, sondern vor allem für die Kollegen schwierig war, meine neue Position zu akzeptieren. So wurde die Beförderung schlussendlich doch noch zum Anfang vom Ende meiner Zeit auf Lanzarote. Der Anfang meiner Freundschaft zu Andro war sie allerdings auch. Und damit Schluss mit der Vorstellungsrunde! Die Animateursfamilie bedankt sich für die Aufmerksamkeit und freut sich auf ein Wiedersehen im Clubtheater.

Showtime!: Bühne der Peinlichkeiten I

Bevor wir meinen steinigen Weg auf den Teamleiterthron weiter beschreiten, will ich zur Zerstreuung noch mal an den Ort zurückkehren, an dem der Funke zwischen der Animation und mir übergesprungen ist: auf die Bühne. Man sagt ja, das Theater sei der Spiegel der Wirklichkeit. Für mich war es umgekehrt. Tatsächlich haben meine Pannen im Rampenlicht dazu geführt, dass mir im wahren Leben inzwischen kaum noch etwas peinlich ist. Mal ganz ehrlich: Es ist doch viel schlimmer, wenn man im gleißenden Licht der Scheinwerfer auf die Schnauze fällt, während Hunderte von Augenpaaren auf einen gerichtet sind, als wenn man es in irgendeiner Fußgängerzone tut, wo es, wenn's hochkommt, gerade mal ein Dutzend Leute mitkriegen. Oder nehmen wir den Klassiker: die geplatzte Hose. Runterbeugen, ritschratsch hören und im nächsten Moment mit blankem Hintern dastehen – so was passiert mir doch lieber beim Einkaufen als vor einem vollbesetzten Zuschauerraum. Glaubt mir, ich weiß, wovon ich spreche. Eine zweite Lehre, die ich aus meinen Bühnenauftritten gezogen habe, ist die Auswirkung der äußeren Erscheinung auf zwischenmenschliche Kontakte. Dazu gibt es eine kurze, aber sehr eindringliche Geschichte. Ich habe ja schon erwähnt, dass ich in meinen ersten Wochen an der Olympischen Riviera nur sehr selten auf die Bühne gelassen wurde. Das hatte unter anderem damit zu tun, dass ich bei meinem ersten Auftritt in einer Sketcheshow den kompletten Abend ruiniert hatte. Ich war Nebendarsteller in einer Nummer, bei der ein lahmarschiges Ehepaar einen Krawattenverkäufer in den Wahnsinn treibt. Als »wütender Kunde« war mein simpler Job, mit einer zu eng gebundenen Krawatte am

Rande der Szenerie zu stehen, am Anfang den Satz »Sie wollen mich wohl umbringen« zu sagen und am Ende »Jetzt platzt mir der Kragen« zu brüllen. Das habe ich getan. Und da ich ja kein »lustiger« sondern ein »wütender« Kunde sein sollte, habe ich allen Zorn und alle Bitterkeit, die sich im Laufe der letzten Jahre in meinem Innern angesammelt hatten, in diesen Auftritt gelegt – mit dem Erfolg, dass am Ende der Nummer weder gelacht noch geklatscht wurde, sondern Totenstille herrschte und das Publikum völlig verstört zu mir hochglotzte. Lustig geht anders. Aber ich wusste damals halt nicht, dass es bei einem Sketch nicht um naturalistische, sondern um humorvoll überzeichnete Darstellung geht. Für dieses Unwissen habe ich nicht nur mit einer Verbannung aus dem Sprechrollenensemble bezahlt, sondern auch damit, dass sich Kinder noch Tage später verängstigt hinter ihren Eltern versteckten, wenn sie mir im Speisesaal oder am Strand begegneten. Der »wütende Kunde« folgte mir wie ein böser Schatten. Wenn mir also noch einmal jemand erzählt, die Grenzen zwischen Theater und Wirklichkeit seien nicht fließend, dann PLATZT MIR DER KRAGEN!!!!! Kleiner Scherz am Rande. Inzwischen bin auch ich ein bisschen schlauer und habe die Regeln der Clubshows begriffen.

Erstens: Es geht dort nicht um Kunst, sondern um reine Unterhaltung.

Zweitens: Die Animateure sollen mit ihren darstellerischen Leistungen keine Oscars gewinnen, sondern die Leute in eine andere Welt entführen und dabei zum Lachen, Staunen und manchmal vielleicht auch zum Heulen bringen.

Drittens: Gesangliche Darbietungen sind fast immer Playback. Weil Animateure nun mal keine Sänger sind und die Profis einfach die besseren Stimmen haben.

Viertens: Ausnahmen bestätigen die Regel.

Ansonsten kann ich zu dem Thema nur sagen: Für die einen sind es die Bretter, die die Welt bedeuten, für die anderen die Bretter, die regelmäßig unter ihnen zusammenkrachen. Ich kann definitiv beide Perspektiven nachvollziehen. Und damit Spot an und Schamgefühl aus. Die Revue der Peinlichkeiten beginnt.

Es fing ganz harmlos an. Mit einer Bühnenpanne, die ich zwar verschuldet hatte, aber nicht selber ausbaden musste. Vor dem Sketchdebakel mit dem wütenden Kunden war ich in »Triton's Castle« als Bühnenassistent im Einsatz. Das bedeutete, dass ich vor der Show alle Utensilien und Kostüme bereitlegen und sie nach der Show wieder an ihren Platz zurückbringen musste. Ein heiliges Requisit war der »Kitsch«-Bauchladen von Sonja. Ich habe ja schon erwähnt, dass meine Teamleiterin in Griechenland die Paradenummer aus dem Musical über die österreichische Kaiserin Elisabeth zwar nicht nach meinem Geschmack, aber mit großem Eifer performte. Kurz zum Verständnis: In dem Song geht es um einen zynischen Souvenirverkäufer, der marktschreierisch Sissi-Devotionalien feilbietet und zwischendurch immer wieder laut »Kitsch« brüllt. Sonjas Spezialität war es, während des »Kitsch«-Rufes jedes Mal Glitzerkonfetti ins Publikum zu schleudern. Eine ziemlich platte Idee, die bei den Gästen nicht gut ankam, weil sie danach immer das Konfetti aus den Biergläsern fischen mussten. Daran dachte ich allerdings gar nicht, als ich den Bauchladen eines Abends in meiner Funktion als Bühnenassi in die Ecke schob und dabei aus Versehen eines der Röhrchen mit dem Glitzerzeug umwarf. Die Folge: Der ganze Bauchladen war eingesaut, und meine Versuche, die Partikel wieder ins Röhrchen zu schaufeln, führten lediglich dazu, dass auch ich nach kürzester Zeit funkelte wie ein Weihnachtsbaum. Was macht ein Mann mit gesundem Menschenverstand in einer solchen Situation? Er denkt mit und verhindert weiteres Unheil, indem er alle übrigen Röhrchen sorgsam mit einem Deckel verschließt. Doch das Leben ist ungerecht und Mitdenken häufig nicht erwünscht. Vor allem nicht, wenn man auf halber Strecke damit aufhört. Denn natürlich hab ich vergessen, die Deckel vor der folgenden Show wieder abzuschrauben. Und natürlich stand Kollegin Teamleiterin bei ihrem nächsten »Kitsch«-Auftritt auf der Bühne und schleuderte schwitzend ein Röhrchen nach dem anderen durch die Gegend, ohne damit auch nur einen Hauch von Glitzerkonfetti in die Biergläser der Gäste zu entleeren. Ich hab den Auftritt aus der Kulisse beobachtet und muss zugeben, dass ich zum ersten Mal Spaß beim Zugucken hatte. Wenn auch aus den falschen Gründen. Das Beste war allerdings, als ich nach der Show von Langzeitgästen angesprochen wurde, die meinten: »Dass ihr bei der Nummer mit dem Bauchladen diesmal das Konfetti weggelassen habt, fand ich ganz gut. Bei uns flattert immer noch der Glitzer aus der letzten Woche durchs Zimmer.«

Ich hab nur genickt, den Mund gehalten und gehofft, dass das Thema damit gegessen war. Was es leider nicht war: »Aber sag mal, Sven: Warum hat die Sonja eigentlich trotzdem so mit den Armen herumgefuchtelt? Ganz ehrlich: Das sah doch unfreiwillig komisch aus, oder was meinst du?«

Gästemund tut Wahrheit kund. In der Tat hatte das vergebliche Schleudern der Kollegin total bescheuert ausgesehen. Und natürlich hatte auch sie das gemerkt. Kurzum: Sie schiss mich backstage nach allen Regeln der Kunst zusammen, und anschließend war ich meine Stelle als Bühnenassi los. Stattdessen durfte ich mich erstmals selbst im Rampenlicht zum Horst machen. In einer Musicalrolle: Old Deuteronomy aus »Cats«. Ein Totalreinfall. Ich hatte keine Lust, Text zu lernen, und dachte, dass ich zum Playback auch »Marmelade, Schokolade« vor mich hin murmeln kann, ohne dass es jemand merkt. Ein ziemliches Armutszeugnis, wenn man die winzige Textmenge bedenkt, die der altersschwache Kater, den ich spielte, zu bewältigen hatte. Und natürlich ein brutaler Irrglaube, weil die Mundbewegungen von »Marmelade, Schokolade« dann doch nicht so besonders zu Textzeilen passen, die im Original »Zu schwach sind die Beine, die Jahre zu schwer« lauten. Die Illusion war also im Eimer, und die Kolleginnen falteten mich eine halbe Stunde lang zusammen, bevor sie beschlossen, mir beim nächsten Mal einen dicken Rauschebart anzukleben, hinter dem mein Mund kaum noch zu sehen war. Eine wasserdichte Maßnahme, sollte man meinen. Sie konnte mich allerdings nicht daran hindern, diesmal meinen Auftritt zu verpennen und erst aus der Kulisse zu wackeln, als Old Deuteronomy längst begonnen hatte zu singen. Das war mir irgendwie doch unangenehm, und ich nahm mir vor, mich in Zukunft anzustrengen und hundert Prozent zu geben. Was dann zu der Pleite mit dem wütenden Kunden führte. Wenn ich das hier so aufschreibe, verstehe ich plötzlich, dass die Griechenland-Kolleginnen mich aus dem Team gemobbt haben. Ich war eine Gefahr für ihr Entertainmentprogramm. Noch ein paar solcher Klopse, und es wären wahrscheinlich keine Zuschauer mehr zu ihren Shows gekommen. Okay, sie hätten mir auch einfach die Club-Showregeln beibringen können. Aber egal: Wir machen eine kleine Pause und treffen uns im übernächsten Kapitel wieder, wo ich überraschend doch noch Applaus ernte. Zwischendurch üben wir ein bisschen Smalltalk.

Labern, bis der Arzt kommt

Wenn Sport, Shows und Clubtanz die Eckpfeiler der Animation sind, dann ist ihr Fundament der Smalltalk. Inzwischen spricht man gerne auch von »Socialising« oder »Networking«, was ich persönlich als Schwachsinn empfinde. Beim kleinen Plausch geht es darum, dummes Zeug zu quasseln, dabei herauszufinden, wie das Gegenüber tickt, und damit Grundlagen für die nächste Dummes-Zeug-Quasselei zu schaffen. Klingt banal, ist es aber nicht unbedingt. Beim Smalltalk kann man viel über sein Gegenüber und sich selbst erfahren und außerdem – in der Animation ganz wichtig – die Gesamtstimmung im Club erfassen. Dazu muss man es allerdings richtig anfangen. Das heißt zuallererst, dass man den Unterschied zwischen Dummes-Zeug-Reden und Sich-um-Kopf-und-Kragen-Reden kennt. Dass ich ihn anfangs nicht kannte, ist in der Geschichte von der Romanze mit den Stacheln deutlich geworden. Dass ich ihn irgendwann doch noch begriffen habe, ist der Tandempartner-Strategie im »Fuego del Volcán« zu verdanken. Das bedeutete nicht nur, dass die Neuankömmlinge eine Bezugsperson hatten, an die sie sich bei Startschwierigkeiten oder Problemen wenden konnten, sondern auch, dass die ersten Gehversuche beim Gästekontakt im Zweierpack absolviert wurden. Ich muss nicht eigens erwähnen, wie ätzend ich das fand, oder? War die Überwindung, mit wildfremden Leuten eine Unterhaltung aus dem Boden zu stampfen, nicht Folter genug? Musste man mir auch noch eine Gouvernante zur Seite stellen, die mir bei jedem Schimpfwort auf die Finger klopfte? Ganz klar: Ja, musste man. Sonst würde ich den verfickten Gästekontakt vermutlich bis heute in einem bekackten Fäkalslang bestreiten, der mich als verschissenen Motherfucker dastehen ließe! Ich übertreibe bewusst. Weil Übertreibungen ebenso zur Verdeutlichung von Problemen beitragen, wie es ein Aufpasser bei der Verbesserung der Umgangsformen tut.

Mein Tandempartner war Manne, der Alt-Animateur. Wie sich herausstellte, ein Glücksfall. Nach jahrelanger Erfahrung war er nicht nur ein Meister der ungezwungenen Unterhaltung, er verstand es auch, mich in die Schranken zu weisen, ohne dass ich mir dabei über den Mund gefahren fühlte. Ein Beispiel: An einem meiner ersten Abende landeten Manne und ich am Tisch von Gerrit und Bärbel. Mit ihrer hippiemäßigen Entspanntheit waren die beiden eigentlich ein ideales Testgelände für eine Smalltalk-Niete wie mich, aber ich schaffte es selbst bei ihnen, die Unterhaltung in wenigen Sekunden in einen Negativstrudel zu manövrieren, den mein Tandempartner stoppen musste. Nach ein paar Plattitüden über den Alkoholgehalt der Cocktails und einen albernen Exkurs darüber, dass die Garnelen beim Abendessen die gleiche Farbe gehabt hatten wie Bärbels Bluse, verkündete Gerrit: »Aber genau dieses Rosa müssen Garnelen haben. Ich muss das wissen, ich bin Koch.«

Damit war die Stunde für Zerstörer Sven gekommen. Meine erste Äußerung lautete: »Ach, du Kacke. Du bist auch Koch?«

»Yes, Sir«, lachte Gerrit. »Du etwa auch?«

»Zum Glück nicht mehr«, erwiderte ich. »Hat dein Meister in der Lehre auch mit Pfannen nach dir geworfen?«

Er kratzte sich am Kopf und sagte: »Nein, daran würde ich mich erinnern.«

»Dann hast du Glück gehabt, Alter. Mein Boss war ein Arschloch vor dem Herrn. Ein totaler Choleriker. Und ein Nazi. Der hat mal …«

Tatütata, tatütata! Drei Redebeiträge, drei Knöllchen von der Smalltalk-Polizei.

Erstens: Wenn man einen Gast nach seinem Job fragt, dann immer mit Interesse und Anerkennung, aber nicht mit einem vorgeschalteten »Ach, du Kacke«, das, abgesehen von der derben Wortwahl, abwertend klingt.

Zweitens: So viele Pfannen einem auch um die Ohren gesaust sein mögen, man schweigt besser darüber. Sich mit dem Unrecht, das einem widerfahren ist, interessant zu machen mag in einer Selbsthilfegruppe funktionieren, im Gästekontakt hat es nichts zu suchen.

Drittens: Auch wenn die Hysterie um den Begriff nervt, das Reizwort »Nazi« kann auch den harmlosesten Smalltalk im Handumdrehen in eine Grundsatzdebatte verwandeln. Braucht im Urlaub kein Mensch. Generell haben die Themen Politik und Religion nichts in lockeren Unterhaltungen zu suchen. Sie sorgen nur für Missverständnisse und Streit. Dazu kam es in diesem Fall zum Glück nicht, weil Manne das trudelnde Konversationsschiff zurück in ruhige Gewässer leitete, indem er mir in die Parade fuhr und meinen drohenden Redefluss mit einem begeisterten: »He, Großer, ich wusste gar nicht, dass du Spanisch sprichst.«

»Hä?« Ich verstand nicht, was er meinte. »Spanisch?«

»Du hast doch gerade ›Choleriker‹ gesagt«, grinste Manne. »Rate mal, was ›Wut‹ auf Spanisch heißt.«

»Choleriker vermutlich.«

»Knapp daneben, Großer. Es heißt: cólera!«

»Aha«, nickte ich. »Na, jedenfalls war dieser Wichser von Chef …«

»Und weißt du auch, was ›Wichser‹ auf Spanisch heißt?« Wieder brach ich ab und schüttelte den Kopf.

Manne: »Bärbel?«

Auch sie schüttelte den Kopf, und Gerrit winkte schon ab, bevor er überhaupt gefragt wurde.

»Okay, ich verrat's euch, Leute«, flüsterte Manne verschwörerisch. »Aber ihr habt das nicht von mir. Fluchen ist im ›Fuego‹ laut Hausordnung nämlich strengstens verboten.« Damit sah er einmal nach rechts und einmal nach links, als wolle er sichergehen, dass uns niemand belauschte. Dann winkte er uns näher zu sich heran, beugte sich verschwörerisch vor und flüsterte: »Einen spanischen Wichser nennt man ...«

Er machte eine bedeutungsschwangere Pause und brüllte dann mit donnernder Stimme: »CABRÓN!«

Alle, inklusive mir, zuckten vor Schreck zusammen, fuhren auseinander und brachen in Gelächter aus, als Manne mit einem theatralischen »Aber, pssst!« den Zeigefinger an die Lippen legte. Danach ging es mit »Du spinnst wohl!«, »Auf den Schreck brauch ich noch ein Bier« und »Wie war das jetzt? Cabrón?« weiter. Der Negativstrudel war abgewendet, und ich hatte den augenzwinkernden Wink mit dem Fluchverbots-Zaunpfahl verstanden. Später erklärte Manne mir noch, dass man die Zügel einer Unterhaltung viel besser in der Hand behält, wenn man sich nicht mit Erzählungen aus dem eigenen Leben entblättert, sondern das Mitteilungsbedürfnis der Gäste mit persönlichen Fragen kitzelt. Natürlich ohne indiskret zu werden. Er erklärte mir auch, dass das Geheimnis eines guten Smalltalks darin besteht, den Gesprächspartnern ein Gefühl von Wertschätzung zu geben. Das war auch der Grund, warum er jeden Kerl mit »Großer« oder »Chef« ansprach und jede Lady mit »schöne Frau« oder »Prinzessin«. Damit täuschte er zum einen darüber hinweg, dass er sich keine Namen merken konnte, zum anderen gab er den Männern ein Gefühl von Stärke und den Frauen ein Gefühl von Schönheit. Komplimente ziehen immer.

Ich habe meine Abneigung gegen das Dampfgeplauder irgendwann dadurch kuriert, dass ich mir mein eigenes System dafür zurechtgebastelt habe. Dessen Bestandteile heißen »Job«, »Beziehungsstatus« und »Sternzeichen«. Wenn ich den Job meines Gegenübers kenne, kann ich sofort einschätzen, aus welcher sozialen Schicht er kommt und auf welches Unterhaltungsniveau ich mich einstellen muss. Außerdem haben die Leute über ihren Job meistens irgendwas zu erzählen – und sei es nur, dass sie im Urlaub nicht darüber sprechen wollen, was ja auch tief blicken lässt.

Das Erfragen des Beziehungsstatus ist zugegebenermaßen ein Anbaggerritual, aber ich habe festgestellt, dass es eine Unterhaltung auch ohne sexuelle Hintergedanken beleben kann. Wenn man einen Ballermann fragt, ob er seine Freundin zu Hause gelassen hat, oder ein Stilles Wasser, ob es Urlaub von der Familie macht, bekommt man fast immer Antworten, die Rückschlüsse auf die Lebensumstände und damit auch auf Sinn und Zweck des Urlaubs zulassen.

Will man danach noch tiefer dringen (was in der Regel wirklich nur noch beim Anbaggern passiert), geht man in die Nebelkerzenoffensive und errät das Sternzeichen des Gegenübers. Kein Witz: Ich habe mich für diese Eventualität gewappnet, indem ich Bücher à la »Dein Sternzeichen und Du« oder »Das Liebes-Horoskop« gelesen habe. Hat man so was hinter sich, stehen einem die endlosen Weiten des Laberhimmels tatsächlich offen. Die Eigenschaften, die den einzelnen Sternzeichen zugeschrieben werden, lassen sich mit etwas Fantasie so wahllos verschieben, dass jeder Schuss zum Treffer wird.

Ich erinnere mich dabei besonders gerne an die Unterhaltung mit einer gewissen Jeanette. Diese Frau wird uns im hinteren Teil dieses Buches noch einmal begegnen, deshalb sei ihr an dieser Stelle schon mal ein Kurzauftritt vergönnt. Ich muss dazu sagen, dass die Unterhaltung unter Alkoholeinfluss und in einem erhöhten Stadium von Notgeilheit stattgefunden hat. Für mich ist sie trotzdem ein Glanzmoment des sinnlich-sinnfreien Smalltalk-Unsinns. Rotlicht an!

»Du, mir ist das total peinlich, aber ich glaub, ich hab mich in dich verliebt.«

»Was? Du kennst mich doch erst seit 'ner Stunde.«

»Ich weiß, das klingt verrückt, aber deine Waage-Aura verdreht mir total den Kopf.«

»Waage-Aura?«

»Ja, du bist doch bestimmt Waage vom Sternzeichen.«

»Äh, nee.«

»Fisch?«

»Leider nein.«

»Ach so, dann Zwilling.«

»Mann, ich bin Skorpion, du Spinner.«

»Skorpion? Dann verstellst du dich aber sehr gut. Ich hatte das Gefühl, du bist eine ganz Empfindsame. Dazu hätte die Waage gepasst.«

»Und der Fisch?«

»Auch empfindsam.«

»Verstehe. Und Zwillinge sind vermutlich auch empfindsam.«

»Nee, auf Zwillinge steh ich einfach ganz persönlich.«

»Auf Skorpione nicht, oder was?«

»Schon, aber …«

»Lass mich raten. Sie sind dir nicht empfindsam genug.«

»Doch, aber … Das Problem ist: Sie stechen immer gleich.«

»Stechen?«

»So wie du. Direkt ins Herz. Hatte ich schon erwähnt, dass ich mich in dich verliebt hab …?«

Bühnenreif, oder? Apropos: Die nächste Show fängt an.

Applaus, Applaus!:
Bühne der Peinlichkeiten II

Fassen wir noch mal kurz zusammen: Wir hatten das Glitzer-konfetti, wir hatten Old Deuteronomy, und wir hatten den wütenden Kunden. Man könnte mich an dieser Stelle als hoff-nungsloses Bühnengift abstempeln und für alle Ewigkeit in den Backstage verbannen, doch dann hat man die Rechnung ohne den Ehrgeiz gemacht, den ich bei der Musicalshow am ersten Lanzarote-Abend entwickelte. Also noch mal alles auf null, und Vorhang auf für Teil zwei der Kudszus-Komödie. Das passt auch deshalb ganz gut, weil Timo und ich in den ersten beiden Wochen im »Fuego del Volcán« nichts anderes zu den Shows beitragen durften, als den Vorhang zwischen den einzelnen Nummern auf- und wieder zuzuziehen. Eine öde Tätigkeit, kann ich euch sagen. Allerdings hat sie mir ge-zeigt, wie wichtig es ist, dass man sich auf seine Mitstreiter verlassen kann. Es gab einen »Blues Brothers«-Song, bei des-sen letztem Takt das tanzende Ensemble mitten in der Bewe-gung einfror und so lange im Stillstand verharren musste, bis sich der Vorhang geschlossen hatte. Eine ziemliche Heraus-forderung für alle, die gerade zufällig ein Bein in die Luft streckten oder hintenübergebeugt standen. Timo und ich wa-ren also angehalten, nach diesem Lied besonders schnell die Schotten dicht zu machen. Eine Anweisung, die ich ernster nahm als er. Es passierte mehr als einmal, dass ich nach Ver-klingen der Musik mit Schwung und Pflichtbewusstsein mei-ne Seite des Vorhangs zuzog, während Timo noch seelenruhig mit der Requisitenfrau schäkerte. Für die Tänzer auf seiner Seite bedeutete das Stillstehen, bis er endlich so weit war. Für mich galt es, per Armewedeln oder Taschenlampen-Leuchtzeichen seine Aufmerksamkeit zu erregen. In solchen Augenblicken verstand ich, wie hilflos sich meine Kolleginnen in Griechenland gefühlt haben mussten, als ich meinen Old-Deuteronomy-Auftritt verpennt hatte. Die Zuschauer nahmen die Vorhangpannen allerdings gelassen. Viele dachten sogar, sie seien ein mechanisches Problem. Nach der dritten oder vierten einseitigen Schließung habe ich von mehreren Leuten gehört: »Euer Vorhang ist wohl kaputt. Ihr müsst mal den Seilzug reparieren!«

Den Seilzug! Mich amüsierte dieser blinde Glaube an unsere technische Ausstattung, aber er war natürlich ein gutes Zeichen. Offenbar schafften wir es, trotz einfacher Mittel einen professionellen Eindruck zu erwecken. Nach einer »Grease«-Show sprach mich sogar mal eine ältere Dame an, die den Gesang der Kollegen lobte, aber beklagte, dass sie so nuschelten. Man könne die Texte ja kaum verstehen. Eine hübsche »Kritik« für einen Abend, der zum Vollplayback einer Profiaufnahme über die Bühne gegangen ist, oder?

Aber ich wollte ja erzählen, wie ich es nach zwei Wochen Vorhangdienst, ein paar Minirollen und ein wenig Theaternachhilfe bei Manne doch noch schaffte, Applaus zu ernten. Der Durchbruch kam, als ich im »Johann, Cognac«-Sketch den Kellner spielte. In dieser Klamauknummer geht es um zwei alte Freunde, die sich in einem vornehmen Café wiedertreffen. Nennen wir sie Gustav und Gottfried. Gustav erzählt Gottfried, dass seine Frau gleich ein Kind bekommt. Darauf muss natürlich angestoßen werden. Es heißt zum ersten Mal »Johann, Cognac!«, der Kellner (also ich) schlurft herbei, und die Gläser werden gefüllt. Damit ist ein munteres Bühnenbesäufnis eröffnet. Jedes Mal wenn Johann an seinen Platz neben der Bar zurückkehrt, genehmigt er sich selbst einen Schluck, wird dabei aber immer schon vom nächsten »Johann,

Cognac!«-Ruf unterbrochen. Ein rastloses Hin und Her bricht los, die Freunde und der Kellner werden immer voller und die Cognacflasche immer leerer, und irgendwann beginnt der taumelnde Johann, Getränke im Publikum einzusammeln. Gleichzeitig erzählt Gustav lallend, dass er bei einer Wahrsagerin war, die ihm eine düstere Prophezeiung gemacht hat.

Gottfried: »Eine Prophesseiung? Welche denn?«

Gustav: »Hald dich fesst, alder Junge. Wenn das Baby ein Mädchen wird … dann stirbt die Mutter!«

Große Bestürzung macht sich breit, und der unvermeidliche Ruf »Johann, Cognac!« ertönt. Der Kellner knallt den beiden irgendwelche im Publikum erbeuteten Drinks auf den Tisch, es wird getrunken, und Gustav setzt noch einen drauf: »Das war aber nicht die einssige Prophesseiung, die die Wahrsagerin gemacht hat.«

Gottfried: »Herrje, noch eine? Lass hören!«

Gustav: »Halddich fessd. Wenn es ein Junge wird … hicks … dann stirbt der Vater!«

Gottfried erstarrt vor Schreck, Gustav bedankt sich für das Mitgefühl und verabschiedet sich mit einem profanen »Ich muss mal pinkeln« auf die Toilette.

Bei der folgenden »Johann, Cognac!«-Order gesteht Gustav dem Kellner, dass er vor neun Monaten eine Affäre mit Gottfrieds Frau hatte, also theoretisch auch er der Vater ihres Kindes sein könnte.

»Und wo ist das Problem?«, stammelt Johann unbeteiligt.

»Hassdu's nich midbekommen?«, ist Gustav den Tränen nahe. »Wenn das Kind ein Junge wird … hicks … dann stirbt der Vater.«

Nun ist es Johann, der erstarrt, und Gustav, der sich aufs Klo verabschiedet. Dann hört man von hinten Babygeschrei, und eine Hebamme kommt mit einem Bündel auf dem Arm herein. Sofort hüpfen die beiden Freunde aus der Kulisse und schreien: »Und? Was ist es?«

»Rothaarig.«

»Nicht die Haarfarbe …«

»Ach so, die Augen sind blau.«

»Prinz oder Prinzessin, dumme Gans?«

»Soweit ich weiß: Kaiserschnitt.«

»Begreif doch endlich: JUNGE ODER MÄDCHEN!«

»Ach so, sagt das doch gleich. Es ist …«

»Na?«

»Ein Junge.«

Beide Freunde bekommen einen Schreck und greifen sich ans Herz, aber der, der tot aus den Latschen kippt, ist Johann! Wenn bei diesem Sketch das Licht ausgeht, liegt das Publikum mit Sicherheit unterm Tisch vor Vergnügen. Er ist eine der wenigen Nummern mit Gelächtergarantie. Das zunehmende Chaos und die indirekte Einbeziehung des Publikums locken sogar stoffelige Zuschauer aus der Reserve. Mittlerweile hab ich das Ding unzählige Male hinter mir. Vor vollem und vor leerem Haus. Als Gustav, als Gottfried, als Johann. Mit Apfelsaft und mit echtem Alkohol in der Flasche. Mir ist die Publikumswirkung des Sketches also bewusst. Aber beim ersten Mal haben mich die Reaktionen einfach nur umgehauen. Das Gefühl, beim Verbeugen an der Rampe zu stehen und zu wissen, dass die Leute meinetwegen lachten und klatschten, war das Größte für mich. Ich war eine Zeitlang richtig süchtig danach, habe jeder neuen Sketcheshow entgegengefiebert und immer wieder genossen, wenn mich Hotelgäste im normalen Tagesbetrieb mit »Johann, Cognac!« anquatschten. Von mir aus hätte ich Johann ewig weiterspielen können. Dazu kam es zum Glück nicht, sonst wäre es sicher langweilig geworden.

Stattdessen durfte ich nach diesem Erfolg auch andere Rollen übernehmen. Das führte zu neuen Höhepunkten und Schlüsselmomenten im Rampenlicht, kuriose Momente gab es aber weiterhin. Und weil der Titel dieses Kapitels »Bühne der Peinlichkeiten« lautet und Pannen lustiger zu erzählen sind als Triumphe, machen wir noch einen Abstecher in die Schamhölle. Mit Kleinigkeiten fange ich am besten gar nicht erst an, sonst sitzen wir in zehn Jahren noch hier. Was war schon der zu große Schnallenschuh, der sich bei »Tanz der Vampire« von meinem Fuß löste und ins Publikum segelte – direkt an den Kopf einer Kollegin aus der Hotelleitung? Und was war die zu enge Hose aus »Mozart«, die ausgerechnet in dem Moment platzte, als ich bei der Samt-und-Seide-Hymne »Der rote Rock« den Arsch ins Publikum streckte? Das sind nur zwei Beispiele dafür, dass meist genau dann etwas schiefgeht, wenn man sich besonders anstrengt. Eine ungeschriebene Regel, die auch meine drei Lieblingspannen bestätigen: die hüpfenden Eier, der Saturday-Night-Durchbruch und der fallende Hut. Los geht's!

Die hüpfenden Eier

Willkommen beim Nackedei-Karaoke! Das ist eigentlich mehr Spiel als Showact, aber auf jeden Fall ein Spektakel. Das Prinzip: Ein weißes Laken wird quer über die Bühne gespannt und dahinter ein Haufen quietschbunter Klamotten deponiert. Dann treten zwei Animateure gegeneinander an. Bei der Begrüßung tragen sie Bademäntel, aber sobald sie hinter das Laken treten, sind sie nackt. Ihre Aufgabe ist es, sich in Windeseile aus dem Kleiderberg geschmacklose Outfits rauszusuchen, in denen sie dann abwechselnd zu irgendwelchen Partyhits eine Show abziehen. Fühlt sich das Publikum gut unterhalten, klatscht es Beifall, sobald jedoch der erste »Buh«-

Ruf aus den Zuschauerreihen dringt, startet der DJ das nächste Lied. Dann ist der Gegner an der Reihe, und der Ausgebuhte muss hinters Laken und ein neues Outfit wählen. Nach zwanzig Liedern ist Schluss, und wer am Ende die längste Bühnenzeit für sich verbuchen kann, hat gewonnen. Hat das jetzt irgendwer verstanden? Keine Angst, es erklärt sich gleich von selbst. Nur so viel noch: Das Spiel ist eine gute Methode für Anfänger, Bühnenluft zu schnuppern, ohne dass sie etwas verkehrt machen können. Folglich war das Nackedei-Karaoke das Erste, was Timo und ich nach unserer Vorhangdienst-Schonfrist im Rampenlicht veranstalten durften.

Ich werde dieses »erste Mal« nie vergessen. Timo musste anfangen. Mit einer Badekappe auf dem Kopf, dem bereits erwähnten »Crazy Chick«-Shirt und Bärchenpantoffeln tapste er zu den ersten Takten von »Flashdance« vors Laken, während ich eine Taucherbrille trug und mich nicht zwischen einem Tarnfleck-Poncho und undefinierbaren Ledershorts mit Fransen entscheiden konnte. Aber ich hatte ja noch Zeit. Oder auch nicht. Während Timos unbeholfen tanzender Schatten noch über das Laken huschte, erklang auch schon das erste »Buh«. Dann blendete »Flashdance« in »Looking for freedom« über, Timo tapste zurück hinter den Sichtschutz, und ich musste raus. Leider ohne etwas anzuhaben. Von der Taucherbrille mal abgesehen. Geistesgegenwärtig schnappte ich mir den Poncho, wickelte ihn mir wie einen Rock um die Hüften und hüpfte im Rhythmus der Musik nach draußen. Etwas anderes blieb mir nicht übrig. Meine Hände konnte ich nicht einsetzen, weil ich mit ihnen den störrischen Wickel um meine Lenden festhalten musste, die Beine hochschmeißen war auch nicht, weil ich drunter nichts anhatte. Ich fragte mich gerade, wie Tina Turner es eigentlich schaffte, im Minikleid über die Bühne zu toben, ohne dass alle ihre Muschi sahen, da wurde auch schon gebuht. Ich war zu erleichtert, um es zu bedauern. Es folgte »Let's talk about sex« von Salt 'n' Pepa. Als ich hinters Laken hüpfte, sah ich Timo gerade noch mit Lockenperücke und Schlauchkleid auf die Bühne hechten. Na, warte, da würde ich mithalten. Ich schmiss den Poncho weg und sprang ohne nachzudenken in die Fransenshorts. Dazu gab's ein Lederkäppi, eine Paillettenweste und … »Buuuuuhh!« … okay, dann eben keine Korkplateauschlappen. Raus! Lustigerweise durfte ich meine Fransen zu »Simply the best« von der eben noch erwähnten Tina Turner schütteln. Das Lederkäppi warf ich dabei verführerisch ins Publikum. Und wie wär's mit einem kleinen Hüftschwung? »Buuh!« Gut, dann eben nicht. Meine Herren, waren die streng. Timos nächster Song war »Himbeereis zum Frühstück«. Er schaffte es nicht mal bis zum Refrain. Mein nächster Auftritt setzte sich aus Bauarbeiteroverall, Fahrradhelm und »Good vibrations« von den Beach Boys zusammen. Auch das dauerte nicht lange. Dann wieder Timo und »Wannabe« von den Spice Girls, während ich mich blitzschnell in einen perforierten Männerbody zwängte. Den hatte der Schneider vermutlich sexy gemeint, eigentlich sah er aber einfach nur total scheiße aus. Dazu gab's Taucherflossen. Mehr ging nicht. »Wannabe« brach ab, und Modern Talking fingen mit »You're my heart, you're my soul« an. Schlimmes Lied. Aber das war mir jetzt auch schon egal. Weil das Watscheln mit den Flossen so mühselig war, stellte ich mich zum Refrain einfach nur breitbeinig und mit gezückter Faust vors Publikum und sang laut mit. Da geschah das kleine Wunder! Auf einmal klatschten die Leute, bogen sich vor Lachen und feuerten mich sogar an. Kein Gedanke an »Buh« und »Bäh«, stattdessen hehre Begeisterung und »Spring mal«-Rufe. Natürlich tat ich, was man von mir verlangte. Unter dem Jubel der Massen hüpfte ich auf der Stelle, bis das Lied vorbei war. Danach war ich sicher, dass ich den Bogen raushatte. Es hatte klick gemacht zwischen der Bühne und mir. Das Publikum liebte mich. Mit siegesgewissem Grinsen und großspurigem Winken watschelte ich zurück hinters Laken. Dabei kam ich an Andro vorbei, der den Daumen hochstreckte, sich lachend vorbeugte und mir zuraunte: »Dir ist aber schon klar, dass die Leute vor allem deinen hüpfenden Eiern applaudiert haben, oder?«

Ich verzog verständnislos das Gesicht. Hüpfende Eier? Was war denn damit gemeint? O Gott. Doch nicht etwa … Auf einmal rutschte mein eben noch himmelhoch jauchzendes Herz tief in die Hose. Ich sah an mir runter. Und blickte im nächsten Moment der Wirklichkeit ins Auge: Zwischen meinen Beinen baumelte mein kompletter Sack aus dem Männerbody heraus. Plötzlich hatten meine breitbeinige Pose und die »Spring mal«-Rufe eine deutlich weniger heroische Note. Ich sah Andro entgeistert an. Er lachte sich schlapp. Dann drangen Buhrufe an mein Ohr. Timo hatte schon wieder Feierabend. Ich war dran. Der geistesgegenwärtige DJ spielte zu meinen Ehren »Der Eiermann« von Klaus & Klaus. Zum Glück bekam ich eine lanzarotische Teufelsmaske zu fassen, hinter der ich meine rote Birne verstecken konnte. Diesmal buhte das Publikum wieder schneller. Gewonnen hab ich das Spiel trotzdem. Aber mein Verhältnis zu Männerbodys und Nackedei-Karaoke ist seit diesem Abend gespalten.

Der Saturday-Night-Durchbruch

Eine denkwürdige, aber schmerzhafte Panne: Sie passierte sehr viel später, als ich schon die John-Travolta-Rolle aus »Saturday Night Fever« spielen und tanzen konnte. In der zweiten Hälfte der Show gab es eine große Ensemble-Choreographie zum Titelsong, gefolgt von der Ballade »How deep is your love«. Die Tanznummer war traditionell Dunjas großer Moment. Bei »Night Fever« fegte die kleine Dickmadam mit einer Energie über die Bühne, die ihre properen zwei Zentner rein optisch auf luftige zwanzig Kilo schrumpfen ließ. Allein das Krachen des Bühnenpodests unter ihren Füßen verriet, dass hier nicht nur die Tänzerin Schwerstarbeit leistete, sondern auch die Holzplatte, die sie aushalten musste. Aber wäre ich je auf die Idee gekommen, die beanspruchte Stelle auf ihre Festigkeit zu überprüfen? Und hätte ich mir je träumen lassen, dass nach zehn, zwanzig, vielleicht hundert »Night Fever«-Tänzen auch die stabilste Spanplatte unter Dunjas Gewicht splittern und einkrachen musste? Natürlich nicht. Wie das Leben so spielt. Die Ensemblenummer war gelaufen, die Tänzer gingen ab, und das Licht wechselte in den Balladenmodus. Ich mochte diesen stillen Moment, in dem Tony (ich) seiner angebeteten Stephanie (Caro) die »How deep is your love«-Frage stellte. Immer wieder legte ich all mein Gefühl in die sparsame Choreographie, deren Höhepunkt ein Sprung rückwärts war, gleich nachdem ich vor Caro auf die Knie gesunken war. Das muss auf Dauer zu viel an schwergewichtiger Emotionalität für das angeknackste Stückchen Bühnenboden gewesen sein. Die Spanplatte ging unter mir in die Knie, bevor ich es vor Caro tun konnte. »And it's me you need to show …«, trällerte ich zum Playback, dann erklang ein lautes »Kawumm«, der Bühnenboden krachte ein, und der Sprung endete eine Etage tiefer, wo sich mein linker Fuß irgendwo im Eisengestänge verfing und verdrehte. Scheiße, hat das weh getan. Da das Playback ungerührt weiterdudelte, brachte ich den Song trotzdem zu Ende. The show must go on. Und wenn die untere Körperhälfte im Bühnenboden feststeckt, sind wenigstens die Tränen echt. Nach dem Finale gab's dann Eiswickel für meinen verrenkten Fuß. Und eine dicke, fette Entschuldigung von Dunja. Mindestens zwei Zentner schwer. Ich bin trotzdem nicht dran zerbrochen.

Der fallende Hut

Nackte Tatsachen, die Zweite: Die Nummer mit den drei Hüten. Sie ist generell ein gutes Beispiel für die Opfer, die einem der Animateursjob manchmal abverlangt. Auch hier geht man nackig auf die Bühne und ist dabei lediglich mit drei Hüten bewaffnet. Ein Hut sitzt auf dem Kopf, mit dem zweiten verdeckt man die Kronjuwelen, den dritten legt man neben sich auf einen Stuhl. Dann gibt's das Kommando »Hut hoch«, Musik setzt ein, und es wird »jongliert«. Und zwar so, dass die Hüte ständig rotieren, sich aber immer einer auf dem Kopf und einer vor den Weichteilen befindet. Glaubt mir, das ist schon unter Normalbedingungen eine Geschicklichkeitsübung, für die man ewig üben muss. Wenn es dann noch im Rhythmus immer schneller werdender Musik passiert, wird's haarig. Das Publikum kriegt natürlich schnell mit, dass hinter dem Hut im Schritt nackte Tatsachen lauern, und hofft insgeheim, dass das Feigenblatt aus Versehen runterfällt. Bevor der Animateur aber endgültig die Kontrolle verliert, klebt er sich den Hut einfach auf die Lenden, die er vorher mit doppelseitigem Klebeband präpariert hat. Das bedeutet erstens: Man muss sich an den betreffenden Stellen alle Haare abrasieren, weil das Klebeband sonst nicht hält. Zweitens: Man muss richtig treffen, damit das Klebeband auf die Krempe und nicht auf den Hohlraum des Hutes trifft. Drittens: Man muss ordentlich zudrücken, damit der Hut haften bleibt. Ich schwöre, dass ich mich immer an diese drei Regeln gehalten habe. Trotzdem kann ich sagen, dass auch sie keine Sicherheit bieten. Es soll Animateure gegeben haben, die bei der Nummer so ins Schwitzen gekommen sind, dass sich das Klebeband auf der sorgsam rasierten Haut gelöst und unter dem Gewicht des aufgeklebten Hutes einfach nachgegeben hat. Es soll auch welche gegeben haben, die das Unglück erst bei der Verbeugung bemerkt haben. Und es gibt das hartnäckige Gerücht, dass ein gewisser Sven Kudszus in der Rangliste der blankgezogenen Unglücksraben einen der höheren Ränge belegt. Aber dazu will ich mich nicht weiter äußern. Nur so viel: Klebeband auf der Haut ziept auch nach gründlicher Rasur. Und wenn einem der Hut flöten geht, tun's zur Not immer noch die Hände. Der Rest ist Schamesröte. Hut hoch!

Kleine Leute, große Wirkung

»Dann kannst du beweisen, dass ein richtiger Animateur in dir steckt«, hatte Andro bei meiner Beförderung zum Teamleiteranwärter gesagt. Was das bedeutete, war mir in diesem Moment nicht bewusst gewesen. Ich erfuhr es erst in den folgenden Wochen. In gewisser Weise hatte ich bis jetzt ein abgespecktes Programm genossen. Klar, ich hatte erkannt, dass es bei der Animation weniger um die Befriedigung des eigenen Spieltriebs als um das Wecken des Spieltriebs der anderen ging. Mir war auch klargeworden, dass die permanente Beobachtung durch die Gäste und die Bewahrung einer unbeschwerten Fassade die eigentlichen Herausforderungen des Jobs waren. Außerdem hatten mir der Saturday-Night-Durchbruch, diverse Sportunfälle und ein heftiger Sonnenstich, bei dem ich rosa Elefanten über meine Bettdecke stampfen sah, gezeigt, dass die Grenzen der körperlichen Belastbarkeit in diesem Job oft überschritten werden. Davon abgesehen, blieb ich aber weitgehend in meiner Komfortzone. Ich machte Sportarten, in denen ich gut war. Ich spielte Rollen, die zu meinem Typ passten. Ich mied Leute, mit denen ich nichts anfangen konnte. Zum Beispiel Kinder.

Mit diesen Bequemlichkeiten war nach der Beförderung Schluss. Jetzt musste ich in jeden einzelnen Tätigkeitsbereich hineinschnuppern, egal ob er mein Fall war oder nicht. Wenn ich später Leute für Aktivitäten einteilen wollte, musste ich schließlich wissen, worum es bei diesen Aktivitäten ging. So begann eine lehrreiche, aber strapaziöse Zeit.

Bei meinem ersten Bogenschießen unterschätzte ich den Rückschwung und hatte nicht genug Körperspannung. Das führte dazu, dass die Sehne nach dem Abschuss mit voller

Wucht meinen linken Arm streifte, der daraufhin grün und blau anlief. Wenn mich Gäste nach der Herkunft der Blessuren fragten, war meine knappe Antwort: »Zu blöd zum Bogenschießen.«

Beim Fußball fiel mir mal wieder auf, warum ich diesen Sport zumindest mit Männern aus Deutschland so ungern betreibe: Es sind immer Kandidaten dabei, die das Maß verlieren und aggressiv werden. In diesem Fall hatte ein Fickriger Familienvater offenbar dicke Eier und machte sich einen Spaß daraus, mir den Ball immer aus allernächster Nähe ins Gesicht zu schießen. Eine fette Beule an der Stirn war die Folge. Ich hab dem Typen unter vier Augen ordentlich die Meinung gesagt, wenn ich aber nach der Beule gefragt wurde, war die Antwort: »Zu blöd zum Fußballspielen.«

Bei der Pool-Aerobic (ja sogar die musste ich zwischenzeitlich übernehmen) lernte ich, dass man auch unter Wasser Schweißausbrüche bekommen kann, und riss mir zu allem Überfluss den Fuß an einer kaputten Fliese auf. Fragte mich später jemand, warum ich humpelte, lautete die Antwort … genau: »Zu blöd zur Pool-Aerobic!«

Ich erzähle das deshalb so ausführlich und mit Ausrufezeichen, weil Andro mir zuvor eine Sache eingebleut hatte: »Den Stress und die Mehrbelastung, die jetzt auf dich zukommen, musst du mit dir selbst ausmachen. Du darfst sie nie auf Kollegen oder gar Gäste schieben oder an ihnen auslassen, verstanden? Stattdessen mach dich lieber über dich selbst lustig.«

Aye, aye, Sir. Ich habe diese Anweisung damals dermaßen verinnerlicht, dass der Spruch »Zu blöd zum Was-weiß-ich« zu einem regelrechten Running Gag und zu meinem Markenzeichen wurde. Um das Ganze auf die Spitze zu treiben, hab ich mir irgendwann einen Witz draus gemacht: Ich hab mich nachmittags in die Requisite geschlichen und mir einen Topf braune Schminke in die Hosentasche gesteckt. Dann bin ich mit verzerrtem Gesicht und tänzelnden Schritten zu einer Gruppe aus Gästen und Kollegen gelaufen und hab in einer Lautstärke, in der es wirklich jeder mitkriegen musste, verkündet: »Leute, entschuldigt mich kurz, okay? Ich muss mal ganz dringend kacken. Ganz dringend, wirklich. Wenn jemand nach mir fragt, sagt ihm, ich bin auf dem Klo, okay? Auf dem Klo!«

Betretenes Schweigen machte sich breit. Die Leute müssen gedacht haben, ich hab sie nicht mehr alle. Dass sich jemand zum Scheißen abmeldete, hatte es noch nie gegeben. Während ich mit zusammengekniffenen Pobacken auf die Toilette verschwand, glotzte mir die Truppe ungläubig schweigend hinterher. Das war genau die Aufmerksamkeit, die ich haben wollte. In der Kabine schmierte ich ein paar lange Streifen Klopapier mit brauner Schminke voll, klemmte sie mir hinten in die Hose und stapfte dann mit erlöstem Lächeln zurück zu besagter Gruppe.

»Sorry noch mal, aber ich hatte echt Druck eben«, meinte ich und gab allen reihum die Hand. »Danke fürs Warten und für euer Verständnis. Passiert so schnell nicht wieder, versprochen.«

Dann wandte ich mich ruckartig zum Gehen um. Noch im selben Moment wich die peinliche Stille einem kreischenden Tumult aus »Iih!«- und »Bäh«- und »Was hast du denn am Arsch?«-Rufen. Ich drehte mich stutzend um, griff hinter mich und bekam die braun verschmierten Klopapierstreifen zu fassen. Unter immer hysterischer werdendem Ekelgeschrei schnupperte ich daran und meinte dann schulterzuckend: »So eine Ferkelei aber auch. Ich würde sagen: Zu blöd zum Scheißen.«

Spätestens jetzt begriffen meine Kollegen und fingen an zu

lachen. Bei einigen Gästen bin ich mir bis heute nicht sicher, ob sie die Aktion als Scherz verstanden oder für bare Münze genommen haben. Wenn also irgendjemand jemanden kennt, der aus dem Lanzarote-Urlaub mit einem Klopapiertrauma zurückgekommen ist, soll er ihm bitte dieses Buch als Therapie empfehlen. Ich bedanke mich schon jetzt und schwöre hoch und heilig, dass alles nur Show war.

Und damit Schluss mit lustig. Es wird endgültig ernst. Ich schaffte es zwar erstaunlich lange, um mein persönliches rotes Tuch im Animationsportfolio herumzuplanen, aber nach zwei Wochen lief die Gnadenfrist endgültig ab. Der Moment, vor dem mir am allermeisten graute, war gekommen: Ich musste in den Miniclub. Meine Abneigung gegen diese Aufgabe war nicht wirklich greifbar. Ich hatte nichts Konkretes gegen Kinder, habe sogar jüngere Geschwister. Okay, meine Schwester ist anderthalb Jahre jünger und mein Bruder sechs Jahre. Die waren inzwischen mehr oder weniger erwachsen. Außerdem sind Geschwister sowieso eine Kategorie für sich. Aber fremde Kinder …? Die waren für mich wie Gegenstände.

Meine Vorfreude hielt sich also in Grenzen, als ich mich an einem Junimorgen im Jahr 2002 auf den Weg ins Land der Bastelscheren und Bauklötze machte. Wir hatten beschlossen, dass ich den ersten Vormittag in Dunjas Anwesenheit bestreiten und erst am Nachmittag die Rasselbande alleine übernehmen sollte. Eine gute und eine schlechte Entscheidung zugleich. Gut, weil ich mir auf diese Weise ein paar Dinge von der Kollegin abgucken konnte. Schlecht, weil ich erst mal das fünfte Rad am Wagen war. Die Kinder waren viel zu fixiert auf Kids-Queen Dunja, als dass sie sich über die Ankunft von »Onkel Sven« gefreut hätten. Die Folge: Einige behandelten mich wie Luft, andere hatten Angst vor mir, die »Geh weg!«-Rufe habe ich erfolgreich verdrängt, aber wenn ich ehrlich bin, gab es auch die. Ich habe an diesem Morgen trotzdem drei wichtige Dinge mitbekommen, mit denen meine Abneigung im Nachhinein irgendwie doch noch greifbar wurde.

Erstens: Als ich den Raum mit den bunt beklebten Wänden und den Regalen voller Spielzeug betrat, versteckte sich, wie gesagt, erst mal die Hälfte der zwölf anwesenden Kinder hinter Dunja. Ich konnte mir daraufhin nicht verkneifen, mit einem ironischen Unterton zu sagen: »Hallo, das haut mich jetzt glatt um. Ihr überschlagt euch ja förmlich vor Freude, mich zu sehen!«

Dunja überging die Bemerkung, beugte sich zu ihren Schützlingen runter und sagte: »Guckt mal, Leute, wer da kommt! Das ist Onkel Sven, der passt heute Nachmittag auf euch auf. Freuen wir uns ihn zu sehen?«

Unter den Kindern brach unentschlossenes Gebrabbel aus. Dunja wartete die ehrliche Antwort aber gar nicht ab. Stattdessen fing sie an zu klatschen und rief aufmunternd: »Dann klatschen wir zur Begrüßung alle mal laut in die Hände und rufen: Hallo, Sven!«

Das passierte. In ziemlich chaotischer Form, aber durchaus respektabler Lautstärke. Nur ein kleines Mädchen klatschte nicht. Sie ließ den Blick lediglich mit großer Aufmerksamkeit von Dunja zu mir und wieder zurückwandern. Als Ruhe einkehrte, zupfte sie Dunja am T-Shirt und fragte mit großem Ernst: »Du hast dich aber gar nicht überschlagen, Tante Dunja!«

Die Kollegin stutzte, aber sie war geistesgegenwärtig genug, zu sagen: »Na, dann kannst du das ja für mich übernehmen, oder?«

Daraufhin ging das Mädchen zu einer Matratze am Fenster, machte einen Purzelbaum und rief danach strahlend »Hallo, Sven«. So gewann ich meine erste Freundin im Mini-Club:

133

Lisa. Wenn ich es recht bedenke, ist Lisa der einzige Mensch, der sich je wirklich überschlagen hat vor Freude, mich zu sehen. Vor allem ist sie aber mein ewiger Denkzettel dafür, dass man mit ironischen oder gar sarkastischen Bemerkungen bei Kindern nicht landen kann. Sie nehmen einen immer beim Wort.

Zweitens: Als ich am Nachmittag mit den Kids alleine war, beschloss ich, nicht zu kindisch zu sein, um der Wildheit der Kleinen einen Kontrapunkt zu bieten. Ich dachte, ein freundliches, aber ernstes Auftreten würde meiner Autorität Vorschub leisten. Ein ziemlicher Unsinn, wenn man bedenkt, dass das Motto an diesem Tag »Königreich Kicher-Quatsch« lautete. Was das bedeutete? Alles und gar nichts. Dunja erklärte mir, dass sie den Miniclub bei diesem Programmpunkt normalerweise zur verkehrten Welt erklärte, in der das albernste und lauteste Kind am Ende zum Kicherkönig gekrönt wurde. Allerdings sei das mir überlassen, weil es sich in diesem Fall um ein »eher assoziatives« Motto handele. Schönen Dank auch. Assoziationen waren genau das, was ich mir für mein erstes Miniclubsolo gewünscht hatte. Das war jetzt übrigens ironisch gemeint. Aber Spaß beiseite: Natürlich übernahm ich Dunjas Konzept unverändert. Das führte dazu, dass die Bude nach kürzester Zeit von einem so unkontrollierbaren Geschrei erfüllt war, dass es überhaupt keinen Unterschied machte, ob ich mitbrüllte oder die Erziehermiene aufsetzte. Was aber das Schlimmste war: Ich hatte keine Ahnung, wie ich der Situation Herr werden sollte. Das Albernheitsgesetz war ja von mir selbst erlassen worden. Es nachträglich wieder zurückzunehmen wäre einer Kapitulation gleichgekommen. Am liebsten hätte ich die Beine in die Hand genommen und wäre geflüchtet. Zum Glück hinderte mich mein Ehrgefühl daran. Außerdem kam mir eine andere Idee: Ich

schnappte mir die Schaumstoffkrone, die für den Kicherkönig bestimmt war, stahl mich nach draußen und setzte sie mir auf den Kopf. Dann blies ich die Backen auf, verdrehte die Augen und klopfte kräftig von außen ans Fenster. Erst waren es nur zwei oder drei Kinder, die mich bemerkten. Diese drei Kids machten aber wiederum die anderen auf mich aufmerksam, so dass sich der Lautstärkepegel langsam abschwächte und schon bald zwölf staunende Kinder zu mir hochsahen. Zuerst mit offenem Mund, dann zunehmend lachend, weil ich immer wildere Grimassen schnitt. Es war wie Kasperletheater. Mit der kleinen Besonderheit, dass es hier keine Puppen gab, die Faxen machten, sondern nur mich. Als mir die Ideen für neue Grimassen auszugehen drohten, deutete ich mit dem Daumen nach rechts auf die geöffnete Miniclubtür. Prompt trippelten 24 kleine Füße in diese Richtung. Ich war entzückt. Nicht nur über mein eigenes Krisenmanagement, sondern auch weil es echt niedlich aussah, wie sich die kleinen Schreihälse mit sichtlicher Vorsicht, aber trotzdem zielstrebig in Bewegung setzten. An der Eingangstür nahm ich das Kasperleprinzip erneut auf. Ich lugte schräg hinter dem Türrahmen hervor und rief: »Hallo. Wisst ihr, wer ich bin?«
Die Antwort war ein vielstimmiges »Du bist Sven«, aber ich hatte der Truppe schnell verklickert, dass ich niemand Geringerer war als der Kicherkönig. Und dass ich einen Nachfolger suchte. Und dass ich dafür jemanden finden musste, der es schaffte, im Angesicht meiner Grimassen NICHT zu kichern. Ob die Kinder es mal versuchen wollten? Das Ende vom Lied war, dass ich den Rest des Nachmittags damit beschäftigt war, eine Grimasse nach der anderen zu schneiden, also genau das Gegenteil von dem zu tun, was ich mir vorgenommen hatte. Ich war keine stille Respektsperson für die Kids, sondern alberner als sie selbst. Dafür liebten sie mich auf einmal. Bei

Kindern gibt es keine bessere Form von Autorität, als geliebt zu werden. Zumindest in der Animation. Mein heutiges Motto für die Miniclubs dieser Welt lautet deshalb: Je verrückter, desto besser.

Drittens: Wie sagt man das? Zwei Schritte vor, einer zurück? So ähnlich erging es mir auch bei den Kids. Nach den beiden erhellenden Einstandseinheiten im Club bekam ich bei der Minidisco noch mal ordentlich einen übergebraten. Oder, wenn man's genau nimmt: nicht ich, sondern der Clown Pepito. In seiner Rolle trat ich noch am selben Tag zum Kindertanzen an. Eigentlich war das nicht geplant. Dunja riet mir sogar davon ab, weil sie meinte, ich solle mir erst mal die Lieder anhören und die Tänze lernen. Aber mal ehrlich, Leute: Ich hatte einen Vormittag und einen Nachmittag in Zivil mit den kleinen Monstern überstanden, da konnte mich doch eine halbe Stunde Rumgehopse im Kostüm nicht mehr schocken. Am liebsten hätte ich die Disco alleine gemacht, aber Dunja bestand darauf mitzukommen. Von mir aus. Ich schminkte mir das Gesicht weiß und malte mir einen riesigen roten Mund, den Rest besorgten eine blaue Lockenperücke, ein bunt gepunkteter Overall, orangene Schnabelschuhe und weiße Handschuhe. Die aufwendige Verkleidung diente einerseits dem Zweck, dass sie mir Hemmungen nehmen sollte, die ich beim Tanzen in meinen eigenen Klamotten teilweise bis heute habe, aber es gab noch ein weiteres Motiv: Ich wollte, dass die Kinder mich nicht erkannten, damit ich sie inkognito über ihren neuen Superanimateur Sven befragen konnte. Rückblickend finde ich die Eitelkeit dieses Vorhabens noch tausendmal kindischer als jede Grimasse, die ich an diesem Tag gezogen habe, aber was soll's? Ich hatte mich mit meiner Kicherkönigshow selbst überrascht und somit irgendwie auch selbst übertroffen. Da kann man schon mal die Bodenhaftung verlieren. Wie ihr euch vielleicht denken könnt, gewann ich sie schneller zurück als mir lieb war. Um Punkt 18.30 Uhr erreichte ich im Schlepptau von Dunja den kleinen Pavillon am Pool, wo täglich vor dem Abendessen die Minidisco stattfand. Die Kollegin trug heute Schnürstiefel, Dirndl und eine große rote Schleife im Haar. Sah ganz nett aus. Aber ich fand mich besser. Wenigstens einer. Die Kinder waren anderer Meinung. Am Anfang kam ich mir vor wie in einer Zeitschleife. Ich erntete nichts als ängstliche Blicke, während alle sich um Dunja scharten. Selbst als sie proklamierte, dass sie heute ihren »Assistenten Pepito« mitgebracht habe, wurden die Kinder nicht zutraulicher. Mein Versuch, an meinen morgendlichen Erfolg bei Lisa anzuknüpfen, führte gar zu einer grotesken Szene, in der ich das Mädchen in einer Weise zu mir rief, die immer mehr in den Tonfall abglitt, in dem hysterische Tierliebhaber ihre Hunde rufen: »Na, komm. Komm zu Pepito. Na, mach schon. Komm mal her zu mir. Na, trau dich.« Grauenhaft. Ich selbst hätte diesem verzweifelten Gejaule nie im Leben Folge geleistet. Lisa tat es auch nicht, und Pepito stand da wie ein Trottel. Ich dankte dem Himmel, als mich, wenn auch aus der Ferne und mit unüberhörbarer Skepsis in der Stimme, doch noch ein kleiner Rotschopf ansprach und fragte: »Kannst du denn überhaupt tanzen?«

»Natürlich«, krächzte ich großspurig. »Pepito ist ein großartiger Tänzer.«

Ich wollte es mit einer kleinen Steppeinlage demonstrieren. Leider rutschte mir dabei der rechte Schnabelschuh vom Fuß, so dass ich abbrechen musste. Hätte ich mir doch bloß den Knöchel verstaucht, dann wäre mir ein zweites Déjà-vu erspart geblieben, als Dunja die Musik startete. Ehrlich gesagt war ich nicht darauf eingestellt, dass es für die meisten Kinderlieder festgelegte Bewegungsabläufe gab. Und zwar keine

Eigenkreationen der Animateure, sondern hauptsächlich welche, die die kleinen Tänzer schon aus dem Kindergarten kennen. Man kann ihnen also nichts vormachen, und eine Aussage wie »Pepito ist ein großartiger Tänzer« verkommt zu einer dreisten Lüge, wenn Pepito nicht mal die wirklich einfache Choreographie zu »Head, Shoulders, Knees and Toes« beherrscht. Aber genau so war es. Das kaputte Musikvideo mit der verschobenen Tonspur von meinem ersten Clubtanz in »Triton's Castle« war zurück. Wenn Pepito überhaupt mittanzte, hinkte er immer ein paar Schritte hinterher. Die meiste Zeit wackelte er aber sowieso nur ein bisschen mit dem Hintern, was er mit dem blöden Kommentar »So tanzt man auf Clownisch« rechtfertigte. Warum ich von Pepito in der dritten Person spreche? Dieser Clown entwickelte ein Eigenleben. Nicht er war es, der sich Lob über Sven anhören durfte, sondern Sven war es, der sich am Folgetag Klagen über Pepito anhören durfte. Bei der nächsten Minidisco bekam ich sogar mit, wie einige Kinder verächtlich seinen Tanzstil nachahmten. Und als ich das Kostüm eine Woche später testweise doch noch mal ausprobierte, war es egal, dass Pepito die Schritte inzwischen gelernt hatte. Er wurde nicht mehr ernst genommen. Oder wie es ein Mädchen nach Pepitos Bekanntmachung »Ich war inzwischen in der Tanzschule« ausdrückte: »Das lügst du doch sowieso wieder.«

Was lernen wir daraus? Kinder nehmen dich nicht nur beim Wort, sie merken sich auch, wenn du es brichst. Man sollte also nicht versuchen, sie mit Lügen zu beeindrucken.

Inzwischen kann ich sagen, dass mein intuitiver Respekt vor der Kinderanimation seine Berechtigung hatte. Sie ist in vielen Belangen die purste Form der Animation, weil man dort nie mit Halbherzigkeiten weiterkommt. Während die meisten

Erwachsenen höflich darüber schweigen, wenn sie etwas unangemessen oder stümperisch finden, sagen Kinder es einem direkt ins Gesicht. Das ist nicht immer angenehm, aber es hilft dabei, Fehler nicht zur Gewohnheit werden zu lassen. Außerdem gibt es dazu noch die Kehrseite: Die Minis zeigen viel offener und ungehemmter, wenn sie etwas toll finden. Sich dafür anzustrengen lohnt sich. Ich arbeite inzwischen richtig gerne mit Kindern. Ich liebe es mit ihnen Quatsch zu machen, weil sie sich total gehen lassen. Sie haben nicht diese seltsamen Verspannungen, die viele Erwachsene erst ablegen, wenn sie zu viel getrunken haben. Auch diesbezüglich hat mir die Kinderanimation die Augen geöffnet. Seitdem ich das Verhalten der Kids beobachte und einschätzen kann, fällt mir viel stärker auf, wie häufig Erwachsene ihre kindischen Seiten unterdrücken. Wenn wir ehrlich sind, würden die meisten von uns ja auch gerne mal mit den Fingern essen und schamlos rumfurzen oder rülpsen, um sich danach drüber totzulachen. So geht es mir jedenfalls. Keine Angst, ich mach's trotzdem nicht. Sollte sich allerdings jemand von diesen Zeilen ermuntert fühlen, kann ich nur sagen: Lass krachen! Wenn Ingrid und Walter von der Liege nebenan sich danach über dich beschweren, bestell ihnen einfach schöne Grüße vom Kicherkönig.

Fliegender Wechsel

Wie war das noch mal bei den Zimmermännern? Sie gehen nach der Lehre auf Wanderschaft? Bei Animateuren ist es genauso. Dass ein Hotel zur Stammstation wird, passiert eigentlich nur bei hohen Tieren wie Andro. Der Rest der Animateure verfällt zwangsläufig in eine Bäumchen-wechsel-dich-Routine, die ich als »Club-Hopping« bezeichne. Partymäuse verstehen darunter das Von-Disco-zu-Disco-Ziehen in Großstädten, ich beziehe es auf den fliegenden Wechsel zwischen unterschiedlichen Ländern und Hotels. Bei Junganimateuren findet so was in der Regel im Rahmen des Reisekatalogs des Veranstalters statt, der sie beschäftigt. Bei denen, die länger durchhalten, artet es häufig in Veranstalterhopping aus. Wer danach immer noch nicht genug hat, probiert unterschiedliche Branchen aus. Animation gibt es ja nicht nur in Urlaubshotels, sondern auch in Freizeitparks, Museen oder auf Erlebnisbauernhöfen. Aber für dieses Buch habe ich Sonne, Hitze und Meeresrauschen versprochen, deshalb bleiben wir in der südlichen Hemisphäre. Zumal meine »Lehre« mit dem Ablauf der Teamleiteranwärterschaft ja gerade erst vorbei ist.

Weil Andro und ich inzwischen nicht nur beruflich, sondern auch privat gut harmonierten, war der ursprüngliche Plan gewesen, dass er peu à peu Aufgaben aus seinem Zuständigkeitsbereich an mich abtreten sollte. Das hätte mir die Möglichkeit gegeben, mein neues Tätigkeitsspektrum schrittweise zu erschließen, während Andro sich auf seine neue Stelle als internationaler Gesamtleiter des Animationsbereichs hätte konzentrieren können. Ein guter Plan, aber er war zu blauäugig. Dass wir uns im Büro zunächst gegenseitig in die Quere kamen, waren Anfangsschwierigkeiten, die wir sicher in den Griff bekommen hätten, doch den Widerstand der Kollegen hatten wir unterschätzt. Sie taten sich schwer damit, mich als ihren neuen Vorgesetzten zu akzeptieren. Nicht dass sie mir feindlich gesinnt waren, aber ich war für sie halt immer noch der Chaot Sven, mit dem sie zwar auf Augenhöhe kommunizierten, von dem sie sich aber nichts sagen lassen wollten. Wenn ich also neue Ideen oder gar Veränderungen anbringen wollte, wurden sie meist zerredet und dann ignoriert. Die generellen Vorbehalte, die Umbesetzungen in der Teamleitung nach sich ziehen, trafen auf den Unwillen, eine vertraute Person in einer neuen Rolle zu akzeptieren. Private und berufliche Interessen kollidierten, Neid und Misstrauen machten sich breit, und die Stimmung im Team wurde immer schlechter. Mich belastete das. Ich wollte nicht, dass das »Fuego del Volcán«, das ich bis heute als Wiege meiner persönlichen Animationsgeschichte empfinde, zum Schauplatz falsch verstandener Konkurrenzkämpfe wurde. Andro verstand das. Also zogen wir die Notbremse. Wir beschlossen, die nächste frei werdende Teamleiterstelle in einem anderen Club für mich zu reservieren. Sie ließ nicht lange auf sich warten. Schon zwei Wochen später hieß es Abschied nehmen von Lanzarote. Adiós, Amigós! Adiós, volcános! Adiós, Avenida de las Playas!

Als die Versetzung spruchreif war, wurden die Kollegen auf einmal doch noch sehr emotional. Die letzten fünf Tage vor meiner Abreise habe ich als ununterbrochene Party in Erinnerung. Das ganze Hotel wurde in meinen Abschied mit einbezogen. Schon mittags fingen wir an zu trinken: auf die vergangenen Monate, auf die Zukunft, auf den Aerobic-Denkzettel, auf unsere WG, auf Johann, auf »Zu blöd zum Scheißen«, auf die hüpfenden Eier, sogar auf Pepito. Uns fiel immer etwas Neues ein. Und jede Erinnerung, auf die wir tranken, führte uns vor Augen, wie viel wir miteinander erlebt hatten.

Es war mein erster und schwerster Abschied von allen, aber es war bei weitem nicht der letzte. In gewisser Weise markierte die Abnabelung von meiner ersten Animateursfamilie die Vollendung meiner Ausbildung. Nach der langen Zeit unter Andros Fittichen musste ich lernen, dass man sich in diesem Job nicht häuslich einrichtet. Früher oder später infiziert er jeden mit dem Nomadenvirus. Einer muss gehen, weil er durch Umstrukturierungen im Team überflüssig wird, der Nächste wird in ein anderes Hotel abkommandiert, der Dritte jagt seinem Traum von der Dominikanischen Republik hinterher, der Vierte hat zu viel gevögelt, der Fünfte wird gemobbt, beim Sechsten macht das Stammhotel in der Wintersaison dicht. Es gibt wahrscheinlich ebenso viele Gründe für die Versetzung von Animateuren, wie es Anlässe gab, auf meinen Abschied von Lanzarote zu trinken. Aus denselben Gründen kommt allerdings auch immer mal wieder die Rückkehr an alte Wirkungsstätten zustande. Ich kann an dieser Stelle schon mal verraten, dass auch ich noch mal im »Fuego del Volcán« landen sollte. Aber jetzt hatte ich erst mal ein neues Ziel vor Augen: Makadi Bay, Hurghada, Ägypten. Dort erwartete mich nicht nur die komfortabelste Wohnsituation meiner ganzen Animateurskarriere, sondern auch Olly-Bolly. Olly-Bolly war ein großer, schlaksiger Typ mit langen, dunklen Haaren und Brille. Er arbeitete bereits seit zwei Jahren im Hotel »Pharamida« und hatte in dieser Zeit fünf Teamleiter kommen und gehen sehen. Dass dieser Zustand ein Widerspruch zu meiner Nomadenvirusthese ist, passt irgendwie, denn Olly-Bolly war auch sonst der denkwürdigste Widersacher, mit dem ich mich je rumschlagen musste. Warum, ist schnell erklärt: Spätestens seit dem Weggang seines zweiten Chefs liebäugelte er mit dem Teamleiterposten, wurde aber immer nur als Übergangsvertreter eingeteilt, um schließlich doch wieder einen neuen Boss vor die Nase gesetzt zu bekommen. Nun also mich. Aber davon wusste ich bei unserer ersten Begegnung noch nichts.

Der Hotelmanager hatte mich am späten Nachmittag in Empfang genommen und zu meinem fast schon unwirklich schönen Einzelzimmer mit Bad und Balkon geleitet, um mich dann für eine Stunde später zu einer Begrüßungsrunde mit den Hotelangestellten einzuladen. Die Zeit bis dahin nutzte ich, um mir die Hotelanlage anzusehen. Im Gegensatz zu meiner letzten Station war hier alles picobello. Es gab einen schönen Palmengarten, einen riesigen Pool und einen direkten Zugang zum Strand. Das Einzige, was mir seltsam vorkam, war das omnipräsente Security-Personal, doch dazu komme ich später.

Bei meinem Streifzug kam ich an einer offenen Tür vorbei, hinter der sich der Kostümfundus befand. In der Hoffnung, auf ein paar meiner zukünftigen Kollegen zu treffen, sah ich in den Raum hinein und rief: »Hallo, jemand da?«

Als niemand antwortete, trat ich ein und inspizierte ein paar der fein säuberlich auf Garderobenstangen aufgehängten Kostüme. Auch hier war an nichts gespart worden. Es gab einen aufwendig gewebten Technicolor-Mantel für Joseph, es gab einen Pharaonendress mit goldenen Applikationen, es gab …

»Kann ich irgendwie helfen?«

Wenn neben mir eine Bombe hochgegangen wäre, hätte ich mich vermutlich auch nicht mehr erschrocken. Die Worte zerhackten die Stille wie eine Axt. Und auch wenn ich mir keiner Schuld bewusst war, fühlte ich mich ertappt. Ich wirbelte herum und sah einen großen, dünnen Typen auf mich zukommen. Als er vor mir stehen blieb, musste ich den Kopf in den Nacken legen, um ihm in die Augen sehen zu können. »Alter Schwede, hab ich mich verjagt«, lachte ich und streckte die Hand aus. »Moin, ich bin Sven. Der Nachschub.«

»Was heißt 'n Nachschub?«

»Ach so, 'tschuldige«, stotterte ich und ließ meine ungeschüttelte Hand wieder sinken. »Neuer Teamleiter trifft es etwas genauer.«

Auf einen Schlag erfüllte eine zitternde Spannung den Raum. Der Typ straffte sich, runzelte die Stirn und musterte mich von oben bis unten. Angriffslust blitzte in seinem Blick. Ich kam mir vor wie ein Cowboy, der nach einem langen Ritt durch die Wüste aus Versehen in den Stammsaloon seines Erzfeindes hineingestolpert ist.

»Wofür denn Teamleiter?«, fragte der Riese schmallippig.

»Äh … Sorry!« Warum entschuldigte ich mich eigentlich die ganze Zeit? »Ich gehöre zur Fraktion der penetranten Pausenclowns: Animation ist das Stichwort.«

Ich gab mich bewusst flapsig, um die Situation zu entschärfen. In den letzten Monaten war ich oft genug an Hotelangestellte geraten, die Animateure als Nichtsnutze empfanden. Mit denen verfuhr man am besten, indem man ihnen durch Selbstironie den Wind aus den Segeln nahm. Funktionierte in diesem Fall allerdings nicht.

»Ich weiß nichts von einem neuen Teamleiter«, kam es zickig zurück.

»Das ist ja sehr bedauerlich«, wurde nun auch ich griesgrämig. »Aber du müsstest davon wissen, oder was?«

Einen Augenblick lang fixierte mich der Typ mit stechendem Blick, dann rauschte er ohne ein weiteres Wort aus dem Raum. Es kam mir vor, als wäre ich einem Geist begegnet. Dass dieser Geist auf den Spitznamen Olly-Bolly hörte, erfuhr ich erst, als der Hotelmanager ihm bei der späteren Begrüßungsrunde für seine vorübergehenden Dienste als »kommissarischer Leiter des Animationsteams« dankte.

Mein anschließendes Gesprächsangebot blockte er ab. Stattdessen versuchte er mir von diesem Moment an einen reinzuwürgen, wo er konnte. Erst erzählte er im Team herum, dass ich Animateure als »penetrante Pausenclowns« bezeichnet hatte. Als das nichts brachte, ging er zum Angriff über und versuchte, mich zu übertrumpfen. Beim Gästekontakt wollte er mir mit Strahlegrinsen und dicken Sprüchen den Rang ablaufen. Bei den Kollegen versuchte er, durch erhöhte Einsatzbereitschaft und Liebenswürdigkeit zu punkten. Bei den Theaterabenden gab er Vollgas und versuchte, mir die Schau zu stehlen. Noch ein Jahr zuvor hätte mich so was wahrscheinlich in eine Sinnkrise gestürzt, aber inzwischen war ich souverän genug, um mit der Situation fertig zu werden. Und nicht nur das: Ich fand sie sogar super. Dadurch dass Olly-Bolly bei allem besser sein wollte als ich, war er wirklich sehr gut. Und dadurch, dass er sehr gut war, spornte er auch die anderen, inklusive mich selbst, zu Höchstleistungen an. Ich hab ihm das irgendwann sogar mal gesagt. Keine Ahnung, ob es ihm was gebracht hat. Ich weiß nur, dass ich ein halbes Jahr später schon wieder nach Rhodos abdüste und damit der sechste Teamleiter war, den Olly-Bolly im »Pharamida« überlebte. Als er bei der Ernennung meines Nachfolgers erneut übergangen wurde, ging er nach Teneriffa. Da wurde er dann doch noch befördert. Ich würde sagen: sieben zu null für das Nomadenvirus.

Ein Arbeitsplatz, zwei Welten

Hat hier irgendjemand Ahnung von Geographie? Dann wird es Zeit, dass wir sie ihm austreiben. Das Weltbild von Animateuren gehorcht einer eigenen Logik. Die geht ungefähr so: Es gibt unterschiedliche Länder, es gibt unterschiedliche Kulturen, und es gibt Clubhotels. Letztere haben ihre eigene Multikultur, die länderunabhängig ist. Man könnte sagen, hier machen nicht nur die Gäste Urlaub, sondern auch die allgemeingültige Weltordnung. Wer sich damit zufriedengibt, darf jetzt gerne zum nächsten Kapitel weiterblättern. Allerdings haben wir ja noch den kleinen Spielverderber mit an Bord, der sich angesichts dieser Banausenerdkunde die Haare rauft und stöhnt: »Wie naiv! Clubhotels sind doch nichts anderes als moderne Kolonien, die einen westlichen Lebensstandard an Orten imitieren, wo es normalerweise keinen westlichen Lebensstandard gibt.«

Ei, das hat gesessen. Gut gebrüllt, Löwe!

»Verarschen kann ich mich alleine!«

War keine Verarsche. Da ist schon was Wahres dran.

»Wenn du frech werden willst, kann ich auch … Äh … Wie war das gerade?«

Um der Wahrheit ins Auge zu blicken: Natürlich sind Touristenorte und die dazugehörigen Hotels richtige Wohlstandsinseln, die mit der Lebensrealität der Einheimischen nicht viel zu tun haben. Das merkt man oft schon als Gast. Wenn man eine Zeitlang in der Branche arbeitet, kommt man sowieso nicht dran vorbei. Schließlich ist man permanent mit Einheimischen in Kontakt, die ebenfalls im Hotel arbeiten. Meinen Erfahrungen zufolge kann man mit allen einigermaßen auskommen, solange man den nötigen Respekt und eine gewisse

Distanz wahrt. Den Gedanken, dass ich mich mit Ortsansässigen befreunden könnte, habe ich mir allerdings schnell abgeschminkt. Dazu bleibt man als Animateur viel zu sehr in der Scheinwelt der Touristenorte kleben, in der die zwischenmenschlichen Grenzen schon anhand der Einkommensverhältnisse gezogen werden. So liegt das Gehalt eines einheimischen Hotelangestellten zwar meist deutlich über dem lokalen Durchschnitt, aber es ist umgekehrt doch viel niedriger als das Gehalt eines Animateurs. Weil Animateure wegen der Sprachkenntnisse normalerweise aus Deutschland geholt werden und deshalb auch annähernd nach deutschen Verhältnissen bezahlt werden. Ist das ungerecht? Klar, irgendwie schon. Andererseits gleicht es sich bei den Lebensunterhaltskosten wieder aus. Ein Tourist, und als solcher wird ein Typ wie ich in südlichen Ländern trotz Sonnenbräune immer angesehen, zahlt ja auch das Fünffache des regionalen Normalpreises für eine Melone oder eine Flasche Wasser. Ich beschwere mich nicht darüber und sehe es als meinen Beitrag zur Strukturförderung. Das heißt aber nicht, dass ich nicht trotzdem immer mal wieder an die Grenzen der zivilisierten Kommunikation gestoßen wäre. Weil mir gerade aus Ägypten besonders markante Anekdoten in Erinnerung sind, biegen wir an dieser Stelle in die Sackgassen der Völkerverständigung ein.

Ägyptische Sicherheit

Ich hatte ja versprochen, dass ich noch mal auf die auffällige Präsenz von Security-Personal im »Pharamida« zurückkomme. Sie ließ leider nicht nur Rückschlüsse auf die äußerst üppige Personaldecke des Hauses zu, sondern auch auf die Sicherheitslage. Die Resort-Landschaft an der Makadi Bay entwickelte sich zu dieser Zeit gerade erst, und das »Pharamida«

war, abgesehen von der Meerseite, von Wüste umgeben. Das hieß: Neben den streunenden Hunden, die um die Anlage herumkrochen und nachts nervtötend bellten, war das Hotel auch für Obskuranten ein leichtes Ziel. Das Sicherheitspersonal war dazu da, Störenfriede fernzuhalten. Dass das nicht immer klappte, führten böse Zungen auf Komplizenschaft mit den Eindringlingen zurück, ich persönlich sage nur so viel: Als ich nach meiner ersten Ägypten-Woche mal wieder ohne Klamotten dastand, hatte es diesmal nichts mit schlampigen Kollegen oder der Unfähigkeit der Post zu tun. Ich hatte einfach nur Waschtag gehabt. Meine gesamte Dreckwäsche hatte ich in eine der hoteleigenen Industriewaschmaschinen gepackt, die ich schon aus Lanzarote kannte. Ich liebte die Dinger. Sie waren so groß, dass ich hätte reinklettern können, und es war jedes Mal ein tolles Gefühl, nach dem Schleudern die frisch duftenden Klamotten zu entnehmen. Na gut, dieses Mal nicht. Weil es nichts zu entnehmen gab, als ich nach zwei Stunden wiederkam. Die Waschmaschine war leer. Und sie blieb es auch, nachdem ich die halbe Belegschaft, inklusive Security, gelöchert hatte, ob jemand aus Versehen mit den falschen Sachen abgezogen war. Kopfschütteln, so weit das Auge reichte. Diesmal musste ich sogar meine Arbeitsklamotten nachkaufen, von denen jeweils nur zwei Garnituren vom Veranstalter gestellt wurden. Ich nahm es gelassen und schob bei zukünftigen Waschtagen meine eigene Security-Schicht vor der Maschine. Keine weiteren Zwischenfälle dieser Art.

Dafür hörte ich immer öfter von Kollegen, dass bei ihnen eingebrochen worden war. Eines Nachts kam auch ich zurück in mein Zimmer und stellte fest, dass mein Radiowecker und mein heiß geliebtes Davidoff-Parfüm fehlten, Sachen, die ich erst zwei Wochen zuvor im Duty-free-Shop gekauft hatte. Zuerst glaubte ich an meine eigene Schusseligkeit und fing an zu suchen, doch das Einzige, was ich fand, waren Hebelspuren an der Balkontür und die Abdrücke nackter Füße auf den Fliesen. Kommissar Kudszus rechnete eins und eins zusammen. Der Übeltäter war also über den Balkon eingestiegen. Und er hatte keine Schuhe getragen. Ich rauschte aus dem Zimmer, schnappte mir den nächsten Security-Mann und fragte, ob er jemanden gesehen hatte, auf den diese Täterbeschreibung passte. In gebrochenem Englisch verneinte er: »Nobody, nobody.«

Na gut. Dann musste ich eben selbst tätig werden. Zurück im Zimmer, schnappte ich mir eine Socke, stopfte eine leere Bierflasche hinein und zerschlug sie mit der Unterseite einer Rasierschaumdose in tausend Stücke. Dann verteilte ich die Scherben fein säuberlich auf Balkon und Geländer. Schon am folgenden Abend waren es blutige Fußspuren, die in dem Scherbenbett sichtbar wurden. Wieder lief ich zum Security-Mann. Leider sagte er wieder nur: »Nobody, nobody!«

Einen weiteren Abend später zeichneten sich Schuhsohlen auf den Fliesen ab. Im Gegensatz zum Security-Mann (wieder: »Nobody, nobody«) war der Dieb lernfähig. Und auch wenn er nach Parfüm und Radiowecker offenbar nichts mehr fand, was ihm klauenswert erschien, fand ich es beunruhigend, dass da jemand mit solcher Beharrlichkeit bei mir einstieg. Ich wurde ein bisschen paranoid. Statt mich auf den Sicherheitsfritzen zu verlassen, legte ich mich nach Feierabend selbst auf die Lauer. Ich hatte sogar eine Waffe: eine selbstgebaute Keule mit reingehauenen Nägeln. Sie kam zum Glück nicht zum Einsatz. Der geheimnisvolle Einbrecher hatte irgendwie immer früher Feierabend als ich. Da er nichts mehr klaute, verlor ich allerdings bald das Interesse. Stattdessen wurde ich selbst zur Zielscheibe der Security-Boys. Sie glichen den Mangel an Aufmerksamkeit, den sie in der Gebäudeüberwachung an den Tag legten, nämlich durch eine bemerkenswerte Gewissenhaftigkeit als Sittenwächter aus. Vögeln wurde im »Pharamida« zum Spießrutenlauf. Hatte man eine hübsche Teilzeitschlampe für einen Quickie hinter der Hausecke gewonnen, konnte man sicher sein, dass dort schon ein Wachmann stand und ihn vereitelte. Und wenn ein Hotelangestellter in der Pause mit einem weiblichen Gast aufs Zimmer verschwand, stand fest, dass ihn wenig später jemand bei der Hotelleitung verpetzte. Ägypten ist nun mal ein islamisches Land, in dem es offiziell verboten ist, dass eine unverheiratete Frau und ein Mann sich allein im selben Raum befinden. Für mich bedeutete das, dass ich schon bald statt Scherbenfallen und Nagelkeulen Methoden entwickelte, Mädchen an den Sicherheitsleuten vorbeizuschleusen. Die Erste bekam den Schlüssel für die Requisite und musste schon mal vorgehen. Der Nächsten gab ich ein Animationsshirt, damit sie sich unverdächtig zu den Personalunterkünften begeben konnte. Und schlussendlich stieg ich selbst über alle möglichen Balkonbrüstungen in die Zimmer meiner Eroberungen ein. Ich wurde dabei genauso wenig erwischt wie der Dieb. Allerdings kam eine meiner Affären einmal ungeplant in mein Zimmer und war dabei beschattet worden, ohne es bemerkt zu haben. Gerade als wir knutschend aufs Bett sanken, klopfte es an meine Tür. Ich ahnte schon, was los war, und deutete der Frau an, still zu sein und sich im Schrank zu verstecken. Dann öffnete ich. Wie erwartet stand mein Security-Spezi vor der Tür und erkundigte sich scheinheilig: »Everything okay?«

Ich nickte dankend.

»Somebody here?«, fragte er weiter und warf einen neugierigen Blick über meine Schulter.

Ich schüttelte den Kopf, deutete in den leeren Raum mit dem

vollen Schrank und sagte demonstrativ lächelnd: »Nobody, nobody!« Dann schloss ich die Tür.

Griechischer Verkehrsunfall

Vor allem in Touri-Hochburgen merkt man es immer wieder: Viele Einheimische sind gar keine. Oder zumindest nicht das, was man sich drunter vorstellt. Das lernte ich zum Glück schon an der Olympischen Riviera. Damals gab es noch keine Smartphones, auch Laptops waren noch nicht so verbreitet, also war man auf Internetcafés angewiesen, um zwischendurch seine Mails zu checken. In Leptokaria war ich bei meiner Wanderung mit Juliane (der Stachelromanze) an einem kleinen Café vorbeigekommen, wo man nicht nur gemütlich sitzen, sondern auch ins Netz gehen konnte. Dort fuhr ich ein paar Tage später wieder hin. An meinem freien Tag. Mit zwei Kolleginnen, die ebenfalls Onlinebedarf hatten.

Ganz ehrlich: Ich habe mich nie wieder griechischer gefühlt als an diesem Nachmittag. Abwechselnd erledigten wir unsere Korrespondenz an dem elendig langsamen Computer, dessen Bildröhre flimmerte, als würde er jeden Moment den Geist aufgeben. Den Rest der Zeit saßen wir unter einem Sonnenschirm, sahen aufs Meer hinaus und bekamen Frappés und Bougatsa serviert. Von einer Dame, die aussah wie Nana Mouskouri auf Speed. Jedes Mal wenn diese Frau aus der kleinen Hütte schwebte, warf sie sich in Pose, als würde sie eine Opernbühne stürmen. Und über jede ihrer Posen mussten wir uns totlachen. Es sah einfach zu komisch aus, wie sie mit ihrer riesigen Brille, die ständig runterrutschte, und einem atemberaubend geblümten Hosenkleid aus Ballonseide, das sich bei jeder Bewegung aufblähte, von Tisch zu Tisch wehte und dabei theatralisch mit den Augen rollte. Diese Frau war wie ein Verkehrsunfall. Es war grauenhaft, aber man konnte nicht weggucken. Wir versuchten es trotzdem, machten aber sonst keinen Hehl aus unserem Amüsement. Uns verstand ja eh keiner. So jagte ein gehässiger Kommentar den nächsten.

»Ich glaub, wenn die Alte pupst, hebt das Kleid mit ihr ab!«

»Ein Ballon namens Nana!«

»Meinst du, sie trägt was drunter?«

»Ich glaube eher, das Teil *ist* ›drunter‹! So Kaisers-neue-Klei-der-mäßig.«

»Das Blumenmuster ist total krass, oder?«

»Augenkrebs.«

»Wahrscheinlich liegt's an der Brille.«

»Welche Brille?«

»Also, wenn du die übersehen hast, dann brauchst du selber eine.«

»Scheiße, du hast recht.«

»Jetzt glotz doch nicht so auffällig hin, Mann.«

»Sie ist eh grad am Kassieren. Auf das Teil hab ich echt nicht geachtet vor lauter Kleid.«

»Vor lauter Blumen.«

»Was heißt 'n auf Griechisch noch mal ›Die Rechnung, bitte‹?«

So in der Art muss sich unser lautstarkes Geplapper angehört haben. Wie sich halt das Geplapper dreier doofer, deutscher Animateure, die sich einbilden, dass sie niemand versteht, so anhört. Umso peinlicher war es, als der Verkehrsunfall später an unseren Tisch trat und in fließendem Deutsch abkassierte. Die Frau kam gebürtig aus Stuttgart, hatte einen griechischen Mann geheiratet und war mit ihm ausgewandert. So freund-lich, wie sie zu uns war, hatte sie unser Geläster gar nicht mit-bekommen. Ich wäre trotzdem am liebsten in den Erdboden versunken. Seitdem hüte ich mich davor, in der Öffentlichkeit der vagen Gewissheit zu vertrauen, dass mich niemand verstehen kann. Abgesehen davon, dass ich mich spätestens seit den geiiilen Shorts generell mit gehässigen Kommentaren über verunglückte Outfits anderer Leute zurückhalte. Die Rechnung, bitte!

Der Löwe von Lanzarote

Auf Lanzarote an einen reichen Mann zu geraten ist eine Kunst. Zu ihm nach Hause eingeladen zu werden ist so gut wie unmöglich. Ich kann stolz von mir behaupten, beides geschafft zu haben.

Nach meiner Rückkehr auf die Insel lernte ich einen Travestiekünstler kennen: Patrice. Er trat mit seiner Show manchmal in meinem Hotel auf und hatte eine Bar auf der Avenida de las Playas. Dort ging ich öfter nach Feierabend hin. Und dort lernte ich auch Sergio kennen: einen dicken, honorigen Spanier mit Rolex, Goldkette und einer Klunkersonnenbrille, die er selbst nachts nie abnahm. Immer wenn er in den Laden kam, wurde Patrice nervös, und es musste sofort Platz geschaffen werden für den hohen Gast. Eine Zeitlang dachte ich, Sergio wäre Bürgermeister oder so was. Später erfuhr ich, dass er einfach nur stinkreich war. Wer auf Lanzarote Geld hat, wird hofiert. Egal ob er ein Arschloch, ein Spinner oder ein Verbrecher ist. Sergio war nichts von alledem. Er war einfach nur Vollalkoholiker und sonst ein ganz umgänglicher Typ, der es durch ein paar Weinberge in La Geria zu Wohlstand gebracht hatte. Manchmal zog er durch die Bars der Insel, in denen er überall umsonst trinken durfte, und ließ sich volllaufen. Und wenn er voll war, wurde er leutselig.

Eines Nachts lud er Patrice für den nächsten Abend zum Dinner ein. Das passierte nicht zum ersten Mal, aber es war immer noch aufregend genug für den Barkeeper, dass er mir voller Stolz jeden Satz der wortreichen Einladung übersetzte. Das führte wiederum dazu, dass Sergio irgendwann meinte, ich solle doch mitkommen. Eigentlich hätte ich an dem Abend auf die Bühne gemusst. Aber eine Einladung wie diese bekommt man nicht alle Tage. Und warum die Teamleiterposition nicht mal zu meinem eigenen Vorteil nutzen? Kurzum: Ich nahm an, und die Sache war geritzt.

Am nächsten Abend fuhren wir in Patrice's schrottreifem VW-Bus zu der Landzunge, auf der Sergios Anwesen lag. Als wir ankamen, staunte ich nicht schlecht. Der Typ lebte in einer riesigen Villa auf einem Felsen überm Meer. Als wir vor dem schmiedeeisernen Tor mit seinen Initialen standen und klingelten, entfuhr mir unweigerlich ein »Wow«.

»Nicht schlecht, oder?«, lachte mein Begleiter.

»Kann man so sagen«, erwiderte ich.

»Aber spar dir noch ein bisschen Faszination auf, Darling«, zwinkerte Patrice mir zu. »Das Heißeste kommt erst noch.«

Äh … Wie hörte sich das denn auf einmal an? Zum ersten Mal kam ich auf die Idee, dass der reiche Sack uns vielleicht nicht ohne Grund eingeladen hatte. Dass Patrice schwul war, das war allgemein bekannt. Über Sergio wusste ich nur, dass er ein notorischer Junggeselle war, der nichts anbrennen ließ. Was, wenn er uns in Wirklichkeit nicht als Essensgäste einbestellt hatte, sondern vielmehr als Lustknaben? Miiieeep! In diesem Moment brummte der Summer, und die Flügel des Tors schwangen auf. Patrice schritt hindurch und stapfte den Kiesweg zum Haus hinunter. Ich folgte ihm und nutzte meine letzte Chance.

»Du, Patrice?«

»Ja bitte?«

»Das hat hier aber nichts mit Vögeln zu tun, oder?«

Er blieb abrupt stehen und zögerte einen Augenblick. Dann drehte er sich mit einem breiten Grinsen um und sagte: »Mit Vögeln nicht, Darling ... Aber mit Löwen.«

Löwen? War das eine Sexpraktik? Ich kam nicht mehr dazu, zu fragen. Schon erschien der Gastgeber, schleuderte uns ein polterndes »Bienvenidos, amigos!« entgegen und begrüßte uns mit Besos links und Besos rechts. Wenigstens war er ganz normal angezogen. In meinen Gedanken hatte er bereits im goldenen Bademantel vor uns gestanden und aufmunternd mit der Kordel gewedelt. Vielleicht musste ich meine Fantasie ein bisschen im Zaum halten.

Sergio führte uns herum. Das ganze Haus war mit Edelholz ausgekleidet, er hatte drei Putzfrauen und eine eigene Autowerkstatt, in der er seine sechs Oldtimer warten ließ. Am meisten aber beeindruckte mich der riesige Garten. Auf einer Insel, auf der nur im Frühling zwei Wochen lang alles blüht und sonst karges Vulkangestein die Landschaft prägt, empfand ich diese grüne Oase als ultimativen Ausdruck von Reichtum und Luxus. Die Dauerbewässerung eines Rasens leisteten sich sonst nur Hotels. Wenn eine Privatperson es tat, musste sie Schotter haben ohne Ende.

Auf der Terrasse wurden Champagner und Tapas serviert. Sofort fingen Patrice und Sergio an, in sagenhaftem Tempo auf Spanisch zu quasseln, so dass ich kaum noch etwas verstand. Prompt wurde mir wieder mulmig. Ob sie bewusst so schnell sprachen? Sollte ich vielleicht gar nicht mitkriegen, worüber sie redeten? Teilten sie mich am Ende schon untereinander auf? Ich wurde immer unruhiger. Fahrig nippte ich an meinem Champagner und nutzte die erste winzige Pause in der Unterhaltung für die missmutige Frage: »Patrice? Was sollte das mit dem Löwen vorhin bedeuten?«

Beide sahen sie mich überrascht an, und Patrice meinte mit

einem vielsagenden Blick: »Jetzt hat es aber jemand eilig, was?«

Er zog eine Augenbraue hoch und wandte sich mit spöttischem Grinsen an Sergio: »Quiere ver a tu león.«

Das hatte ich ausnahmsweise verstanden. Und ich kann nicht sagen, dass es mich beruhigte. »Er will deinen Löwen sehen«, hatte Patrice gesagt. Eine glatte Lüge. Ich hatte lediglich gefragt, was es mit diesem »Löwen« auf sich hatte. Inzwischen konnte ich es mir allerdings selbst zusammenreimen. Was war ich doch für ein Hornochse. Warum hatte ich nicht gleich am Eingangstor meinen Instinkten vertraut und war abgehauen? Es lag doch auf der Hand, was hier gespielt wurde. Ganz klar: Wenn das weibliche Geschlechtsteil im Deutschen und Englischen mit »Muschi«, »Katze« oder »Pussy« bezeichnet wurde, warum sollte das männliche im Spanischen dann nicht als »Löwe« durchgehen?

Inzwischen musterte mich auch Sergio mit vielsagenden Blicken. Dann lachte er kehlig und meinte: »Aha, aha … Quieres ver a mi león?«

Mir brach endgültig der Schweiß aus. Nein, liebe Leute. Nicht mit mir. Ich schmiss mein Champagnerglas in die Blumenrabatte und wollte weglaufen. Leider hatte ich das Reaktionsvermögen der beiden Spanier unterschätzt. Im Nu waren sie bei mir. Laut lachend schnappte sich jeder von ihnen einen meiner Arme. Bevor ich sie abschütteln konnte, schleiften sie mich von der Terrasse, ums Haus herum in den Garten. Ich trat, zappelte und tobte und war kurz davor, laut um Hilfe zu schreien, da ließen sie mich auf einmal fallen. Neben einem kleinen Springbrunnen. Auf den Rasen. Einfach so. Einen Moment lang kniete ich wie betäubt da. Dann straffte ich mich und machte mich erneut zur Flucht bereit. Vor mir lag eine langgestreckte Rasenmatte, die rundum von einer hohen, torlosen Mauer umgeben war. Da ging es definitiv nicht raus. Eine Falle war das. Eine Sackgasse. Eine dreißig oder vierzig Meter lange Sackgasse, an deren Kopfende ... ein Löwe stand.

Ich dachte zuerst, ich halluziniere. Die Lustknabenparanoia, der Champagner, die Jagd – nach alledem konnte einem das Gehirn schon mal ein paar Trugbilder vorgaukeln. Aber das hier war kein Trugbild. Dreißig Meter von mir entfernt stand – ohne Witz – ein leibhaftiger Löwe. Mit Mähne und Pranken und allem, was dazugehörte. Er sah eine Weile neugierig zu mir herüber. Dann setzte er sich langsam in Bewegung und tapste auf mich zu. Ich fiel von einer Ohnmacht in die nächste. Was auch immer hier los war, ich glaubte immer weniger daran, es lebend zu überstehen. Meine Stimme klang schrill, als ich fragte: »Was macht denn der Löwe da?«

»Tu doch nicht so überrascht, du wolltest ihn doch sehen«, antwortete Patrice seelenruhig. »Der wohnt hier.«

»Und hat er schon gefressen?«

»Na klar, du Angsthase.«

Sergio ging auf das Tier zu. Er kraulte ihm die Mähne und lachte: »Le presento: mi león!«

Plötzlich kam wieder Leben in meinen Körper. Ich rappelte mich hoch, stellte mich neben Patrice und sah zu, wie der Löwe auf geschmeidigen Tatzen seinen Weg fortsetzte. Zutraulich näherte er sich. Fast wie ein Hund. Oder eben eine sehr große Katze. Ehrlich gesagt kostete es mich große Überwindung, nicht Reißaus zu nehmen, als allerdings auch Patrice die Mähne zu kraulen begann, siegte meine Neugier über das Misstrauen. Dann streichelte auch ich den »león«. Wahnsinn war das. Ich habe nie wieder etwas Weicheres berührt als dieses Löwenfell. Das war zarter als jeder Teddypelz. Aber wenn das Vieh geschnurrt hat, klang es wie das Röcheln einer

Kettensäge. Ich erfuhr dann noch, dass der Löwe schon fünfundzwanzig Jahre alt war, dass der Garten sein Reich war und er Hundefutter zu fressen bekam. Alles nicht artgerecht. Sergio hatte sich mit dem Kauf des Tieres einen Kindheitstraum erfüllt. Auf den Kanaren geht so was. Da machen immer wieder Dampfer halt, die illegal exotische Tiere transportieren und diese dann unter der Hand verkaufen: Papageien, Leguane, Krokodile, Schlangen ... Viele von ihnen werden dressiert und in Hotels als Attraktionen vorgeführt. Im Gegensatz zu dieser Tierquälerei hatte der León es vermutlich relativ gut getroffen. Trotzdem seltsam, wenn man bedenkt, dass er für Sergio genauso ein Sammelobjekt war wie die Oldtimer. Ich bleibe also dabei: Muschis sind mir lieber.

Das Beduinen-Sandwich

Noch mal zurück nach Ägypten: Es ging mir irgendwann ziemlich auf den Sack, dass man im Hotel nie ungestört war und sich permanent beobachtet fühlte. Daran änderte auch das schönste Einzelzimmer nichts. Also beschloss ich, meine Rendezvous unter einem neuen Dach abzuhalten: dem Sternenzelt. Ich stellte mir das nicht nur superromantisch vor, es hatte sogar Lokalkolorit. Der Sternenhimmel, der nachts über der Makadi Bay funkelte, war einfach mal der Hammer. Wenn man ihn von einer Düne in der dunklen Wüste aus beobachtete, hatte das etwas Magisches. Viel näher konnte man den Geistern der Pharaonen gar nicht kommen. Solche Sachen erzählte ich beim Gästekontakt demonstrativ Clara, einer ätherischen Schönheit mit roten Haaren und einem Arsch, mit dem man Nüsse hätte knacken können. Sie hatte sich seit Tagen sehr anhänglich gegeben und sprang sofort auf den Romantikköder an.

»Das hört sich ja voll cool an. Darf ich mal mitkommen, wenn du die Sterne beobachtest?«

»Klar, von mir aus gerne«, meinte ich. »Aber ich muss erst die Geister der Pharaonen um Erlaubnis fragen.«

»Und was ist, wenn sie nein sagen?«

»Dann muss ich dich erst heiraten, bevor wir in die Dünen gehen.«

Ich hatte das eigentlich nur charmant gemeint. Erst während ich es sagte, fiel mir auf, dass es die ägyptischen Verhältnisse ziemlich genau widerspiegelte. Aber das behielt ich für mich.

Wir verabredeten uns für kurz nach Mitternacht am Busparkplatz hinter dem Hotel. Von dort aus konnte man direkt über eine kleine Mauer springen und in die Wüste vorstoßen. Schon in der Senke hinter der ersten Düne fühlte es sich an, als wären die Lichter und der Trubel des Clubs meilenweit entfernt. Eine Flucht vor der Zivilisation in zehn Minuten war das. Sie konnte allerdings auch eine halbe Stunde dauern, wenn man auf dem Weg alle paar Schritte in Angststarre verfiel, weil in fünfzig Metern Entfernung ein wilder Hund vor sich hin grunzte. Leider war das bei Clara der Fall. Sie zuckte bei jedem Laut zusammen und kommentierte jeden vorbeihuschenden Schatten mit hysterischem »Scheiße, warte mal bitte. Da ist was. Ich glaub, da ist irgendwas«.

Irgendwann ließ ich sie meinen Rucksack tragen und nahm sie huckepack. Sonst hätten wir es vermutlich bis heute nicht über die erste Düne geschafft. Aber auch als ich sie in der Senke absetzte, zum Himmel hochsah und meinte »Nun guck dir das an!«, gab es was zu meckern: »Puh, ist aber ganz schön kalt hier, findest du nicht?«

Darauf war ich zum Glück vorbereitet. Nachts wurde es in Ägypten tatsächlich immer ziemlich kühl, deshalb hatte ich eine Decke und eine Thermoweste dabei. Die Weste gab ich

Clara, die Decke breitete ich im Sand aus. Dann machte ich eine einladende Geste und sagte: »Willkommen im Land der Pharaonen!«

Endlich! Ein süßes Lächeln breitete sich auf ihrem Gesicht aus. Leider nur kurz. Dann wehte aus der Ferne leises Gebell über die Düne, und die »Scheiße, da war irgendwas«-Starre setzte wieder ein. Das nervte langsam. Ich musste diese Frau unbedingt auf andere Gedanken bringen.

»Ja, ich hab's auch gehört«, meinte ich. »Ich glaub, ich weiß auch, was das war.«

»Was 'n? Wieder so 'n Köter, oder?«

»Nee«, meinte ich und kam näher. »Das war mein Herzklopfen.«

Schon klar, dass das jetzt ein bisschen schleimig rüberkommt. Aber wenn ich nicht in die Flirtoffensive ging, konnte ich gleich zurück ins Hotel gehen und mit den Security-Hanseln Tee trinken. Dass Clara den ersten Schritt übernahm, würden die Hunde schon vereiteln. Ich wählte also die Überrumpelungstaktik und küsste sie einfach. Ihr Mund machte mit, der Körper noch nicht so richtig, aber das würden wir auch noch hinkriegen. Mit vorsichtigem Druck zog ich sie runter auf die Decke. Ich konnte förmlich spüren, wie Claras Verspannungen mit jedem Zentimeter, den wir tiefer sanken, nachließen. Ging doch. Als sie neben mich rutschte, ließ sie sogar ein leises genussvolles Stöhnen hören. Das Schicksal war uns offenbar doch wohlgesinnt.

»Autsch, sorry mal kurz.«

Zu früh gefreut. Madame hatte beim Abstützen in eine Distel gefasst. Ich tröstete sie und pustete ein bisschen, dann knutschten wir weiter. Dabei kam ich aus Versehen gegen den Rucksack, der mit leisem Rascheln umfiel. Nicht gut.

»Du, was war 'n das gerade für ein Geräusch?«

»Halb so wild. Nur der Rucksack.«

Augen zu und weiterknutschen. In der Ferne erklang ein leises Krähen.

»Scheiße, gibt es hier Aasgeier?«

»Und wenn schon. Du bist viel zu lebendig, um für die interessant zu sein.« Ich sah sie eindringlich an und fügte hinzu: »Und wenn doch welche kommen, beschütze ich dich schon.«

Auf so was schien Clara gewartet zu haben. Die Hast in ihrem Blick verschwand, das Lächeln kehrte zurück, und diesmal setzte sie die Knutscherei von sich aus fort. Ich bin eigentlich nicht abergläubisch, aber in diesem Fall ließ ich meinen Blick zum Himmel hochwandern, um den Sternen meinen stummen Dank zu übermitteln. Was peinlicherweise dazu führte, dass im nächsten Moment ich es war, der vor Schreck zusammenzuckte und einen erstickten Schrei ausstieß. Der Grund: Aus dem Schatten der Düne hatte sich eine menschliche Gestalt gelöst, die mit zielstrebigen Schritten auf uns zustapfte.

»Was ist denn jetzt los?«, kicherte Clara. »Hab ich dich mit meiner Schisserei angesteckt?«

Verführerisch öffnete sie den Reißverschluss der Thermoweste und grinste frech. Das Leben war so ungerecht. Ausgerechnet jetzt, wo Prinzessin in Stimmung kam, musste meine Aufmerksamkeit der rasch näher kommenden Silhouette in ihrem Rücken gelten.

»Bitte nicht erschrecken«, flüsterte ich.

»Du, keine Sorge«, zwitscherte sie und streifte die Weste ab. »Mit meinem eigenen Körper bin ich ein bisschen vertrauter als mit streunenden Kötern.«

»Das meine ich nicht«, zischte ich.

»Sondern? Wirst du zum Tier, wenn du eine nackte Frau siehst?«

»Nein, verdammt«, wurde ich deutlicher. »Da kommt jemand!«

»Du meinst, da kommt ... Äh ... WAS?« Das war das Ende des frivolen Intermezzos. Alarmiert wirbelte Clara herum. Sie sah die Gestalt, kreischte kurz, rappelte sich hoch und kauerte im nächsten Augenblick zitternd hinter mir.

»Scheiße, da ist ja wirklich jemand«, bibberte sie.

Dieser »Jemand« stand jetzt direkt vor uns und sah auf uns herunter. Es war ein Beduine mit einfachen Sandalen, Leinenhose, Hemd und einem zum Turban gewickelten Palästinensertuch auf dem Kopf. Angesichts seiner friedlichen Gestalt war mir meine eigene Aufregung fast schon wieder unangenehm. Trotzdem nahm mir Clara die Worte aus dem Mund, als sie meinte: »Du, was will 'n der von uns?«

Ich zuckte mit den Schultern und stotterte an unseren Besucher gewandt ein ungelenkes »Masaa al-Khair!« (»Guten Abend!«). Eine Antwort blieb der Beduine schuldig, stattdessen deutete er mit verschränkten Armen und hochgezogenen Schultern an, dass er fror. Dann ging er in die Knie und drängte sich kurzerhand zwischen uns, um sich zu wärmen. Tja, und dann? Dann saßen wir halt eine Weile dumm in der Wüste rum: eine schreckhafte Touriprinzessin, ein notgeiler Animateur und ein fröstelnder Einheimischer. Noch einmal nahm Clara mir die Worte aus dem Mund, als sie nach einer Weile meinte: »Und jetzt? War es das, was du mit der Nähe zu den Pharaonen meintest?«

Ich musste unweigerlich grinsen: »Ja, ja, genau so hatte ich's mir vorgestellt: ein Sandwich mit einem Beduinen.«

Beide fingen wir an zu kichern. Damit steckten wir unseren Besucher an. Nach einer Weile saßen alle Beteiligten glucksend nebeneinander und bogen sich vor Lachen. Ob der Beduine sich aus denselben Gründen amüsierte wie wir, bleibt sein Geheimnis, aber spaßig wurde der absurde Dreier im Wüstensand dadurch irgendwie doch noch. Am Ende überließen wir unserem neuen Kumpel mit einem freundschaftlichen »Tisbah ala khair!« (»Gute Nacht!«) Weste und Decke. Er bedankte sich mit hochgerecktem Daumen. Dann zogen wir ab – unverrichteter Dinge, aber trotzdem entspannt. Auf dem Rückweg lösten die huschenden Schatten und bellenden Köter bei Clara nur noch Gelächter statt Hysterie aus. Sie erschreckte sich in dieser Nacht nur noch einmal: als ich eine halbe Stunde später über ihren Balkon bei ihr einstieg. Der Rest wurde dann doch noch romantisch. Tisbah ala khair!

Gästegucken II:
Der Blick in den Abgrund

Reden wir nicht lange drum herum: Gäste sind Monster. Und Urlaub macht aus Monstern keine Engel. Mit diesen Wahrheiten ist früher oder später jeder konfrontiert, der in der Hotelbranche arbeitet. Es geht mir dabei nicht nur um die psychischen und physischen Arschtritte, die ich selbst von Gästen bekommen habe, sondern auch um die, die sie sich gegenseitig verpassen. Angefangen beim allmorgendlichen Streit um die Liegen am Pool bis hin zu den privaten Dramen, die sich nachts in der Disco abspielen, tun sich in Tourihotels alltäglich menschliche Abgründe von der Tiefe des Marianengrabens auf. Dass jede dritte Ehe nach dem Urlaub geschieden wird, wie es heißt, halte ich inzwischen durchaus für realistisch. Und dass ein T-Shirt mit dem Aufdruck »German Tourist. Bitte nicht füttern!« zeitweise zu meinen Lieblingskleidungsstücken avancierte, hatte auch nicht unbedingt mit den modischen Qualitäten des Teils zu tun. Wer also genug von den schlecht gespielten Dokusoaps quotenhungriger Privatsender hat, sollte einfach seinen Fernseher verkaufen und sich von dem Geld eine Pauschalreise leisten. Oder aber gleich Animateur werden. Denn da sitzt man bei der Realo-Seifenoper namens Cluburlaub immer in der ersten Reihe und darf manchmal sogar mitspielen. Für den Rest übernehme ich keine Verantwortung. Und damit ergänzen wir die Prototypenkunde aus dem ersten Teil durch das, was man in meiner Branche liebevoll mit »Gästegucken« bezeichnet. Willkommen in der Neurosenhölle!

Das hinterhältige Quartett

Es passiert erstaunlich häufig, dass sich »gute Bekannte« oder auch »beste Freunde« in Hotels »zufällig« wiedertreffen. Ich entschuldige mich für die Flut von Anführungszeichen, aber sie ist leider nötig, um die Relativität der genannten Attribute zu verdeutlichen. Die gekennzeichneten Begriffe sind ähnlich trügerisch wie die Begeisterung, mit der am Pool Begrüßungsformeln à la »Was macht ihr denn hier?«, »Wie schön, euch zu sehen!« oder »Das ist aber 'ne freudige Überraschung!« rausgehauen werden. Ich höre mittlerweile schon an der Intonation, mit der solche Äußerungen getätigt werden, ob sie ernst gemeint sind oder nicht. Grundsätzlich gilt: Je demonstrativer, desto unechter. Ganz hart wird es allerdings erst, wenn nicht nur die Freude gespielt werden muss, sondern auch die Überraschung. Wem das zu hoch ist, dem hilft bestimmt die Geschichte von Margot, Margot, Benno und Dieter auf die Sprünge.

Rhodos, Mai 2003: Ich war auf dem Weg zum Abendessen. Diesen Abschnitt des Tages mochte ich sehr, weil er immer so was Feierliches hatte. Dann waren die Tagesaktivitäten gelaufen, die Hitze ließ nach, und die meisten Gäste machten sich vorm Dinner noch mal frisch. Statt Strand- und Bademode prägte nun legere Eleganz das Bild, und es lag überall ein leichter Geruch von Parfüm und Deo in der Luft. Na gut, manchmal war er auch etwas stärker. Margot eins war zum Beispiel eine dieser Personen, die es mit dem Eindieseln übertrieben. Jeden Abend zog sie eine nach Veilchen riechende Duftfahne hinter sich her, die auch mit fünfzehn Metern Abstand noch wirkte, als bekäme man einen frisch besprühten Teststreifen unter die Nase gehalten. Ich nenne sie übrigens »Margot eins«, weil es zusätzlich ihre Nachbarin »Margot zwei« gab. Die beiden waren sich vor drei Tagen mit großem

Hallo am Pool in die Arme gelaufen und hatten das ganze Hotel mit ihrem kreischenden Erstaunen über die Begegnung der jeweils anderen in Aufruhr versetzt.

»Margot, bist du's?«

»Hä? Also das fass ich jetzt nicht! MARGOT!«

»Was machst denn du hier?«

»Wonach sieht's denn aus? Urlaub natürlich.«

»Ich auch! Also, das ist 'n starkes Stück.«

»Komm, lass dich drücken, Süße. Ist Benno etwa auch mit.«

»Ja, logisch. Und Dieter?«

»Müsste in zwei Minuten hier sein.«

»Hahahaha! Also, das gibt's ja echt nicht.«

»Sind die Liegen neben euch noch frei?«

»Äh …« Das Lachen erstarb ruckartig. »Ja … Äh … Klar … Das heißt: Ich glaub schon.«

»Dann machen wir's doch wie zu Hause«, rief Margot zwei und ließ sich in den Sonnenstuhl neben Margot eins plumpsen. »Auf gute Nachbarschaft, meine Liebe.«

»Hahahahaha … Das ist gut … Auf gute …«

»Da kommt er schon! DIETER! Nun guck dir an, wen ich getroffen habe!«

Das Ganze wiederholte sich dann noch mal mit Margot eins und Dieter, Margot zwei und Benno, Benno und Dieter und … Ach nee, das war's schon. Jedenfalls sagte einer der beiden Kerle zwischendurch den Satz: »Zufälle gibt's, die gibt's gar nicht!«

Wie viel Wahrheit darin steckte, sollte sich erst später herausstellen. Zu diesem Zeitpunkt konnte mein guckgeschultes Auge nur so viel erkennen: Margot eins hielt sich wacker, aber es war unübersehbar, dass sie über das unerwartete Treffen alles andere als erfreut war. Diese Vermutung bestätigte sich an jenem dritten Abend, an dem sie ein paar Schritte vor mir, eingehakt bei ihrem Mann Benno und mit der gewohnt penetranten Duftfahne im Schlepptau, Richtung Speisesaal klapperte. Ich weiß noch, dass ich mich wunderte, warum die beiden so spät dran waren. Es war schon Viertel nach acht, eine Zeit, zu der die meisten Gäste längst beim Essen waren. Über dem Appartementbereich lag dann eine große Ruhe. Nur das ferne Wellenrauschen vom Strand und das Zischen der Rasensprenger störten die Stille. Die Sonne stand schon ziemlich tief und tauchte die Szenerie in warmes, goldenes Licht. Es herrschte die Atmosphäre, die die Stunden zwischen der letzten Nachmittagsaktivität und dem Beginn der Abendshow so idyllisch macht.

Doch dann geschah es: Kurz vor einer Weggabelung wehte auf einmal die unverkennbar schrille Stimme von Margot zwei um die Mauern des Appartementblocks »Hibiskus«. Margot eins erstarrte mitten in der Bewegung, und auch Benno hielt alarmiert inne. Für den Bruchteil einer Sekunde standen sie da, als hätte der Blick der Medusa sie getroffen, dann packte Margot eins ihren Mann ruckartig am Arm, zerrte ihn hinter eine Hecke und gebot ihm mit hektischen Handbewegungen, sich zu ducken. Anschließend warf sie sich selbst mit einem Elan, der jeder Stuntfrau zur Ehre gereicht hätte, bäuchlings ins feuchte Gras und verschränkte die Hände über dem Kopf. Ich musste unwillkürlich lachen – nur um mir im nächsten Augenblick über meine eigene Rolle innerhalb der kuriosen Situation bewusst zu werden. Sobald ich mich auf Höhe der besagten Hecke befand, bogen natürlich Margot zwei und Dieter um die Ecke und sagten nach einem kurzen Stutzen wie aus einem Munde: »He, Sven. Warum grinst du denn wie ein Honigkuchenpferd?«

Für solche Fragen ist man nach einer Weile Smalltalk-Routine gewappnet und antwortet mit: »Na, was denkt ihr denn? Ich freu mich, euch zu sehen.«

Margot zwei errötete, zupfte verlegen am Kragen ihrer kanariengelben Bluse herum und meinte zu ihrem Mann: »Siehst du, Dieter. So was nenne ich charmant. Da kannst du dir mal eine Scheibe von abschneiden.«

»Und was habt ihr heute Abend noch vor?«, lenkte ich das Gespräch in eine neutralere Richtung.

»Eure Sketcheshow lassen wir uns natürlich nicht entgehen«, grinste Dieter.

»Genau das wollte ich hören«, erwiderte ich.

»Vielleicht kannst du uns ja einen Tisch für vier Leute frei halten«, griff Margot zwei energisch ein. »Wir kommen natürlich mit Margot und Benno.«

»Apropos!« Das war wieder Dieter. »Hast du die beiden irgendwo gesehen? Sie sind seit heute Mittag wie vom Erdboden verschwunden.«

Ich schüttelte unschuldig den Kopf, krempelte die Taschen meiner Hose nach außen und zuckte mit den Schultern: »Keine Ahnung. Mir sind sie nicht ins Netz gegangen.«

Darauf rümpfte Margot zwei die Nase, witterte einmal kurz nach links und rechts und sagte: »Seltsam. Dabei könnte ich schwören, dass es hier nach Margots Parfüm riecht.«

Dann zogen sie weiter. Als ich die Futter meiner Hosentaschen wieder nach innen gestülpt hatte, waren sie schon im nächsten Appartementhaus verschwunden, und ich konnte mir nicht verkneifen, einen Blick hinter die Hecke zu riskieren. Da kauerten die Verschollenen – Benno in der Hocke, Margot eins flach auf dem Bauch liegend. Von den Tropfen des Rasensprengers waren ihre Klamotten ganz gesprenkelt. Benno erschrak zunächst, aber als er sah, dass nur ich es war, der um die Ecke lugte, legte er den Zeigefinger an die Lippen und flüsterte: »Sind sie weg?«

»Yes, Sir«, salutierte ich. »Wir können die Evakuierung auf-

heben. Der Tornado namens Mardiegotter ist vorbeige-
zogen.«

Mit zerwühlten Haaren rappelte Margot eins sich hoch und
fragte: »Was für 'n Tornado?«

»Margot mit Dieter verwirbelt ergibt Mardiegotter«, grinste
ich.

»Na, toll«, nölte sie und sah missmutig an ihrem von oben bis
unten mit Grashalmen übersäten Kleid herunter. »Dafür hat
sich das Sturmtief Marbengotno so richtig eingesaut.«

»Aber dein Sprung sah echt professionell aus«, meinte ich anerkennend. »Du solltest Action-Double werden.«

»Manchmal muss man sich seine Privatsphäre eben erst er-
kämpfen«, zwinkerte sie mir zu. »Danke, dass du uns nicht
verpetzt hast. Wir können hoffentlich auf deine Diskretion
zählen.«

Wieder salutierte ich und sagte: »Ich sehe nichts, ich höre
nichts, ich rieche nichts.«

Dann entfloh ich dem Dunstkreis der Veilchenwolke – nichts
ahnend, dass meine Verschwiegenheitsverpflichtung nur der
erste Schritt im Treibsand der Verleugnung sein sollte. Von
diesem Abend an wuchs sich das Hassliebegebilde Mardie-
gotter/Marbengotno zum kompliziertesten Beziehungswirr-
warr aus, das ich in meinem Leben je erlebt habe. Als ich noch
in derselben Nacht nach dem Gästekontakt (bei dem das
Quartett wieder in trauter Harmonie vereint gewesen war)
für kleine Jungs musste, lehnte an der Wand neben der Toilet-
tentür ein knutschendes Pärchen. Das war nichts Ungewöhnliches. Auch als ich die kanariengelbe Bluse von Margot zwei
wiedererkannte, dachte ich mir nichts Böses dabei. Eher freute ich mich darüber, dass ihr Mann offenbar sehr viel schärfer
auf sie war als auf ihre »Freunde«. Das »Love is in the air«,
das ich in solchen Situationen normalerweise im Vorbeigehen

zu singen pflegte, blieb mir diesmal trotzdem im Hals stecken. Denn der Mann, mit dem Margot zwei da knutschte, war nicht Dieter. Er war auch nicht irgendein anderer x-beliebiger Hotelgast. Nein, der Typ, dem sich das leuchtend gelbe Fräulein voller Begierde entgegendrängte, war der Mann, der sich noch vor ein paar Stunden lieber vom Rasensprenger hatte nass spritzen lassen, als ihr über den Weg zu laufen: Benno. Leider sah ich das zu spät, um noch rechtzeitig den Rückzug antreten zu können. Was zur Folge hatte, dass Benno mich bemerkte und mir prompt aufs Klo hinterherhechtete.

»Du, Sven, ich weiß, das sieht jetzt komisch aus, aber es ist völlig anders, als du denkst.«

Ich muss zugeben, dass mich die Smalltalk-Schule für Situationen wie diese nicht gewappnet hat. So stand ich blöd pinkelnd am Pissoir und wiederholte mechanisch meine leicht abgewandelten Worte von vorhin: »Ich sehe nichts, ich höre nichts, ich denke nichts.«

»Du musst wissen, meine Frau kann Margot nicht ausstehen.«

»Ja, das Gefühl hatte ich vorhin auch.«

»Aber das ist nur so, weil ich mal eine Affäre mit ihr hatte.«

»Hatte …?«

»Na gut, wir haben immer noch eine. Aber meine Frau denkt, dass es vorbei ist.«

Nun hallte das Klappern hoher Absätze durch den Raum. Dicht gefolgt vom unverkennbaren Organ der zweiten Margot: »Du, Sven, das wäre jetzt echt wichtig, dass du dichthältst, okay?«

»Ey, das ist ein Männerklo«, rief ich.

»Nicht so schlimm«, erwiderte sie gnädig. »Das macht mir nichts aus.«

Ich hätte zu gerne »Aber mir!« geschrien, doch Margot zwei erstickte jede Möglichkeit zur Widerrede mit einem herzzerreißenden Monolog, in dem sie von den Qualen und Heimlichkeiten berichtete, die sie für die Organisation dieser Reise auf sich genommen hatte, nur um ihrem Benno nah zu sein. Und dass ich alles kaputt machen würde, wenn ich jemandem davon erzählen würde. Und dass sie mit ihrem Mann schon seit Jahren keinen Sex mehr habe und sich nur noch durch die seltenen Schäferstündchen mit Benno als Frau fühle. Als ihr danach nichts mehr einfiel, brach sie lauthals in Tränen aus und stürmte wieder nach draußen. Daraufhin flüsterte Benno mir zu: »Du kannst mir glauben, ich hatte mir das auch anders vorgestellt.«

Immerhin war ich inzwischen fertig mit Pinkeln und konnte mich ihm zuwenden: »Anders vorgestellt? Wie denn?«

»Na, ich dachte, die beiden gehen vielleicht ins Nachbarhotel, oder so«, schlug er sich an die Stirn. »Kann ich ahnen, dass Margot so blöd ist, exakt das gleiche Hotel zu buchen?«

Ich zuckte mit den Schultern. Meinem Eindruck von Margot zwei zufolge hätte er es sich durchaus denken können. Aber es war nicht an mir, darüber zu urteilen. Im Gegenteil. Diskretion gehört zu den Grundtugenden eines Animateurs. Während ich mir also die Hände wusch, schwor ich hoch und heilig, den Mund zu halten und mir vor Margot eins und Dieter nichts anmerken zu lassen.

In den folgenden Tagen spielte ich die Schmierenkomödie artig mit und wunderte mich über gar nichts mehr. So viel gab es allerdings auch nicht, worüber man sich hätte wundern können. Abgesehen vielleicht von der übertriebenen Herzlichkeit, mit der Margot zwei ihre Namensvetterin in der Öffentlichkeit behandelte. Oder der brutalen Härte, mit der Margot eins ihrer Nebenbuhlerin beim Volleyball die Bälle um die Ohren pfefferte. Oder der demonstrativen Gleichgültigkeit, mit der Margot zwei und Benno immer nur mit den anderen, aber nie miteinander sprachen. Diese Verhaltensmuster fügten sich durch mein ungewolltes Wissen zu Anzeichen einer heimlichen Affäre zusammen, die sich in den folgenden Jahren immer mal wieder bestätigen sollten.

Einmal wurde ich allerdings doch noch überrascht. Eine Woche später war ich erneut auf dem Weg zum Abendessen, als mir wieder der berühmte Veilchenduft in die Nase stieg. Diesmal war ich es, der den Schritt beschleunigte und zusah, dass er Land gewann. Diskretion ist eine Sache, scheinheiliges Geschwätz eine andere. Ich hatte keine Lust auf ein Zusammentreffen mit Marbengotno. Mein erhöhtes Tempo führte allerdings nur dazu, dass der Duft immer intensiver wurde und ich hinter der nächsten Mauerecke mit Dieter zusammenstieß. Der sich sichtlich ertappt fühlte. Und dessen Hosenstall offen stand. Und der roch wie ein Veilchenpuff.

»Sven«, stammelte er mit gekünstelter Lockerheit. »Was verschlägt dich hierher?«

»Bin auf dem Weg zum Essen«, antwortete ich. »Und du? Wo hast du Margot gelassen?«

»Margot?«, erwiderte er, als hätte er diesen Namen noch nie im Leben gehört. »Wen meinst du?«

Dazu fiel mir nun echt nichts mehr ein. Ein Mann, dessen weibliche Kontakte sich seit anderthalb Wochen ausschließlich auf Frauen konzentrierten, die Margot hießen, fragte mich allen Ernstes, wen ich mit diesem Namen meinte? Das grenzte an Dadaismus. Drolligerweise war es das Schicksal, das Dieters Frage beantwortete, indem es im nächsten Moment eine ziemlich zerzauste Margot eins um die Ecke gucken ließ. Als sie mich sah, wollte sie sich erst wieder zurückziehen, aber ihr war schnell klar, dass ich sie schon bemerkt hatte.

»Zum Beispiel die da«, lachte ich und zeigte auf sie, während

Dieter sich umdrehte und in meisterhaft schlecht gespieltem Erstaunen ausrief: »MARGOT! So eine Überraschung. Was machst du denn hier?«

Damit schließt sich der Kreis, und ich überlasse den verdorbenen Rest der Fantasie des Lesers. Nur zwei Geständnisse noch: Natürlich habe ich meinen Animateurskollegen sehr wohl von dem hinterhältigen Quartett erzählt. Und ich gebe ehrlich zu, dass ich nach der Enthüllung der zweiten Fremdpaarung zehn Euro verwettet habe, dass ich auch noch Dieter und Benno oder Margot und Margot in flagranti erwische. Das Geld hab ich leider verloren. Aber der Erkenntnisgewinn gleicht den Verlust großzügig aus.

Das Große Kribbeln

Wo die einen mich mit ihrer Verlogenheit schockten, taten es die anderen mit ihrer Offenheit. Vor allem in der Anfangszeit. Drehen wir die Uhren also noch mal zurück und gönnen uns einen kurzen Ausflug ins Zeitalter der Unschuld: meine Eingewöhnungsphase auf Lanzarote. Ich habe ja bereits von Bärbel und Gerrit erzählt. Und ich habe auch erwähnt, dass sich die beiden wegen der Batikshorts zu »Sven-Fans« mauserten. Diese Anhängerschaft äußerte sich in erster Linie darin, dass sie mich jeden Abend nach der Show zu sich an den Tisch riefen und mir ein Bier spendierten. Was normalerweise bedeutete, dass sie auch Manne ein Bier spendieren mussten, weil er ja damals mein Tandempartner war. Nun hatte aber jeder Animateur einen Tag in der Woche frei. Auch Manne. Das bedeutete, dass jeder Anfänger an einem Abend der Woche ohne seinen Tandempartner auskommen musste. Auch ich. Für diesen Fall war ich äußerst dankbar, dass ich im Gegensatz zu Timo eine Zwei-Mann-Fankurve hatte, aus der es am betreffenden Abend nicht nur tönte »Svenni! Setzt du dich zu uns?«, sondern in der mein stolzes »Klar doch« obendrein mit einem begeisterten »Geiiiil!« erwidert wurde. Das Bier stand schon auf dem Tisch, als ich mich zu den beiden Hippies gesellte. Wir stießen an. Danach konnte Bärbel es gar nicht abwarten, ihre erste Frage loszuwerden: »Rate mal, wo wir heute waren, Svenni!«

»Im Hotel hab ich euch jedenfalls nicht gesehen.«

»Haste uns vermisst?«

»Äh …« Was hatte Manne noch mal gesagt? Komplimente zogen immer? Außerdem sollte man den Gästen ein Gefühl von Wertschätzung vermitteln. Ging klar.

»Ja, total«, log ich. »Hab euch voll vermisst.«

Bärbel ballte ihre kleinen Fäuste und kicherte verlegen: »Echt, du? Geiiil!«

Wir stießen erneut an. Irgendwie waren die zwei heute anders als sonst. Etwas aufgekratzter. Außerdem taten sie so geheimnisvoll.

»Ey, Svenni, weißt du, was heute los ist?«, war es nun Gerrit, der fragte.

»Alter, wird das hier ein Verhör?«, blaffte ich zurück.

»Wow, du bist echt nicht auf den Mund gefallen«, staunte Bärbel und streichelte flüchtig meine Hand. Sofort wurde mir klar, dass ich mich mal wieder im Ton vergriffen hatte. Aber offenbar hatten die beiden schon zu viel getrunken, um es übelzunehmen.

»Nee, du, kein Verhör«, lachte Gerrit. »Heut ist Vollmond, Mann.«

»Volllmooond«, verdrehte Bärbel verzückt die Augen. »Macht mich immer ganz wild. Geht's dir auch so, Svenni?«

Wertschätzung, Wertschätzung, Wertschätzung: »Ja, kann ich voll verstehen. Geht mir ähnlich.«

»Echt jetzt?«

Ich nickte kräftig: »Aber erzählt doch mal, wo habt ihr euch denn heute rumgetrieben?«

Bärbel riss bedeutungsvoll die Augen auf und meinte zu Gerrit: »Erzählst du, oder soll ich?«

»Na, sag du's, Schatz«, meinte Gerrit und legte ihr eine Hand auf den Oberschenkel, woraufhin sie frivol zu kichern anfing.

»Also gut. Wir waren in …« Sie machte eine theatralische Pause. Ich dachte, jetzt kommt irgend so was wie Vulkanklettern oder Tiefseetauchen oder Fallschirmspringen. Ein Irrtum. Der folgende Satz war an Banalität nicht zu übertreffen und lautete: »Wir waren in Charco del Palo!«

Aha! Und in China war vermutlich ein Sack Reis umgefallen, oder? Es fiel mir wirklich schwer, ihrem verzückten Gesichtsausdruck irgendetwas entgegenzusetzen. Charco del Palo? Sagte mir gar nichts. Nothing, nada, niente. Aber das mussten die beiden ja nicht wissen. Immerhin war ich hier der Profi und sie die Touris. Also: »Cool. Und war gut?«

»War so geiiil!«, verdrehte Bärbel sofort wieder die Augen. »Mir kribbelt's jetzt noch überall.«

»Echt die völlige Befreiung«, schwärmte auch Gerrit und fuhr an mich gewandt fort: »Warst du auch mal da?«

»Klar«, begab ich mich aufs Glatteis. »Hat was …«

»… was Magisches, oder?«

Das lief ja wie am Schnürchen.

»Besser hätte ich's auch nicht ausdrücken können«, pflichtete ich bei.

»Aber nur ohne alles«, lenkte Gerrit ein. Wieder nickte ich eifrig. Wovon auch immer die Rede war, mit den Werkzeugen der Zustimmung und Wertschätzung würde ich dem Großen Kribbeln schon auf die Schliche kommen.

»Darauf trinken wir«, rief ich und hob mein Glas. »Heute Abend: ohne alles!«

Bärbels Augen begannen zu leuchten. Sie knuffte ihren Mann in die Seite und raunte: »Ich sag's ja, Gerri, der Sven ist ein Kind des Wassermanns.«

Was sollte das nun wieder heißen? Während wir tranken, arbeitete mein Gehirn auf Hochtouren. Vermutlich handelte es sich bei Charco del Palo um eine spirituelle Pilgerstätte, die man ohne motorisierte Hilfsmittel erreichen musste. Oder um eine Einheimischenkolonie, in der man den Luxus der westlichen Zivilisation hinter sich ließ. Oder um eine Marihuanafarm, in der man das Gras ohne Filter und Zusätze rauchte. Gepasst hätte jede dieser Möglichkeiten zu den beiden in die Jahre gekommenen Blumenkindern. Aber herausbekommen konnte ich es nur, indem ich in die Offensive ging. Nebelkerzentaktik!

»Wenn ihr mich fragt, ist Charco del Palo ein Gedankenzustand.«

Diese Smalltalk-Formel hatte ich von Manne gelernt. Sie war deshalb so großartig, weil sie irgendwie auf alles passte. Indem man Dinge zum »Gedankenzustand« erklärte, konnte man auch den banalsten Müll zur Philosophie machen. Ohne Witz! Mit ein bisschen Fantasie wurden auch Miniclubs, Volleyballspiele oder braungeschminkte Klopapierstreifen am Hintern zum Gedankenzustand. Und wenn man Glück hatte, kamen die Gesprächspartner beim Nachdenken darüber ins Plaudern. Manchmal wurden sie zugegebenermaßen auch nur nachdenklich. So wie jetzt.

»Verschärft«, nickte Gerrit und strich sich bedächtig seinen grauen Bart, während Bärbel sichtlich beeindruckt fragte: »Ey, wie meinst 'n das? Gedankenzustand?«

Tja, wenn ich das gewusst hätte.

»Äh … Na, eine innere Einstellung«, stotterte ich. »Wenn ihr mich fragt, ist Parco del Chalo überall.«

»Charco del Palo«, korrigierte Gerrit.

»Mein ich ja«, winkte ich ab.

»Überall?«, fragte Bärbel weiter.

»Ganz genau«, nickte ich entschlossen. »Überall! Auch hier. Und wisst ihr was? Ich geh jetzt aufs Klo, und wenn ich wiederkomme, zeigt ihr mir, wie man den Gedankenzustand Charco del Palo auch im ›Fuego del Volcán‹ aufleben lassen kann, okay?«

Ganz ehrlich, Leute! Diese Aufforderung war großes Animateurskino. Ermutigung in Verbindung mit einer Aufgabe und der Forderung von Eigeninitiative – so sollte Animation im besten Fall sein. Vor allem aber bot die Situation mir selbst die Möglichkeit, unauffällig ein paar Informationen bei den Kollegen einzuholen. Auf dem Weg zum Klo machte ich beiläufig bei Timo und Caro Station, die allerdings ebenfalls keine Ahnung hatten, was Charco del Palo sein sollte. Erst als ich Dunja im Flur abfing, bekam ich wertvolle Informationen – wertvoll, aber verstörend.

»Charco del Palo?«, musterte mich Miss Miniclub mit einem spöttischen Blick. »Meinst du das Nudistendorf, oder was?«

»Ach, du Scheiße«, erschrak ich. »Nudistendorf?«

»Manche nennen es auch Naturistensiedlung oder FKK-Kolonie«, erläuterte Dunja. »Für mich persönlich sind das einfach die Nackedeis von Lanzarote. Willst du da hin, oder was?«

Nein, ich wollte da nicht hin. Aber das war auch gar nicht mehr nötig. Dank meiner fahrlässigen Nebelkerzenrhetorik sah meine Rückkehr zu Gerrit und Bärbel folgendermaßen aus: Ich setzte mich, ergriff das zweite Bier, das sie inzwischen für mich geordert hatten, und hielt es ihnen mit zitternder

Hand zum Anstoßen hin. Keiner von beiden prostete zurück, dafür meinte Bärbel mit feierlicher Stimme und sanftem Wahnsinn im Blick: »Heute Abend: ohne alles.«

Dann löste sie ihre Arme aus der Verschränkung und streifte sich mit einem leisen Kichern ihre geblümte Bluse von den Schultern. Gerrit tat das Gleiche mit seinem Hawaiihemd. Ich selbst saß einfach nur da und war dem Geschehen wehrlos ausgeliefert. Obwohl ich nach Dunjas Auskunft mit genau so was gerechnet hatte, war ich unfähig, die beiden aufzuhalten. Ich saß einfach nur da und sah zu, wie sich meine schlimmsten Befürchtungen erfüllten. Ich muss nicht dazusagen, dass keiner von beiden etwas drunter trug, oder? Ich muss auch das Entsetzen nicht beschreiben, das mich durchfuhr, als Bärbel mir unter der Tischdecke zeigte, dass sie auch untenrum blankgezogen hatte. Von den verstohlenen Blicken und dem verhaltenen Kichern an den Nachbartischen fange ich gar nicht erst an. Von der Bestätigung, die Bärbel und Gerrit aus den irritierten Reaktionen zu ziehen schienen, ebenso wenig. Ich hatte sowieso nicht viel Zeit, mich auf solche Kleinigkeiten zu konzentrieren. Es kam nämlich noch schlimmer.

»Danke, Svenni«, sagte die nackige Bärbel, nachdem sie geräuschvoll ein- und ausgeatmet hatte. »Du hast echt die Freiheit hier reingeholt. Es kribbelt schon wieder.«

»Stimmt«, pflichtete der nackige Gerrit ihr bei. Dann beugte er sich vor und fuhr im Flüsterton fort: »Und weil heute Vollmond ist …«

»Und weil der Vollmond heute im Wassermann steht …«, passte Bärbel sich dem Flüstern an.

»Wollten wir dich fragen …« Gerrit zögerte einen Augenblick: »Na, sag du's, Schatz!«

Bärbel sah über ihre nackigen Schultern nach links und rechts und sprach den Satz in verschwörerischem Tonfall zu Ende:

»Wir wollten dich fragen, ob du mit uns das ›Ritual zu dritt‹ durchführen willst.«

Ich schluckte so laut, dass ich fürchtete, mein angeknackstes Trommelfell könnte jeden Moment wieder reißen: »Das Ritual zu dritt ...?«

»Tantra«, kam Bärbel ins Schwärmen. »Meditation, Nähe, Massagen.«

»Erotische Massagen«, zwinkerte Gerrit aufmunternd. »Alles kann, nichts muss!«

In diesem Moment müssen die beiden meinen entgeisterten Gesichtsausdruck wahrgenommen haben. Jedenfalls verstummten sie schlagartig und glotzten mich nur noch erwartungsvoll an. Genau wie ich sie. Ich habe die Zeit, in denen ich den beiden vollmondsüchtigen Nackedeis gegenübersaß, ohne zu wissen, was ich sagen sollte, wie eine Ewigkeit in Erinnerung. In Wirklichkeit dauerte es vermutlich nur wenige Sekunden, bis mir die unbeholfene Frage über die Lippen purzelte: »Scheiße, ihr wollt mit mir 'nen Dreier machen?«

Bärbel stutzte: »Nun, einen ›Dreier‹ würde ich das ›Ritual zu dritt‹ nicht unbedingt nennen.«

Gerrit sah sie kurz fragend an, dann entgegnete er: »Wie denn sonst?«

Rückblickend finde ich die Ratlosigkeit, die die beiden in diesem Moment beschlich, irgendwie rührend. Das Große Kribbeln war einer umfassenden Verwirrung gewichen. Und die Hitze des Vollmonds dem Frösteln der Realität. Plötzlich war Charco del Palo wieder weit weg, und von dem Kind des Wassermanns, das sie in mir gesehen hatten, blieb doch nur ein etwas überforderter Junganimateur mit einer zu großen Schnauze übrig. Ich war ganz froh, dass die umsichtige Dunja mich wenig später aus der peinlichen Situation befreite, indem sie behauptete, sie brauche Hilfe beim Aufräumen der

Requisite. Danach beobachteten wir von einem Balkon über dem Theater, wie Gerrit und Bärbel verschämt ihre Klamotten wieder überwarfen und die Fliege machten. Ich habe keine Ahnung, ob sie an dem Abend noch einen dritten Mann für ihr Tantra-Ritual gefunden haben. Ich weiß nur, dass ich am nächsten Abend wieder mit Manne an ihrem Tisch saß und er zu fortgeschrittener Stunde von seiner Schlaflosigkeit in der vergangenen Vollmondnacht erzählte, woraufhin Bärbel glucksend sagte: »Mich macht Vollmond auch immer ganz wild. Aber Sven weiß, wovon ich spreche.«

Damit endete das gescheiterte »Ritual zu dritt« dann doch noch mit Gelächter. Irgendwie bezeichnend. Es war zwar nicht das letzte Mal, dass mich ein Gästepärchen für einen Dreier einspannen wollte, aber definitiv das lustigste. Und um die Geschichte nicht mit Fragezeichen über den Köpfen enden zu lassen: Nein, ich habe mich nie auf eine Dreier-Offerte eingelassen. Und ich war bis heute nie in Charco del Palo. Dafür hab ich die Nummer mit dem »Vollmond im Wassermann« oft beim Sternzeichen-Bagger-Smalltalk benutzt. Und nun Schluss damit. Es kribbelt schon wieder ...

Durch den Monsun

Dass es Leute gibt, die sich vor ihren Angehörigen dafür schämen, dass sie *keine* Arbeit haben, war mir schon länger bekannt. Um mitzukriegen, dass es Leute gibt, die sich vor ihren Angehörigen dafür schämen, *dass* sie welche haben, musste ich erst in die Animation gehen. Wer diese Einleitung zu verwirrend findet, fühlt sich vielleicht mit einer Gästekategorie besser aufgeklärt, die nicht häufig genug ist, um sie in die Top Sieben der Prototypen aufzunehmen, die sich aber trotzdem wie ein roter Faden durch meine Laufbahn zieht:

Workaholics. Ich habe lange gedacht, das wäre nur so ein Pseudoslang für karrieregeile Arschlöcher, aber glaubt mir, es gibt sie wirklich, die Leute, die süchtig nach ihrem Job sind. Ich habe mir inzwischen sogar sagen lassen, dass das Phänomen ein anerkanntes Krankheitsbild ist, mit dem sich Psychiater auf der ganzen Welt herumschlagen. Keine Angst, ich werde nicht versuchen, ihnen Konkurrenz zu machen. Ich werde euch auch nicht mit Theorien über das Suchtpotenzial meines eigenen Jobs behelligen. Zumindest noch nicht. An dieser Stelle will ich einfach nur die Geschichte von Workaholic Werner erzählen, dessen Arbeitswut nicht nur seine Familie, sondern auch das halbe Hotel in Aufruhr versetzte.

Türkei, 2005: Ich war mittlerweile in Side gestrandet, Deutschland war seit ein paar Monaten Papst, und der Sommerhit des Jahres war »Durch den Monsun« von Tokio Hotel. Warum ich das noch weiß? Erstens: weil es zu dieser Zeit einen Mann im Hotel gab, der permanent den Computer in der Lobby blockierte, um die Berichterstattung über den Papstbesuch von Benedikt XVI. beim Weltjugendtag in Köln mitzuverfolgen. Zweitens: weil der gleiche Mann mich ein paar Tage später bat, in unserer Chartshow auftreten und »Durch den Monsun« playbacken zu dürfen. Die Rede ist von Werner. Ein netter Typ Mitte vierzig, Fernsehproduzent, verheiratet mit Gabi, Vater einer 13-jährigen Tocher namens Ellie. Für Letztere wollte er die »Durch den Monsun«-Show abziehen. Um »etwas wiedergutzumachen«, wie er es ausdrückte.

Es passierte öfter, dass Gäste die Abendshows für Entschuldigungen oder Liebeserklärungen nutzten. Ich reagierte bei Anfragen allerdings verhalten. Meiner Erfahrung zufolge führten derartige Auftritte nur dazu, dass die Gäste meinten, ein Anrecht auf diese Form der Selbstdarstellung zu haben, was wiederum dazu führte, dass das Bühnenprogramm zum

Seelenstriptease verkam. Auf Mykonos musste ich einmal sechs Abende in Folge Heiratsanträge anmoderieren. Wer das peinliche Gestammel kennt, das bei solchen Anlässen zustande kommt, weiß, dass man so was nicht in Serie haben muss. Ich war diesbezüglich also ein gebranntes Kind, und ich hätte sicher auch Werner eine Abfuhr erteilt, wenn nicht Teamnesthäkchen Luzi, ihres Zeichens Kinderanimateurin und Emo-Mädchen aus Leidenschaft, bei der Nennung des Titels »Durch den Monsun« prompt an meine Seite gesprungen wäre, um zu staunen: »Ey, du willst Tokio Hotel singen, Werner? Aber nur, wenn ich dein Styling übernehmen darf.«

»Kann ich dazu auch noch was sagen?«, fragte ich.

»Besser nicht«, lachte Luzi. »Du sagst doch sowieso nein.«

»Vielleicht hab ich ja meine Gründe dafür«, meinte ich.

»Schon klar, alle Männer über fünfzehn finden Tokio Hotel scheiße. Die werden trotzdem Weltstars.«

»Das sagt Ellie auch«, schaltete sich Werner wieder ein. Als ich ihn verständnislos ansah, fügte er hinzu: »Ellie. Meine Tochter.«

Diese Erklärung hätte er sich sparen können. Mir hätte vielmehr ein bisschen Nachhilfe in Sachen Tokio Hotel weitergeholfen. In Clubhotels ticken die Uhren halt etwas anders. Das Zeitgeschehen bleibt weitestgehend außen vor, und die meisten Trends kommen entweder verspätet oder gar nicht an. Ich hatte also schlicht keine Ahnung vom Tokio-Hotel-Hype, geschweige denn hatte ich das Lied schon mal gehört. Dass ich damit nicht der richtige Ansprechpartner für das Thema war, lag auf der Hand, und weil die Kollegin indirekt sowieso angeboten hatte, sich um die Geschichte zu kümmern, gab ich die Betreuung von Werners Wiedergutmachungsaktion an Luzi ab. Sie leistete ganze Arbeit. Am Abend traf ich in der Requisite auf einen bleich geschminkten Alice-Cooper-Verschnitt mit Kajal, einer schwarzen Igelperücke und einem Lederdress, den ich sonst immer als Bandenanführer in »*Grease*« trug. Erst auf den zweiten Blick erkannte ich unter dieser Staffage Werner.

»Mannometer, du musst deiner Tochter ja übel zugesetzt haben, dass du dir so was antust«, wurde ich neugierig.

»Na ja. Die Arbeit, die Arbeit …«, antwortete er kryptisch.

»Was für 'ne Arbeit?«

»Immer das Gleiche«, winkte Werner ab. »Ich hatte meiner Frau versprochen, dass ich mich in diesem Urlaub mal ganz auf die Familie konzentriere und nicht auf den Beruf.«

»Und dann?«

»Na, dann hab ich doch meinen Laptop eingepackt und ein paar Termine gelegt«, erklärte er. »Den Laptop hat sie mir nach zwei Tagen weggenommen und an der Rezeption in den Safe gesperrt. Was meinst du, warum ich seit ein paar Tagen die alte Krücke in der Lobby benutze, um ins Internet zu kommen.«

»Und was hat deine Tochter damit zu tun?«

»Ach, der hatte ich gestern versprochen, dass wir zum Apollontempel gehen.«

»Ja und?«

»Ich hab's vergessen, wegen dieser Weltjugendtag-Geschichte. Könnte ja sein, dass man da ein paar gute Sachen drehen kann. Aber ich muss schon jemanden drauf ansetzen. Wenn man das alles einkauft, wird's zu teuer. Und wozu hab ich meine Leute? Noch mehr wurmt mich inzwischen allerdings, dass ich kein Türkisch spreche. Mit Englisch haben sie's hier ja nicht so. Mich würde mal interessieren, wie das mit Drehgenehmigungen in Side-Altstadt aussieht. Die antiken Stätten wären eine Superkulisse für eine Historiendoku. Aber um da anzufragen, muss man bestimmt wieder in die Hauptstadt. Sag mal, fahren von hier aus eigentlich Busse nach Ankara?«

Es ist schon lustig, wenn ein erwachsener Mann sich in Businessvisionen ergeht, während er Grufti-Make-up und eine Bill-Kaulitz-Perücke trägt. Ich musste jedenfalls irgendwann nur noch lachen über unseren neuen Playbackprofi. Dass seine Frau ihre liebe Not hatte, seinen Planungsdrang im Zaum zu halten, konnte ich mir allerdings lebhaft vorstellen. Gabi wusste übrigens gar nicht, dass Werner bei uns war. Als ich kurz vor der Show mit ihr geredet hatte, war sie auf die Frage nach ihrem Mann nur mit einem Schulterzucken eingegangen, dem sie den süffisanten Satz folgen ließ: »Keine Ahnung, wo er ist. Ellie und ich sind es gewohnt, dass unsere Reisen eher Mutter-Tochter-Urlaube als Familienangelegenheiten sind.«

Die beiden bei Werners großer Show durch den Vorhang zu beobachten war dann ziemlich lustig. Die Ankündigung des Liedes goutierte Ellie mit begeistertem Klatschen, beim Auftritt des Sängers fiel sowohl ihr als auch ihrer Mutter die Kinnlade herunter. Aber nicht, weil sie ihren Vater und Mann erkannten, sondern weil das allen so ging. Der Typ auf der Bühne sah einfach mal aus wie eine Vogelscheuche. Dass Vogelscheuchen gute Entertainer sein können, zeigte Werner dem Publikum mit einer echt witzigen Tokio-Hotel-Parodie, während der erst über Gabis und schließlich auch über Ellies Gesicht der Ausdruck der Erkenntnis huschte. Als Werner am Ende des Liedes die Perücke abriss und durchs Mikro brüllte »Meine beiden Mädchen haben's nicht immer leicht mit mir, aber ich gehe trotzdem mit ihnen durch den Monsun!«, hatten sie beide Tränen in den Augen. Und als er unter tosendem Applaus ein »Das war für dich, Ellie« nachschob, heulte die 13-Jährige nur noch los.

Ich vermute, dieser Abend war der glücklichste ihres ganzen Urlaubs. Danach gab es diverse Turbulenzen. Beim Essen behauptete Werner, eine Magenverstimmung zu haben, hing dann aber stundenlang vorm Computer in der Lobby herum. Dann erzählte er Gabi, er würde mit Ellie einen Ausflug machen, gab seiner Tochter in Wirklichkeit aber nur Geld und schickte sie alleine shoppen. Dann artete ein Sightseeingtag zur Recherchetour aus. Dann spürte er den Code für den Safe auf und holte sich seinen Laptop zurück, woraufhin Gabi ihn aussperrte und er für eine Nacht im Garten schlafen musste. Über all diese Fehltritte wurden Luzi und ich gewissenhaft informiert. Werner nutzte die Gespräche mit uns, um sein Gewissen zu erleichtern. Am Abend vor seiner Abreise hab ich ihn dann aus Versehen noch mal reingerissen. Als wir beim Gästekontakt zusammensaßen, bat Gabi ausdrücklich darum, dass nicht über Werners Arbeit gesprochen werde. Keine Projekte, keine Pläne, nur das Leben drum herum. Das klappte eine Weile auch ganz gut. Als Mutter und Tochter dann zwischendurch auf die Toilette verschwanden, beugte Werner sich zu mir vor und meinte: »Sag mal, Sven. Ich hab dich jetzt zwei Wochen lang beobachtet und finde, du bist ein echt guter Typ.«

»Danke, ich fühl mich geehrt«, meinte ich und wunderte mich schon, dass er die unbeobachteten Minuten für Komplimente nutzte, anstatt mich mit neuen Ideen zu bombardieren.

»Ja, das ist so die richtige Mischung aus Showman und Typ aus dem Volk bei dir.«

»Wenn du meinst.«

»Aber dieses Potenzial verpufft doch hier.«

»Wo?«

»Na, hier.« Er machte eine ausladende Handbewegung quer durch den Raum. »Hier merkt das doch keiner. Damit musst du ins Fernsehen.«

»Oh-oh, Werner«, sagte ich in alarmiertem Tonfall. »Gefährliches Thema.«

»Und wenn schon«, winkte er ab. »Ich mein das ernst. Pass auf, ich mach dir ein Angebot.«

Jetzt war ich einerseits neugierig, andererseits sah ich im Hintergrund schon Ellie und Gabi vom Klo zurückkommen: »Dann mach schnell, deine Frauen sind im Anmarsch.«

»Ich hab Kontakte, mit denen ich dich groß rausbringen kann.«

Noch fünfzehn Meter.

»Nun sag endlich!«, quengelte ich.

»Wenn du willst, bist du schon nächste Woche auf Sendung.«

Zehn Meter.

»Und zwar bei …«

Fünf Meter.

»›Big Brother‹!«

Peng! Das saß. Hätte mir jemand eine Bratpfanne über den Schädel gezogen, hätte mich das vermutlich auch nicht mehr umgehauen. Das Nächste, was ich hörte, war Gabi, die sagte: »Hallihallo, da sind wir wieder.«

Dann Ellie, die fragte: »Warum guckt 'n Sven so komisch?«

Danach hörte ich für ein paar Minuten nur noch mein eigenes Gelächter. So richtig weiß ich auch nicht, was ich erwartet hatte, oder was ich an diesem Angebot so wahnsinnig komisch fand. Aber ganz ehrlich: Der Aufstieg von Tokio Hotel mochte an mir vorbeigegangen sein, dass die laufende Endlosstaffel mit dem Big-Brother-Dorf ein kapitaler Flop und Niveaukiller war, hatte aber sogar ich mitbekommen. Ich schwöre dennoch, dass es keine böse Absicht war, als ich nach dem Lachanfall japste: »Danke, das ist echt nett von dir, Werner. Aber bevor ich zu ›Big Brother‹ gehe, verpuffe ich lieber.«

Werner fand die Antwort lustig, Gabi leider nicht. Weil sie auf diese Weise herausfand, dass es hinter ihrem Rücken doch wieder um Berufliches gegangen war. Vielleicht könnte man sagen, dass der Workaholismus der persönliche Monsun dieses Paares war. Ob die beiden ihn überwunden haben, kann ich nicht beantworten, aber die Hoffnung stirbt zuletzt. Oder um mit Tokio Hotel zu sprechen: »Ich kämpf mich durch die Mächte hinter dieser Tür. / Werde sie besiegen, und dann führen sie mich zu dir. / Dann wird alles gut!« Big Brother hätte es nicht schöner sagen können.

Schleudertrauma

Bevor mir jetzt irgendwer vorwirft, ich würde immer nur auf Erwachsenen rumhacken, verkünde ich aus tiefster Überzeugung: Ich kann das auch bei Teenies. So richtig verstanden habe ich die halbwüchsige Gästegruppe bis heute nicht. Vermutlich weil sie sich selber ein Rätsel ist. Ging mir in der Pubertät ja nicht anders. Ganz objektiv kann ich allerdings auch sagen: Teenies sind die schlimmsten Stalker, die man sich vorstellen kann. Sie können Stunden damit verbringen, vor den Zimmern ihrer Angebeteten rumzulungern oder an ihre Fenster zu klopfen, oder Zettelchen unter ihrer Tür durchzuschieben. Anfangs empfindet man so was vielleicht noch als schmeichelhaft, sobald es aber zum ersten Mal angefangen hat zu nerven, nervt es für immer. Der Gipfel ist allerdings, wenn man gar nicht selbst, sondern der Mitbewohner Zielscheibe der jugendlichen Gefühlsaufwallungen ist. Auch das erlebte ich in der Türkei. Da teilte ich mir ein Zweierzimmer mit Sportanimateur Manuel. Manuel war ein supersmarter Sascha-Verschnitt, der nicht nur bei erwachsenen Frauen, sondern auch bei halbwüchsigen Mädchen einen Riesenschlag hatte. Die Damenwelt, egal welchen Alters, verfiel ihm reihenweise, und das Bedürfnis, ihm Nachrichten zukommen zu lassen, hätte eine Rund-um-die-Uhr-Sekretärin in Atem halten können. Leider gibt es für Animateure keine Rund-um-die-Uhr-Sekretärinnen, deshalb war immer ich derjenige, der Manuel verleugnete oder entschuldigte oder der einfach nur warten musste, bis das Klopfen, Rufen oder Wimmern an der Tür von selbst aufhörte. Dieser Zustand hat mir so lange schlaflose Nächte bereitet, bis ich irgendwann freiwillig in eine Zehn-Personen-Gruppenunterkunft umgezogen bin, um meine »Ruhe« zu haben. Das allein sollte genügen, um zu veranschaulichen, welch unglaublich penetrante Macht Jugendliche haben können. Aber ich habe auch eine Stalkingepisode aus erster Hand parat, die mir ausgerechnet das »Fest der Liebe« versaute. Oh, du fröhliche!

Ägypten, Heiligabend 2002. Weihnachten ist auch in Clubhotels eine besondere Zeit. Ich persönlich kann nicht von mir sagen, dass ich je den Exotiktraum vom Christfest unter Palmen geträumt hätte. Dass er trotzdem wahr wurde, hatte einfach nur mit dem Job zu tun. Viele Kollegen fuhren über die Feiertage in die Heimat, deshalb arbeiteten wir ohnehin mit Notbesetzung. Unter diesen Umständen war es unmöglich, dass auch noch der Teamleiter Urlaub nahm. Ich habe das zuerst bedauert, die Zeit vor den Feiertagen im Nachhinein aber sehr schön in Erinnerung. Die Gruppe der Verbliebenen rückte noch enger zusammen, alle schoben mehr oder weniger Doppelschichten, und sogar Olly-Bolly war umgänglich wie nie. Obendrein versprach die Weihnachtsrevue, die wir mit Feuereifer vorbereiteten, ein echter Kracher zu werden. Als der große Tag gekommen war, standen wir also alle unter Strom und waren total gespannt. Zumal vor der Show das große Weihnachtsdinner anstand, bei dem wir Animateure ausnahmsweise nicht am Katzentisch saßen und Reste aßen, sondern uns wie die Gäste am Buffet bedienen durften. Ich hatte mich für den Abend richtig in Schale geworfen und trug

Smoking, Halbschuhe, Hemd und Krawatte, die ich von meinem letzten Familienbesuch extra aus Deutschland mitgebracht hatte. In diesem Aufzug stolzierte ich vor dem Dinner noch mal zum Theater, um sicherzugehen, dass wir in der Aufregung auch nichts verlegt oder vergessen hatten. Verdammter Perfektionismus. Wäre ich doch einfach zum Essen gegangen, anstatt einen auf großen Inspektor zu machen. Und hätte ich bloß Dienst nach Vorschrift geschoben, statt mich mit einer Festtagsrevue zusätzlich unter Druck zu setzen. Dann wäre mir an diesem Abend vielleicht nie Carina über den Weg gelaufen – Carina, die 15-jährige Barbie-Zicke, die mit ihren Eltern in einer Minisuite mit Meerblick residierte und seit ihrer Ankunft mit intriganten Ränkespielen Unfrieden in der Teeniedisco stiftete. Da ich nicht für die Teenies zuständig war, erfuhr ich davon allerdings nur aus zweiter Hand. Aus eigener Erfahrung wusste ich nur, dass sie sehr launisch sein konnte. Mal war sie derb und kumpelhaft, dann wieder verschlossen und mürrisch, um beim dritten Mal so liebenswürdig zu sein, als hätte sie Kreide gefressen. Wie Teenies halt so sind. Ich dachte mir nichts dabei. Außerdem schien sie an diesem Abend ohnehin im Kumpelmodus zu sein.

»Hey, Sven, alte Socke«, meinte sie fröhlich und klopfte mir kräftig mit der flachen Hand auf die Schulter. Sie trug ein rotschimmerndes Ballonkleid und schwarze Lackschuhe mit Absatz. Vielleicht etwas zu schulterfrei und ein bisschen zu hochhackig für ihr Alter, aber eigentlich ganz hübsch.

»Hey, Carina, Ballerina«, antwortete ich und klopfte zurück. Ich weiß noch, dass ich extravorsichtig war, weil ihre nackten Schultern so zerbrechlich wirkten. »Toll siehst du aus.«

»Du auch«, erwiderte sie. »Stehen dir gut, die Klamotten.«

»Ich verrat dir mal was«, winkte ich sie zu mir heran. »Das ist eigentlich mein Schlafanzug. So was trage ich sonst nur im Bett! Aber nicht weitersagen.«

Ich hatte das als Witz gemeint, um meine Verlegenheit wegen des Kompliments zu überspielen, doch Carina nutzte die Aussage geschickt, um unserem Gespräch eine schlüpfrige Note zu verleihen: »Hey, dann würde mich ja mal interessieren, was du sonst noch so im Bett draufhast.«

»Das besprechen wir lieber ein anderes Mal.« Ich wurde rot und nahm intuitiv Reißaus. »Ich muss noch kurz was klären. Wir sehen uns beim Essen.«

»Trinken wir dann einen zusammen?«, rief sie mir noch hinterher.

»Na logisch, ist doch Weihnachten«, warf ich über die Schulter zurück und unterstrich meine Worte mit einem weihnachtsmannmäßigen »Ho, ho, ho«.

Das war's auch schon. Eine winzige Szene aus dem Alltag eines Hotelbetriebs, eine Anekdote am Rande, ein Gespräch im Vorübergehen. Nennt es, wie ihr wollt, aber seid euch darüber im Klaren, dass solche vorübergehenden Winzigkeiten im wachstumshormonverseuchten Gehirn eines Teenies, gemeinhin das Zentrum des Universums, gern mal zum Beginn der Ewigkeit mutieren. Man hüpft also lieber nicht leichtfertig darüber hinweg. Und wenn man gesagt hat, dass man später einen zusammen trinkt, dann tut man das gefälligst auch. Und wenn der DJ während des Essens die Shakira-Ballade »Underneath your clothes« mit den Worten ankündigt »Dieses Lied wünscht sich Carina für Sven, den sie gerne öfter im Schlafanzug sehen würde«, reagiert man am besten in irgendeiner Form darauf. Sonst könnte es sein, dass man beim Nachtisch auf einmal von einem Kellner vor die Tür gebeten wird und an der Rezeption auf eine heulende Carina trifft, deren vor Wut puterrot angelaufener Vater Herbert mit be-

bender Stimme brüllt: »Da ist er. Der Typ hat meine Tochter geschlagen.«

Ich dachte, ich höre nicht richtig: »Was hab ich?«

»Sie haben meine Tochter geschlagen!«

»Stopp mal kurz, haben wir uns heute Nachmittag nicht noch geduzt?«

»Ich duze keine Schlägertypen.«

»Musst du ja auch nicht«, duzte ich ihn demonstrativ weiter. »Was ist jetzt noch mal das Problem?«

»Sie haben meine Tochter geschlagen. Vor dem Essen. Auf den Rücken. Jetzt hat sie ein Schleudertrauma.«

»Wenn ich mich recht erinnere, hatte sie bei der Vorspeise noch keins?«

»Jetzt auch noch frech werden, so was hab ich gern«, wurde Herbert noch lauter. »Sie können froh sein, dass mein Anwalt nicht hier ist und dass Weihnachten ist, sonst würde ich sofort …«

Es war ein minutenlanger Monolog, der nun in zunehmender Lautstärke aus Herbert herausbrach. Jede Bitte um Mäßigung durch die Rezeptionisten und jeder Versuch meinerseits, die Vorgänge aus meiner Sicht zu schildern, gingen in seinem Gebrüll unter. Zwischendurch heizte Carina seine Wut mit »Du Schwein!«- oder »Du Schläger!«-Gekreisch an. Sehr bald versammelten sich Schaulustige in der Lobby. Irgendwann kam die Hausleitung hinzu. Das Ende vom Lied war, dass der Hoteldirektor mich wie einen unartigen Jungen auf mein Zimmer schickte – mit der strengen Vorgabe, mich für den Rest des Abends nicht mehr blicken zu lassen. Mein Einwand, dass ich noch eine Show zu betreuen hätte, wurde mit »Das schaffen die Kollegen auch ohne dich« beantwortet, und meine Forderung, mich rechtfertigen zu dürfen, wurde mit »Später, später«-Gerede abgewürgt. Irgendwann habe ich es aufgegeben, mich auf dem Absatz umgedreht und bin weggelaufen. Raus aus der Lobby aus dem Hotel auf die Straße und immer geradeaus. So lange, bis ich nicht mehr konnte und mich ein bisschen abgeregt hatte. Das dauerte. Fünf Kilometer bin ich gerannt. Ich weiß das deshalb so genau, weil ich danach spontan in irgendeiner Touriklitsche eingekehrt bin, mich furchtbar betrunken habe und den Weg zurück laufen musste, weil alle Taxifahrer mir besoffenem Vollidioten extrahohe Preise berechnen wollten. Ohne mich. Ich war an diesem Abend genug verarscht worden. Da ging ich doch lieber zu Fuß und stellte auf dem kein Ende nehmen wollenden Rückweg fest, wie weit ich in meiner blinden Wut gekommen war. Als ich endlich ins Hotel zurückkehrte, kamen mir die aufgetakelten Leute, die blinkende Weihnachtsdeko und die mehrsprachigen »Merry Christmas«-Spruchbänder wie eine billige Inszenierung vor. Waren sie im Prinzip ja auch. Weil das Weihnachtsfest mit der ägyptischen Kultur logischerweise nichts zu tun hat. Ich war zum Glück zu k.o., um noch irgendwo Stunk zu machen. Ich ging einfach pennen und heftete meine erste Weihnacht unter Palmen in der Erinnerungskategorie »Katastrophen« ab.

Am nächsten Morgen hatte ich einen Riesenkater und eine absolute Nullmotivation. Den ganzen Tag schlich ich wie ein geprügelter Hund durch die Anlage. Dafür kann ich berichten, dass von Carinas Schleudertrauma überraschenderweise nichts zurückgeblieben war. Man munkelte sogar, sie habe in der Nacht noch wild zum Las-Ketchap-Song getanzt. Mir konnte das egal sein. Der Trost der Kollegen und die Entschuldigung des Hoteldirektors reichten mir für den Moment. Ansonsten wollte ich einfach nur nichts mehr mit der kleinen Hexe zu tun haben. Was sich leichter anhört, als es war. Denn: Das Schleudertrauma war weg, aber Carinas »Gefühl« für mich wieder da. Ständig suchte sie meine Nähe. Zwar nur, wenn ihr Vater es nicht mitkriegte, aber das konsequent. Ein ewiger Spießrutenlauf war die Folge. Wenn sie zum Volleyball kam, übergab ich an einen Kollegen, wenn sie abends an der Bar abhing, flüchtete ich in die Disco. Der Gipfel war, als ich einmal mit Klamotten in den Pool sprang, weil sie mir unerwartet am Beckenrand entgegenkam. Die Gäste dachten, ich mache Faxen, und haben geklatscht, aber mein einziger Gedanke, als ich aus dem Wasser stieg, war: »Hoffentlich hab ich Carina beim Sprung nicht nass gespritzt. Dann kriegt sie vermutlich eine Erkältung oder stellt fest, dass sie eine Chlorallergie hat, und Herbert verklagt mich wegen Körperverletzung.« Passierte zum Glück nicht. Lockere Schläge auf die Schulter hab ich mir seither trotzdem abgewöhnt. Zumindest bei Teenies. Weißte Bescheid, alte Socke.

Who the fuck is Hugo?

Während meiner Anfangszeit an der Olympischen Riviera gab es einmal eine komische Situation, von der hier auch berichtet werden soll. Als ich morgens mal wieder verspätet zur Teambesprechung kam, hing eine seltsam gedrückte Stimmung im Raum. Dass die Unterhaltungen erstarben, wenn ich die Bildfläche betrat, war ich damals inzwischen gewohnt (ich erklärte es mir damit, dass ich als einziger Mann der Truppe die weibliche Intimsphäre störte), aber die peinliche Stille wurde normalerweise sofort durch einen flapsigen Spruch oder eine ironische Bemerkung durchbrochen. Nicht so an diesem Tag. Die Kollegin mit den roten Haaren rückte lediglich ein Stück zur Seite und sagte in fast schon fürsorglichem Tonfall »Setz dich«, die anderen guckten betreten zu Boden, und bevor ich Fragen stellen konnte, hatte Sonja schon mit der Aufgabenverteilung begonnen. Als wir dann wie jeden Morgen zum Clubtanz ausströmten, hörte ich im Vorbeigehen, wie Doro zu Sonja sagte: »Und wie läuft das jetzt mit Hugo?«

Die Teamleiterin gab eine ausweichende Antwort und meinte, die Reiseleitung werde sich kümmern. Mehr bekam ich nicht mit. Und ich hätte die Geschichte bestimmt wieder vergessen, wenn mir der Name »Hugo« an diesem Tag nicht noch drei weitere Male untergekommen wäre.

Erst erkundigte sich eine Kollegin beim Barmann, ob er schon »das von Hugo« gehört habe, dann unterhielten sich zwei der Mädels darüber, dass das schon »der zweite Hugo dieser Saison« sei, dann schnappte ich an der Rezeption die Frage »Hat Hugo schon ausgecheckt?« auf. Rückblickend finde ich es bezeichnend für mein schlechtes Verhältnis zu den Kolleginnen, dass ich nie wagte, direkt nachzufragen, und dass es keine von ihnen für nötig hielt, mich von sich aus einzuweihen. Stattdessen endete der Tag damit, dass ich mich beim Gästekontakt auf Rosa stürzen wollte, eine Dame um die siebzig, die an diesem Abend ausnahmsweise ohne ihren Mann Bruno am Tisch saß. Allein sitzende Herrschaften waren für einen Smalltalk-Stümper wie mich ein gefundenes Fressen, weil sie meist selber unsicher waren und ich sie erbarmungslos zutexten konnte, ohne dass sie sich mit einem dritten Mann gegen mich verbünden konnten. Jedoch: Kurz bevor ich Rosa erreicht hatte, wurde ich von hinten am Schlafittchen gepackt und zu einem Tisch mit einer Gruppe von Ballermännern geschleift. Dort setzte mich Sonja mit einem knappen »Entschuldige meine zupackende Art, aber hier wirst du gerade mehr gebraucht« ab. Dann eilte sie selbst zu Rosa und unterhielt sich mit ihr. Ende der Geschichte, Anfang eines ganz lustigen Ballermannbesäufnisses, das allerdings nur deshalb fürs Thema relevant ist, weil es mich davon abhielt, das absonderliche Verhalten der Kolleginnen mit einer mehr als offensichtlichen Frage in Zusammenhang zu bringen: Who the fuck is Hugo?

Die Antwort bekam ich, wie fast alle Antworten meiner Animateursausbildung, ein paar Monate später auf Lanzarote. Es war meine erste Wintersaison, und ich musste mich nach dem ereignisreichen Sommer an den gemächlicheren Trott der Nebensaison gewöhnen. Zwar ist es auf der Insel das ganze Jahr über warm, und sie ist ein beliebtes Ziel für Winterflüchtlinge, trotzdem konzentrieren sich die größten Besucherströme auf die Monate zwischen Mai und September. Außerhalb dieser Zeitspanne gibt es auch mal Flauten. Ich habe Abende erlebt, an denen der Zuschauerraum bei den Shows maximal zu einem Viertel gefüllt war, beim Clubtanz haben wir teilweise vor zehn Männekens rumgehampelt, und immer wieder fielen Aktivitäten aus, weil sich nicht genug Leute fanden, um Mannschaften zu bilden. Nur auf eines war in den Wintermonaten stets Verlass: auf die Langzeiturlauber. Das sind in der Regel Rentner, die der Kälte in der Heimat entfliehen, um sich stattdessen die Sonne auf den Pelz scheinen zu lassen, und die sich darüber hinaus vor allem mit Essen, Trinken und Meckern beschäftigen. Einige tun es aus gesundheitlichen Gründen, andere, weil sie zu viel Geld haben. Was sie allerdings alle eint, ist ihre Vorliebe fürs Bocciaspielen. Und soll ich euch was sagen? Wenn es umgekehrt etwas gibt, das alle Animateure eint, dann ist es Folgendes: der Horror vorm Bocciaspielen. Ich fange schon an zu gähnen, wenn ich nur dran denke. Eine Kugel auswerfen und mit einer weiteren Kugel versuchen, möglichst nah an die erste heranzukommen – ganz was Aufregendes, sag ich euch! Besonders, wenn man dabei von einer Gruppe greiser Klugscheißer umgeben ist, die jeden Regelverstoß penibel ahnden, aber selbst schummeln wie Sau.

War dieser Wurf jetzt knapp vor oder hinter der D-Linie? Hat der Pallino überhaupt den korrekten Umfang? War das ein Volo oder ein Raffa? Und hätte das Bersaglio nicht ein bisschen früher angesagt werden können? Jeden Tag das gleiche Gequatsche. In einer Geschwindigkeit, gegen die jede Schnecke wie ein Rennwagen wirkt. In einem Tonfall, der jedem außer dem jeweiligen Redner die Existenzberechtigung abspricht. Ich bekam schnell mit, dass man die Zickereien nicht persönlich nehmen durfte, aber genervt haben sie trotzdem.

Und dann war da noch das andere Problem: die Pupserei. Es war eine Eigenart der Bocciafraktion, beim Abwurf immer mal »ein Lüftchen fahren« zu lassen. Manchmal wurde galant drüber weggegangen, manchmal derb kommentiert, gestunken hat es so oder so wie die Pest.

Ein Großmeister der Pupserei war Otto, ein sonnengegerbter, resoluter Pensionär, der früher bei der Post gearbeitet hatte. Er drängelte sich bezeichnenderweise mit einer Beschwerde in meine Wahrnehmung: »Sagen Sie mal, Herr Animateur. Wie sieht das heute mit Boccia aus?«

Autsch! Die wahre Antwort auf diese Frage lautete, dass wir wegen knapper Besetzung und kollektiver Unlust beschlossen hatten, die Bocciaspiele für diesen Tag zu streichen. Natürlich in der Hoffnung, dass sie niemand vermisste. Ziemlich naiv, wenn man bedenkt, dass die Bocciaklientel mehr als jede andere Gästegruppe ihren Tagesrhythmus nach den Spielen ausrichtete. Aber jetzt galt es erst einmal, das Gesicht zu wahren.

»Tut mir sehr leid, heute früh gibt's kein Boccia«, antwortete ich. »Du kannst übrigens ruhig Sven zu mir sagen.«

»Dann wüsste ich gerne von dir, Sven, warum Boccia auf dem Wochenplan als ›tägliche Aktivität‹ aufgeführt ist, wenn sie gar nicht täglich stattfindet.«

»Sie findet ja statt«, improvisierte ich. »Aber erst heute Nachmittag.«

»Und warum steht dann auf dem Wochenplan, dass ›tägliche Aktivitäten‹ jeweils von ›11 Uhr bis 12.30 Uhr‹ und ›von 15 Uhr bis 16.30 Uhr‹ angeboten werden?«

»Es steht auch auf dem Wochenplan, dass es unter gewissen Umständen zu Abweichungen vom Standardprogramm kommen kann«, erwiderte ich. Das war eine glatte Lüge. Beziehungsweise eine Improvisation. Um ehrlich zu sein, wusste ich nicht mal, von welchem »Wochenplan« der Typ sprach.

»Und was sind solche ›gewissen Umstände‹, Sven?«

»Zum Beispiel Platz- und Gerätewartung«, schoss ich aus der Hüfte.

»Was gibt es denn da zu warten?«, spöttelte Otto. »Dann solltet ihr lieber gleich neue Kugeln kaufen. Das ist doch ein Damenset, das ihr da habt. Und euer Pallino ist meiner Meinung nach sowieso ein paar Millimeter unter der Norm.«

»Ich werde das weitergeben und bedauere die Umstände«, lächelte ich. »Allerdings geht es in diesem Fall auch nicht um den Pallino, sondern um den Platz. Heute Nachmittag um 15 Uhr ist dann wieder alles beim Alten, versprochen.«

Für alle, die nicht im Bilde sind: Der Pallino ist die Kugel, die zu Beginn einer Bocciapartie ausgeworfen wird, um den Spielern danach als Zielpunkt zu dienen. Unnützes Wissen für Fortgeschrittene, ich weiß. Aber ich kann aus eigener Erfahrung sagen, dass es das Ansehen deutlich erhöht, wenn man zu Beginn einer Kehre ein bisschen mit Fachvokabular prahlt. Danach setzen die Mitspieler eine gewisse Fachkenntnis voraus und verzeihen fast jede Verfehlung. Abgesehen davon, dass sich die meisten sowieso mehr mit sich selbst beschäftigen als mit den anderen. Ich habe mich mehr als einmal gewundert, warum beim Boccia eigentlich ein Animateur dabei sein musste, wenn er doch sowieso nicht beachtet wurde. Das ging mir auch an jenem Nachmittag so, an dem ich um Punkt 15 Uhr mit Otto, seiner Frau Gitta und ein paar weiteren Rentnern das Spielfeld enterte, um das, was Otto einen »vergeudeten Morgen« nannte, vergessen zu machen. Ich hatte die Bocciabahn vorher extra noch mal geharkt, um die Platzwartungsausrede plausibler zu machen, aber auch das wurde nicht beachtet. Vielmehr wurde geworfen und gepupst. Und gelabert und gepupst. Und gekichert und gepupst. Und irgendwann auch mal wieder geworfen. Gähn!

Irgendwann stand Otto neben mir und meinte: »Na, Herr Animateur. Es geht doch nichts über eine gute alte Kehre Boccia. Sie lockert den Geist und entspannt den Darm.«

»Mmh«, stimmte ich gequält zu. »Vor allem Letzteres, oder?«

»Ich sage immer: Ohne Furz, Wurf zu kurz«, meinte der Rentner und lachte sich über den Spruch halb schief. Nachdem er sich wieder beruhigt hatte, fügte er hinzu: »Aber ganz ehrlich: Man muss auch mal lockerlassen können im Leben. Sonst ziept's am Ende zu sehr, wenn der Tod uns abzieht.«

»Du übst also schon mal 'ne Runde, ja?«

»Was soll ich sagen?«, grinste er und kratzte sich am Kopf. »Ich bin 87. Seit über zwanzig Jahren kommen meine Frau und ich im Winter hierher. Und jedes Jahr fragen uns unsere Bekannten und Kinder vor der Abreise: ›Was macht ihr da eigentlich die ganze Zeit auf Lanzarote?‹ Die kriegen immer die gleiche Antwort.«

»Und?«, fragte ich. »Die wäre?«

»Ganz einfach«, lachte er und zuckte die Achseln: »›Bocciaspielen und sterben.‹ So isses doch, oder?«

Damit klopfte er mir auf die Schulter und wackelte seinem nächsten Wurf entgegen. Ich hatte das Gefühl, dass er diesmal extralaut pupste. Als er trotzdem weit danebenwarf, musste ich schmunzeln. Aber ich hatte auch das erste Mal das Gefühl, dass Boccia vielleicht doch zu irgendwas gut sein konnte. Und sei es nur, um ein paar kauzige Rentner vom Sterben abzuhalten.

Ich hatte danach nicht mehr viel mit Otto zu tun. Wir begegneten uns zwar von Zeit zu Zeit in der Lobby oder im Speisesaal, aber ums Boccia kümmerte sich jetzt wieder Manne, und am Pool oder in der Bar traf man Gitta und Otto nur selten an. Der nächste direkte Bezug dämmerte mir erst, als mir Dunja ein paar Wochen später die vage vertraute Frage stellte: »Hast du schon das von Hugo gehört?«

Nein, hatte ich nicht. Und ich wusste auch immer noch nicht, was es mit diesem Hugo auf sich hatte. Genau so sagte ich es auch. Dunja erklärte mir dann, dass einer der Langzeiturlauber, ein gewisser Otto, in der vergangenen Nacht gestorben sei. Und dass das Pseudonym »Hugo« von Hotelangestellten genutzt werde, um vor Gästen über Todesfälle sprechen zu können, ohne zu viel Aufsehen zu erregen. Danach war mir einiges klarer. Gleichzeitig hatte die schöne heile Urlaubswelt einen neuen Riss bekommen. Ich hatte mir vorher nie Gedanken darüber gemacht, dass der Tod natürlich auch vor Clubhotels nicht haltmacht. Oder dass Ottos »Bocciaspielen und sterben« durchaus ernst gemeint gewesen war. Oder dass manche Abgründe nicht von Menschen selbst aufgerissen werden, sondern von der Endlichkeit ihres Daseins. Mich hat diese Geschichte eine Weile ziemlich nachdenklich gestimmt. Es bedurfte der Bezeugung weiterer Hugo-Fälle, um mir klarzumachen, dass Otto es eigentlich gut getroffen hatte. Er war in der Sonne, er hatte seine Frau bei sich, und er hatte sich mit jedem seiner Bocciapupse zwanzig Jahre lang darauf vorbereitet, so dass es mit Sicherheit nicht gezielt hat, als der Tod ihn abzog. So isses doch, oder?

Erwarten Sie nix!:
Die Top Ten der Schattenseiten

Um im Bild zu bleiben: Wenn Gäste Monster sind, dann sind Hotels ihre Höhlen. Und weil diese Höhlen in puncto Komfort und Preis äußerst unterschiedlich sind, gibt es Bewertungssysteme. Viele, viele Bewertungssysteme, die mal mit Sternen, mal mit Schlüsseln, mal mit Palmen, mal mit Sonnen und mal mit Beutelratten arbeiten. Beutelratten? Nein, das war natürlich nur ein Test, ob hier auch aufmerksam gelesen wird. Genau das sollte man nämlich schon beim Buchen einer Reise tun, wenn man am Urlaubsort keine bösen Überraschungen erleben will. Hotelbeschreibungen sind, was wohlklingende Umschreibungen angeht, ja ähnlich tückisch wie Arbeitszeugnisse. Ein Hotel in »ruhiger Lage« liegt in der Regel am Arsch der Welt, eine »aufstrebende Urlaubsregion« ist mit ziemlicher Sicherheit von Baustellen umgeben, ein Haus »am Meer« heißt noch lange nicht, dass es auch »am Strand« liegt, und beim berühmten »Seeblick« muss man sich möglicherweise erst aus dem Fenster hängen, um das Wasser sehen zu können. Aber warum sich auf Worte verlassen, wenn man auch Bilder angucken kann, stimmt's? Kein blöder Gedanke, aber auch da sollte man vorsichtig sein. Zwar gibt es inzwischen eine gerichtliche Verordnung, der zufolge Fotos, die in Katalogen und Onlineangeboten von Hotelzimmern gezeigt werden, dem Grundstandard eines Hauses entsprechen müssen, aber das heißt nicht, dass nicht trotzdem getrickst wird. Mit Hilfe von Farbfiltern, Weitwinkelobjektiven und ein bisschen Retusche lässt sich auch das düsterste Loch in ein heimeliges Domizil verwandeln. Das muss ich im Zeitalter von Photoshop ja keinem erzählen, oder? Wenn ich ehrlich bin, will ich das auch gar nicht, weil ich von so was selber nicht viel Ahnung habe. Da ich im Laufe der Jahre allerdings eine ganze Menge Hotels von innen gesehen habe, spreche ich aus Erfahrung, wenn ich sage: Der Wirklichkeit werden Fotos nie gerecht, ungelogen, und es geht immer noch eine Stufe schlimmer, als man denkt. Hinzu kommt, dass Hotelfotos fast nie aktuell sind. Ich kann das klar an einem Punkt festmachen: Es passiert häufig, dass die Hotelleitung die Caros und Saschas, also die Schönlinge der Animationsbranche, für Fotoshootings einspannt. Dann werden sie einen Tag lang von Profifotografen in Hotelzimmern, am Pool und in der Bar als gut aussehende und gut gelaunte Urlauber inszeniert, um danach in Katalogen und Broschüren zu Werbeträgern für das Hotel zu mutieren. Bei einem Laden mit hübschen Gästen fällt den Ballermännern und Teilzeitschlampen die Buchungsentscheidung schließlich sehr viel leichter. Dass die Leute auf den Bildern gar keine echten Urlauber sind, ist die erste Verarsche. Dass die Bilder oft jahrelang benutzt werden, ist die zweite. Ich erlebe es immer wieder, dass ich in Katalogen Fotos von Kollegen sehe, die schon ewig nicht mehr in der Branche arbeiten. Für mich ist das dann mehr Zeitreise als Urlaub. Aber lassen wir das. Wenden wir uns lieber den Top Ten der Kehrseiten des schönen Scheins zu.

Platz zehn: Pussy Riot

Bitte! Nicht! Füttern! Das gilt eigentlich für alle Kreaturen, die im Dunstkreis von Touristenhochburgen betteln, ich beziehe es allerdings vor allem auf jene Plagegeister, die für mich vor allen anderen die Diskrepanz zwischen äußerer Erscheinung und wahrer Existenz verkörpern: Streunerkatzen. Sie waren in fast jedem Hotel meiner Nomadenvirus-Odyssee ein Problem, aber weil sie ja so wahnsinnig »süß« und »putzig« und »niedlich« aussehen, wurden sie trotzdem immer von den Gästen verhätschelt. Das hatte zur Folge, dass sie sich munter vermehrten und den Hotelbetrieb auf die ihnen eigene »putzige« Art und Weise terrorisierten. Zum Beispiel schlichen sie sich beharrlich in die Requisite, um es sich in den Kleiderkisten gemütlich zu machen. Und was macht eine Pussy, wenn sie sich wohl fühlt? Richtig, sie setzt ihre Marke. Danach stank der ganze Raum nach Katzenpisse, und man musste ewig wühlen, bis der Geruchsherd gefunden war. Manchmal klappte das leider nicht rechtzeitig. Ich werde nie vergessen, wie einmal eine Kollegin, die ihre Lieder wegen ihrer beeindruckenden Gesangsstimme nicht zum Playback, sondern live performte, eine ungewöhnlich kurzatmige Version von »I believe I can fly« runterhechelte. Zuerst wunderten sich alle, aber als sie nach dem Song wie von der Tarantel gestochen von der Bühne stürmte und sich das rote Fransenkleid vom Leib riss, war klar, was los war. Mit angewidertem Gesichtsausdruck flüsterte sie: »Igitt, in mein Kleid hat die Katze reingepisst. Das stinkt so krass. Ich konnte echt nicht atmen. Die Leute in der ersten Reihe haben auch ganz komisch geguckt.«

Jeder, der den Geruch von Katzenurin kennt, füttert ab jetzt keine Streuner mehr, dem Rest mache ich mit einer blutigen Geschichte den Garaus: Der Begrüßungscocktail im »Fuego del Volcán« wurde immer auf der Terrasse vor dem Speisesaal gereicht. Von dort aus hat man einen herrlichen Blick aufs Meer, dazu elegante Stehtische und Stühle mit weißen Stoffüberzügen. Ein schöner Ort für den Hoteldirektor also, um das Personal vorzustellen und ein paar salbungsvolle Worte zu den neu eingetroffenen Gästen zu sprechen. An einem sonnigen Septembernachmittag ratterte er mal wieder seine

»Wir tun alles, um ihnen den Aufenthalt so angenehm wie möglich zu gestalten«-Litanei herunter, als auf einmal eine junge Frau einen spitzen Schrei ausstieß, mit ausgestrecktem Finger auf einen Stuhl hinter ihm zeigte und rief: »Iiihhh, da ist ja alles voller Blut!«

Sie hatte recht. Der weiße Stoffüberzug war von Blut durchtränkt, und auf der Sitzfläche lag ein undefinierbarer blutiger Glibberhaufen, der aussah wie Gedärm. Nicht schön, aber erklärbar. Eine schwangere Streunerkatze hatte auf dem Stuhl ihre toten Babys zur Welt gebracht. Egal ob man das nun tragisch oder eklig oder unanständig findet, es sollte auf jeden Fall meinem Ratschlag vom Anfang Nachdruck verleihen: Bitte! Nicht! Füttern!

Platz neun: Der Schlüssel zum Unglück

Ich hab die vielen unterschiedlichen Bewertungssymbole für Hotels eben schon angesprochen und die Frage nach der Existenz eines international einheitlichen Klassifizierungssystems im Prinzip mitgeliefert. Trotzdem noch mal zum Mitschreiben: Es gibt keins. Innerhalb Europas sind die berühmten Sterne noch das zuverlässigste Symbol, aber selbst deren Vergabe wird von Land zu Land unterschiedlich gehandhabt. Zudem wird sie mal durch Behörden und mal durch Verbände vorgenommen und das vor allem nicht immer nach einheitlichen Kriterien. Was macht man mit dieser Info? Man wirft die Illusion über Bord, dass man sich in einem Schrotthotel auf das Sternesystem berufen könnte. Weil ein Schrotthotel mit Sicherheit keinen Stern hat. Harter Tobak, ich weiß. Ich spüre förmlich, wie bei einigen von Ihnen das Blut zu kochen beginnt. »Na sicher hat unser Hotel drei Sterne, du Penner. Die hängen sogar in einer Plakette an der

Rezeption«, tönt es von links aus den Reihen der Leser. »Wir sind doch nicht blöd. Unser Onlinereisebüro hat dieser Bruchbude vier Sterne gegeben«, tönt es von rechts. Und unser Freund, der Spielverderber, spottet: »Also wirklich. Ich fahre doch nicht in ein Land wie Ägypten, ohne sicherzugehen, dass mein Hotel mindestens drei Sterne hat.« Okay, ich hab's zur Kenntnis genommen und antworte von hinten nach vorne. Achtung, Nummer drei: In Ägypten gibt es kein offiziell gültiges Bewertungssystem. Deine drei Sterne sind also ungefähr so viel wert wie ein Kamel bei einem Formel-1-Rennen. Nummer zwei: Sehr viele Onlinereisebüros haben ihre eigenen Kategorien, die bewusst der Sternesymbolik ähneln, aber auf den zweiten Blick eben doch nur Sonnen oder Palmen sind, die sich auf bestimmte Aspekte wie zum Beispiel »Familienfreundlichkeit« beziehen. Warum? Die Agenturen wollen in erster Linie Reisen verkaufen und nicht zwangsläufig zur Qualitätssicherung beitragen. Kleiner Tipp: Im Internet sind Kundenbewertungen in der Regel sehr viel aufschlussreicher als vom Anbieter mitgelieferte, wie auch immer geartete Benotungen. Ähnlich verhält es sich bei Nummer eins: Seid ihr wirklich sicher, dass das Zertifikat an der Rezeption Sterne zeigt? Ich frage deshalb, weil ich im spanischen Raum immer wieder erlebt habe, dass Leute auf den Schlüssel reingefallen sind. Ob Schlüssel- oder Schlüssellochsymbol, das ist das beste Beispiel für ein Pseudoprädikat, mit dem geschäftstüchtige Hoteliers Gäste ködern wollen. Ich habe nie eine verlässliche Auskunft erhalten, wofür ein Schlüssel steht. Weder von Hotelbesitzern noch von Reiseveranstaltern. Entsprechend willkürlich erscheint mir die Verteilung der Dinger. Fazit: Traue nie dem Schlüssel! Und wenn dir jemand die Sterne verspricht, guck doppelt genau hin!

Platz acht: Natur gegen Tourismus

Ich drücke es vorsichtig aus: Der Massentourismus geht nicht unbedingt zimperlich mit der Natur um. Und wie es in den Wald hineinruft, so schallt es auch heraus. Mal wird ein Wanderweg zu nah ans Wasser gebaut und so lange unterspült, bis er absackt. Dann fällt die Umwälzanlage im Meerwasserpool aus, und die klare Pracht verwandelt sich innerhalb weniger Tage in eine algengrüne Pampe. Dann begräbt ein Wüstensturm die halbe Hotelanlage unter einer Sandschicht. Oder aber die Brunnen für die Rasensprenger sind leer, die Gärten vertrocknen, und obendrein macht eine Heuschreckenplage den Club zum brummenden Insektarium. Ich habe alle möglichen Ausnahmezustände miterlebt und dabei jedes Mal aufs Neue gestaunt, wie schnell die menschliche Infrastruktur von der Natur ausgehebelt werden kann. Und wie schnell Leute hysterisch werden. Zum Glück war ich nie dabei, wenn auf den Kanaren eine Touriregion wegen eines drohenden Vulkanausbruchs evakuiert werden musste. Ich habe mir das Gezeter allerdings oft ausgemalt – eine Vorstellung, die sich sowohl ins Lächerliche als auch ins Beängstigende steigern lässt. Mein persönliches Gleichnis für das Don-Quijote-hafte des Massentourismus ist allerdings vollkommen unspektakulär: Auf Rhodos landete jeden Montag im Morgengrauen eine riesige Passagierfähre mit neu ankommenden Touristen. Der Dampfer schipperte auch am Strand meines Clubs vorbei. Eigentlich mit ausreichendem Abstand, aber nicht weit genug entfernt, um mit seiner Flutwelle nicht jedes Mal den kompletten Strand zu überschwemmen. Für uns Animateure hieß das: Sonntagabend alle Liegen und Sonnenschirme in Sicherheit bringen, Montagmorgen in aller Frühe mit Spitzhacken zum Strand ausschwärmen, um den Sand zu lockern – auf dem wir am Nachmittag schon wieder mit den Leuten Beachvolleyball spielten, die am Morgen mit der Flutwellenfähre angekommen waren. Ein sehr anschauliches Beispiel für die Deckungsgleichheit von Ursache und Wirkung. Bei der nervigen Plackerei am Morgen ging mir jedes Mal das Szenario durch den Kopf, wie sich trotz aller Mühe ein verwöhnter Touri über den harten Strand beschwerte und ich ihn anbrüllte: »Wenn du nicht hier wärst, gäbe es das Problem gar nicht!« Es kam nie zu dieser Situation. Besser so. Die Gedanken bleiben zum Glück frei. Aber wenn hier irgendjemand vorhat, ein Hotel zu bauen, dann soll er es aus Rücksicht auf die Mitarbeiter doch gefälligst gleich an einen überflutungssicheren Strand setzen. Bitte.

Platz sieben: Das bodenlose Beschwerdefass

Landet man in einem unterirdischen Hotel, ist das Unglück groß und das Bedürfnis, dem eigenen Frust Luft zu machen, noch größer. Das leuchtet mir ein. Ich habe trotzdem Stunden meines Lebens damit verbracht, mich darüber aufzuregen, warum Gäste ausgerechnet zu mir kamen, um darüber zu meckern, dass der Swimmingpool zehn Zentimeter flacher war als im Prospekt angegeben, das Essen nicht die angepriesene »mediterrane Finesse« aufwies oder das Salzwasser immer so in den Augen brannte. Was soll denn bitte ein Animateur an baulichen, kulinarischen oder natürlichen Mängeln ändern? Er ist doch selber nur angestellt und kann die Beschwerden im besten Falle an die Verantwortlichen weitergeben. Womit wir beim Grund angelangt wären, aus dem ich mir das Gemotze trotzdem immer geduldig anhöre. Der Verantwortliche für die Ausstattung eines Clubhotels ist meist genauso wenig greifbar wie auffindbar. Meist hätte ich ihn weder benennen noch ausfindig machen können. Das Paketformat, das

Pauschalreisen so reizvoll macht, zerfällt bei genauerem Hinsehen nämlich in ein kleinteiliges Durcheinander unterschiedlichster beteiligter Parteien.

Nehmen wir zum Beispiel meine Animationswiege: das »Fuego del Volcán«. Das Hotel an sich war in privater Hand, es wurde aber nur zu einem kleinen Teil von den Besitzern selbst betrieben. Der Großteil war an unterschiedliche deutsche Reiseveranstalter vermietet, die frei über ein bestimmtes Zimmerkontingent verfügen konnten und teilweise auch die »Ausstattung« stellten – wozu auch die Animateure gehören. Wenn sich also jemand über sein Zimmer beschwerte, musste er sich an den Veranstalter wenden, wenn es aber um die Anlage als solche ging, war der Besitzer zuständig. Und das war nur die Spitze eines Eisbergs aus komplizierten Vertragsgeflechten mit Gärtnern, Köchen, Reinigungsdiensten und was weiß ich noch wem alles. Was ich damit sagen will: Wenn ihr an der Rezeption mit euren Beschwerden mal wieder auf taube Ohren oder die große Unwissenheit stoßt, macht euch immer klar, dass euer Gegenüber mit großer Wahrscheinlichkeit selbst keine Ahnung hat, wie er der Situation Herr werden kann. Da muss sich erst durchgefragt werden. Das dauert eine Weile, und dann passiert meist auch was. Auf sofortiges Handeln zu bestehen ist jedoch reine Energieverschwendung. Ansonsten zeigt die Erfahrung: Alle arbeiten so billig wie möglich und immer nur im Rahmen regionaltypischer Gegebenheiten. Wo die Zuständigkeit eines deutschen Reiseveranstalters aufhört, tun es also auch die deutschen Komfortansprüche. Dafür sind dann ausnahmsweise keine Entscheidungsträger, sondern einfach nur kulturelle Unterschiede verantwortlich.

Platz sechs: Das stille Örtchen

Bei meinem Besuch im Internetcafé der ballonseidenen Exil-schwäbin an der Olympischen Riviera waren es nicht nur die Frappés und die Bougatsas, die zum griechischen Flair des Nachmittags beitrugen, sondern auch der Gang auf die Toilette. Oder sollte ich sagen »aufs Hockklosett«? Genau das war es, was ich beim Aufreißen der Kabinentür vorfand: ein viereckiges Becken mit einem Abfluss in der Mitte, zwei Standflächen für die Füße und einem abgeschnittenen Spül-schlauch daneben. Es war das erste Mal in meinem Leben, dass ich auf eine Kloschüssel zu ebener Erde stieg, und ich war komplett überfordert. Wenn ich die verzweifelten Ver-renkungen, die ich bei dieser »Sitzung« gemacht habe, auf Vi-deo aufgenommen hätte, wären sie heute bestimmt der Hit bei Youtube. Wahnsinn, wie schwer es nach einundzwanzig klobrillenverwöhnten Jahren fällt, sich auf eine neue Art zu scheißen einzustellen. Es hat mich beruhigt, als mir irgend-wann ein ägyptischer Kollege erzählte, dass er umgekehrt die gleichen Probleme hatte. Wenn er auf eine Schüsseltoilette ging, stellte er sich mit den Füßen auf den Beckenrand und hockte sich hin. Weil er das so gewohnt war und weil er den Hautkontakt mit der Klobrille unhygienisch fand. Dieser Lo-gik konnte auch ich mich nicht entziehen. Mittlerweile kann ich sagen, dass ich einigermaßen Routine im Umgang mit Hockklosetts habe. Bei der Entsorgung des Klopapiers in ei-nen Eimer neben der Schüssel meldet sich allerdings immer noch der Ekel. Aber angeblich verstopft Zellstoff ja alters-schwache Abflussrohre.

Der Grund, warum ich das hier aufschreibe, ist allerdings gar nicht die Bewältigung meines eigenen Toilettentraumas, son-dern das Problem, das wahnsinnig viele Urlauber mit stillen Örtchen haben, die nicht ihre eigenen sind. Klos sind beim

Gästekontakt ein erstaunlich ergiebiges Thema, bei dem selbst verschlossene Kandidaten zwischenzeitlich zu Plappermäulern werden können. Dabei muss es nicht mal um Hockmodelle gehen. Die kommen in Clubhotels aus Rücksicht auf die nordeuropäischen Gäste ohnehin so gut wie nie vor. Nein, es geht vielmehr um die generelle Organisation. Sollten sich also Toilettenneurotiker unter den Lesern befinden, will ich ihnen drei Tricks weitergeben, die ich im Gespräch mit ihren Leidensgenossen aufgeschnappt habe.

Erstens: Ein Gast auf Teneriffa hatte immer einen Eimer Wasser neben dem Klo stehen, weil die Spülung dort (wie häufig in südlichen Ländern) sehr lasch war und das Wasser so langsam nachlief.

Zweitens: Eine Frau auf Mykonos reiste stets mit eigenen Klorollen, weil ihr das Hotelpapier entweder zu dünn oder zu hart war. Wenn sie ausging, nahm sie einen aufgerollten Drei-Meter-Streifen mit, weil es auf öffentlichen Toiletten oft kein Papier gab – bei Discotouren ohne Handtasche steckte sie ihn in die Hosentasche (immer verpackt in eine Plastiktüte, damit er nicht feucht wurde).

Drittens: grenzwertig, aber lustig. Ein Rentner auf Lanzarote ekelte sich vor fremden Toilettensitzen und legte angeblich einen Kinderschwimmreifen auf die Klobrille, bevor er sich hinsetzte.

Platz fünf: Wasser, marsch!

Wo wir gerade bei Sanitäranlagen sind: Ein Ding, bei dem ich mal wieder selbst alles falsch gemacht habe, was man falsch machen konnte, war das Wasser. Wie schlecht ich vorbereitet war, als ich in »Triton's Castle« ankam, ist ja bekannt. Ich selbst merkte es erst, als ich nach meinen ersten fünf Arbeitsstunden gefühlte fünf Liter geschwitzt, aber nur null Komma acht Liter getrunken hatte. Die Getränkeversorgung der Mitarbeiter beschränkte sich nämlich auf lächerliche vier Gutscheine pro Tag, für die man jeweils einen Null-Komma-zwei-Liter-Softdrink bekam. Eine Unverschämtheit, aber egal. Was macht ein mittelloser kleiner Proll mit gesundem Menschenverstand, wenn er sein viertes Getränk im Angesicht der Hitze schon nach der Mittagspause weggekippt hat? Richtig! Er stürzt sich auf den Wasserhahn. Gluck, gluck, gluck und … Pfui, das Zeug schmeckte ja widerlich. Total verchlort. So verchlort, dass sogar ich es ungenießbar fand. Ich hatte keine Zeit, großartig darüber nachzudenken, denn ich musste zu meinem nächsten Volleyballspiel – bei dem ich die ganze Zeit einen ekelhaften Geschmack im Mund hatte, noch mal drei Liter schwitzte und demzufolge immer durstiger wurde. Was nun? Gutscheine waren alle, Geld war knapp, Wasserhahn ging nicht. Blieb also nur … der Pool. Ich habe es ohne Scheiß ein paar Tage durchgehalten, Wasser aus dem Pool zu saufen. Das schmeckte zwar auch eklig, aber nicht so eklig wie die Brühe aus dem Wasserhahn. Ein paar Tage später hab ich Bauchgrummeln bekommen und wurde kurzzeitig paranoid, ob das am Chor lag (das ja bekanntlich ein aggressives Bleichmittel ist) oder am Poolwasser (in dem mit den Gästen wahrscheinlich tausend Bakterien schwammen). Letztendlich war es wahrscheinlich nur mein Gehirn, das meinem Magen signalisieren wollte, dass es so nicht weiterging. Hat geklappt. Seitdem hab ich Wasserflaschen gebunkert. Später hab ich mal irgendwo gelesen, dass Chlorwasser unschädlich ist, man in südlichen Ländern aber generell kein Wasser aus der Leitung trinken soll, weil selbst das Chlor kein Garant für Keimfreiheit ist. Also bitte nicht an der falschen Stelle sparen!

Platz vier: Guten Appetit!

Besonders bei Meckerpötten ein wahnsinnig beliebtes Thema: das Essen. Mal schmeckt alles gleich, dann schmeckt alles versalzen, dann schmeckt alles verbrannt … Man könnte ewig so weitermachen. Meistens stimmt die Kritik, aber großes Gerede hilft in der Regel auch nicht weiter. Deshalb lautet mein persönlicher Kommentar zu dem Thema: »Ein Pauschalhotel ist kein Haute-Cuisine-Tempel, und was dir nicht schmeckt, das isst du am besten nicht.« Dass eine solche Herangehensweise die Ernährungsvielfalt sehr einschränken kann, weiß ich selbst. Ich habe mich auf Rhodos mal drei Monate lang ausschließlich von Pommes mit Cocktailsauce ernährt, nachdem ich zufällig mitbekommen hatte, wie Gäste neben mir ein Hackbällchen aufschnitten, in dem eine Kakerlake steckte. Oje, habe ich das gerade wirklich geschrieben? Dabei war es gar nicht meine Absicht, den kulinarischen Horrormärchen aus der Hotelküche neues Feuer zu geben. Da könnte ich ja gleich von dem Koch erzählen, den ich auf Lanzarote dabei erwischt habe, wie er Gurkenscheiben, die beim Schneiden auf den Boden gefallen waren, auf ein Kehrblech fegte und in die Salatschüssel schmiss. Oder von der Küchenhilfe in der Türkei, die mit dem gleichen Besen, mit dem sie zuvor die Katzenscheiße weggefegt hatte, die Arbeitsflächen in der Küche putzte. Oder von der Obstplatte in Ägypten, deren Orangen auf der Liegeseite von Maden zerfressen waren. Oder von dem Eimer mit Kräuterdressing, in dem eine Ratte ertrank. Bei so was kann einem schon mal der Appetit vergehen.

Grundsätzlich sage ich trotzdem: Die Hysterie beim Essen wird übertrieben. Ich rate dazu, das Thema sinnigerweise mit Bauchgefühl zu behandeln: Schmeckt ein Gericht wirklich versalzen oder verbrannt, Finger weg, denn vermutlich sollen übertriebene Würze und Brutzelei darüber hinwegtäuschen, dass der Fraß am Vorabend schon mal auf dem Buffet lag. Hat irgendetwas einmal scheußlich geschmeckt, rate ich von einem zweiten Versuch ab, denn es wird vermutlich falsch gelagert oder von einem billigen, aber schlechten Lieferanten bezogen. Sieht irgendwas eklig aus, probiert man es am besten gar nicht erst. Und wenn das alles nichts hilft: Pommes und Cocktailsauce. Wohl bekomm's!

Platz drei: Welcome to the Pleasuredome!

Als ich von Rhodos nach Mykonos wechselte, hatte ich ein bisschen zugelegt. Irgendwie hatte die eintönige Pommeskur nicht zum Abnehmen, sondern zum Gegenteil beigetragen. Es kam mir also sehr gelegen, als ich beim Studieren der Unterlagen über meine nächste Station (die »Residence Cycladia«) feststellte, dass das Hotel über einen Fitnessraum verfügte. Als ich mir auf der Fähre von einer Insel zur anderen ein Sandwich gönnte, nahm ich mir vor: »Sven: Das ist die letzte Sünde der Saison, danach gibt's nur noch Rohkost und jeden Abend eine halbe Stunde Kraftstation und Cardiostepper!« Ich sah mich schon an den Geräten schwitzen und danach in neuer Topform die Frauen verrückt machen. In Gedanken drehte ich ganze Dokuserien über Kraftmeier Kudszus, der es in zwei Wochen vom Moppelchen zum Adonis gebracht hatte. Umso größer war die Ernüchterung, als ich ein paar Stunden später bei meinem obligatorischen ersten Hotelrundgang im »Fitnessraum« landete und eine schlampig gefliese Acht-Quadratmeter-Kammer vorfand, deren Ausstattung ohne Witz aus drei Hüpfbällen, zwei Hanteln und einem Expander bestand. Keine Kraftstation, kein Cardiostepper, nicht mal eine Drückbank gab es. Letztere hab ich mir am Ende selbst aus einer Bierbank und zwei Hockern gebastelt. Allerdings verhielt es sich mit meiner Fitnesskarriere genauso wie mit den Begriffen, mit denen Hotelbeschreibungen Opulenz vortäuschen. »Kraftmeier Kudszus« hörte sich muskulöser an, als er am Ende aussah. Ein ähnliches Phänomen hatte ich später noch mal in Side. Da war im Prospekt ein »Pleasuredome« angekündigt. Ich dachte, weiß Gott, was das sein müsste, stieß aber nur auf eine stinknormale Disco. Und spätestens seit sich die »Sky Bar« bei meiner Rückkehr nach Ägypten als popeliger Open-Air-Ausschank entpuppte, habe ich meiner Fantasie abtrainiert, sich von schöngeistigen Begriffen blenden zu lassen. Jeder Pauschaltourist ist gut beraten, es genauso zu tun.

Platz zwei: Der Kostenregulator

Es wird niemanden überraschen, dass Shows und Gästekontakt nicht nur des Wohlfühlfaktors wegen erfunden wurden, sondern vor allem aus wirtschaftlichen Gründen. Wo gesungen, getanzt und geredet wird, da wird auch getrunken. Und wo getrunken wird, ist irgendwann die Zeche fällig. In meinen Anfangsjahren war es somit ein erklärtes Ziel der Shows, die Gäste zum Saufen zu motivieren. Sei es dadurch, dass man ihnen in Nummern wie dem »Johann, Cognac«-Sketch auf die spaßige Tour die Gläser leer trank oder dass man beiläufig Anstoßrituale in die Abende einflocht, bei denen die Zuschauer mittranken. Ich persönlich verbuchte das Ganze eher unter dem Spaßaspekt, dass es bitterernstes Kalkül war, wurde mir erst auf der Insel Kos klar. Während meiner Zeit dort wurde das Hotel auf »all inclusive« umgestellt, also auf Freigetränke bis zum Abwinken. Diese Umstellung führte erst zu Verwirrung und Nachschub-Engpässen und schließlich dazu, dass der Hotelleiter alle Animateure einbestellte und verkündete: »Ihr habt das immer gut gemacht, aber die Abendshows sind ab sofort gestrichen.«

Er erklärte die Maßnahme damit, dass es seit der Einführung der All-inclusive-Bändchen Kosten verursache, wenn Gäste abends noch lange aufblieben und tranken. Stattdessen sollten wir tagsüber dafür sorgen, dass die Leute sich bei den Aktivitäten total auspowerten und entsprechend früh schlafen gingen. Damals verbat sich das ganze Animateursteam mit einer Geschlossenheit, auf die ich bis heute stolz bin, dieses Verbot eines zentralen Teils seiner Arbeit. Zumal dieses Verbot der Verflachung der Animation im Allgemeinen Vorschub geleistet hätte. Wir spielten also einfach weiter und wälzten die Sparkeule auf die Bar ab. Die durfte fortan nur noch Null-Komma-zwei-Liter-Gläser servieren und kein durstfördernder Knabberzeug mehr auf die Tische stellen. Später habe ich allerdings auch erlebt, dass es zum Bestandteil meiner Arbeit wurde, die Leute abends per Animation aus dem Hotel zu locken, damit sie nicht immer die Bar leer tranken. Wer in Animateuren also nur Spaßmacher sieht, der irrt. Wir sind auch Kostenregulatoren.

Platz eins: Das Unterdeck

Du denkst, dein Zimmer ist eine Katastrophe? Dann guck dir die Unterkünfte der Animateure an, und schon sieht die Welt anders aus. Auf die Gefahr hin, dass es weinerlich und egozentrisch wirkt, erkläre ich hiermit die Animateursunterkünfte zur absoluten Nummer eins der Hotel-Schattenseiten. Sie sind quasi das Unterdeck der Clubresorts. Ich habe in ehemaligen Abstellräumen geschlafen, in Kellerräumen, in denen gleichzeitig die Sportgeräte gelagert wurden, und natürlich in ausrangierten Zimmern, die für die Gäste zu grottig geworden waren. Insofern sage ich immer: Wer wissen will, wie ein Animateursquartier aussieht, stelle sich das scheußlichste Hotelzimmer seiner Reisebiographie vor und schlage noch zwei Schäbigkeitssterne drauf: Willkommen bei den Flodders! Bevor ich jetzt nämlich als Jammerlappen der Saison in die Geschichte eingehe, gebe ich offen zu: Die Zimmer waren scheiße, aber wir haben sie auch heftig verwohnt. Keiner kam auf die Idee, mal zu streichen oder vernünftig sauber zu machen. Investitionen lohnten sich einfach nicht. Egal ob Einzel-, Doppel- oder Sammelunterkunft, es war immer klar, dass man nur auf Zeit dort lebte. Und wenn man sich entscheiden musste, ob das mickrige Gehalt für einen Pott Putzmittel oder etwas zu trinken draufgehen sollte, war ja wohl klar, worauf die Wahl fiel. Außerdem wurden meine Versuche, es ein bisschen wohnlich zu machen, immer im Keim erstickt. In meinem Tiefgaragenzimmer auf Lanzarote habe ich zum Beispiel den Schimmel an den Wänden mit Strandmatten verhängt – mit dem Erfolg, dass sie feucht wurden und die Bude bis zu meiner Abreise nach muffigem Stroh roch. In der »Residence Cycladia« hab ich mir einen Ventilator gekauft – mit dem Erfolg, dass er mir erst eine Erkältung einbrachte und später die sorgsam bereitgelegte Hasch-Tabak-Mische eines Mitbewohners wegpustete. Das gab vielleicht Ärger. In meinem Zweierzimmer in Side versuchte ich, den unerträglichen Mief von Manuels Stinkesocken mit Hilfe von Räucherstäbchen zu vertreiben. Danach mussten wir zwei Nächte lang draußen schlafen, um nicht an dem schweren Gewürznelkendunst zu ersticken. Ja, ja, man hat es nicht leicht auf dem Unterdeck. Aber wo wir gerade beim Draußenschlafen sind: Rückblickend habe ich sowieso das Gefühl, die Hälfte meiner Nächte in der Fremde unter freiem Himmel gepennt zu haben. Strand, Liege, Decke, und wenn der Morgen graut, von einem Bademeister hochgerüttelt werden – diese Form des Erwachens ist mir vertrauter als der morgendliche Anblick einer heruntergekommenen Bruchbude. Sicher keine massenkompatible Lösung, aber ganz ehrlich: Ich fand's schön.

Gastbetreuung ohne Hose

Einige werden sich zu Recht fragen, was eigentlich aus Timos Weisheit vom Anfang geworden ist: »Wer ficken will, muss freundlich sein.« Stimmt sie, oder stimmt sie nicht? Und was ist eigentlich dran an dem Vorurteil, dass Animateure alles poppen, was nicht bei drei auf dem Baum ist? Ich will es so sagen: Freundlichkeit kann nicht schaden, und was das Vorurteil angeht, verhält es sich eigentlich wie mit allen Klischees. Entweder sie stimmen nicht, haben aber einen wahren Kern. Oder ... Tja, oder sie stimmen halt komplett. Ich will jetzt keine Kollegen in die Pfanne hauen. Es gab immer auch Leute, die gewissenhaft den Job vom Privaten getrennt haben. Und es gab immer welche, die die Souveränität hatten, ihre Instinkte im Zaum zu halten. Inzwischen würde ich mich sogar selbst zu dieser Kategorie zählen, aber das war weiß Gott nicht immer so. Mit Mitte zwanzig hab ich's mit der Vögelei so ähnlich gemacht wie Hunde, die ihre Marke setzen. Ich hab's in Miniclubs und Gästezimmern getrieben, am Strand und in der Requisite, vor der Bar und hinter der Palme ... Ich hab auch in Clubs gearbeitet, in denen es von der Leitung ausdrücklich erwünscht war, dass die Animateure die Gäste flachlegten. Machen wir uns nichts vor: Cluburlaub ist zum Genießen da. Und zum Genuss gehört neben Sonne, Saufen und neuen Entdeckungen auch Sex dazu. Das wissen Hotelchefs genauso gut wie die Urlauber.

Räumen wir also mal mit einem Vorurteil auf: Wer glaubt, dass es immer nur die Animateure sind, die sich an die Gäste ranschmeißen, liegt falsch. Ich kann das mit einem einfachen Beispiel belegen. Als ich angefangen habe, als Animateur zu arbeiten, war ich ein verschlossener, schüchterner Typ, der

Frauen gegenüber eher Komplexe hatte, als einen auf großer Stecher zu machen. Mir ist bis heute klar, dass ich rein optisch nicht dem Idealtypus des smarten Womanizers entspreche, der eine nach der anderen ins Bett kriegt. Allerdings bin ich nach den geschilderten Anfangsschwierigkeiten in meine Position reingewachsen und zunehmend selbstsicherer geworden. Da merkte ich auf einmal, dass gar nicht ich die Frauen anbaggern musste, sondern dass sie die Initiative ergriffen. Schließlich gab es die Stillen Wasser und die Teilzeitschlampen. Bei denen war von der berühmten weiblichen Zurückhaltung nichts zu merken. Im Gegenteil. Wenn denen die Höschen zwickten, wurden sie zu sexhungrigen Raubkatzen. Ich habe Fälle erlebt, bei denen sich die Männer gegenseitig die Klinke in die Hand gaben. Es gab auch Frauen, die sich um einen Typen geprügelt haben. Und ich hab, ohne Scheiß, Dialoge erlebt wie: »Sven, du kommst heute um achtzehn Uhr auf mein Zimmer, ja?«

»Du, das wird eng, da haben wir Probe für die Show heute Abend.«

»Für meine Show brauchst du keine Probe. Also … Kommst du?«

»Puh, ich …«

»Sonst sag ich Filippo von der Bar Bescheid, und du bist raus.«

»Äh … Okay, ich komme.«

»Geht doch. Bis später dann!«

Es gab auch Frauen, bei denen ich nicht angebissen habe und die daraufhin anfingen, mich bei der Hotelleitung für Fehler anzuschwärzen, die ich gar nicht begangen hatte. Was eine halbwüchsige Carina kann, das kann eine erwachsene Frau schon lange. Von knallharter Erpressung über schamlose Anmache bis zu regelrechter Nötigung kam alles vor. Mir wurde das teilweise echt zu viel. Aber wer denkt, die Glücksformel würde genauso umgekehrt funktionieren (»Wer *nicht* ficken will, muss *un*freundlich sein«), irrt gewaltig. Bei Zurückweisung werden viele Frauen erst recht zu Tieren. Es ging zeitweise also richtig die Post ab.

Das soll jetzt gar nicht angeberisch rüberkommen. Mir ist völlig klar, dass ich als Animateur Frauen abbekommen habe, die ich als Privatperson in Deutschland nie im Leben rumgekriegt hätte. Da waren die absoluten Oberknaller dabei. Aber für die Mädels war das Urlaub, und ich war Animateur, also einer von den Jungs, die sich über Generationen den Ruf erworben hatten, dass sie Frauen am laufenden Band vernaschten. Logisch, dass da der Respekt flöten ging. Mir sollte das recht sein, und ich habe mich in der Rolle des Opfers weiblicher Triebe sehr wohl gefühlt. Anfangs führte ich noch Listen über meine Affären. Bei Nummer fünfzig hab ich dann versucht, jedem Namen ein Gesicht zuzuordnen. So peinlich es ist: Das klappte nicht. Ich konnte mich beim besten Willen nicht an jede einzelne Lady erinnern. Wenn mir also nach den obigen Ausführungen irgendeine Frau den Vorwurf machen will, ich würde ihre Geschlechtsgenossinnen als Schlampen diffamieren, soll sie sich beruhigen. Erstens weil ich selber nicht besser bin, zweitens weil ich finde, dass jeder seinen Spaß haben darf und soll.

Ich selbst bin irgendwann dazu übergegangen, eine Art Minibeziehungsreigen zu unterhalten. Das waren Kurzzeitromanzen, bei denen ich den jeweiligen Mädchen bis zu ihrer Abreise treu war, und die sich danach in allmählich abebbendem Kontakt totliefen. Dieses bisschen Herzschmerz brauchte ich irgendwie für mich selbst. Aber es gab natürlich auch Momente, in denen mir meine »wilde Zeit« voll auf die Füße fiel. Einer davon war die Nacht der vier tanzenden Frauen …

Four on the floor

Lanzarote, 2006. Ich hatte gerade mal wieder eine »Freundin«, also eine meiner Zwei-Wochen-Hotelgast-Beziehungen. War auch alles schön. Guter Sex, bisschen Romantik, keine Klammerei. Hätte wunderbar vierzehn Tage so weiterlaufen können. Wenn nicht nach der ersten Woche eine meiner Affären aus dem Vorjahr im Club aufgeschlagen wäre. Und meine Ex-Freundin aus Deutschland, die mich überraschen wollte. Und eine Frau, die ich vor drei Monaten bei einer Kurzzeitanstellung in Tunesien gepoppt hatte. Das klingt in dieser Konstellation schon mal ziemlich unglaublich, oder? Aber wie hoch ist die Wahrscheinlichkeit, dass diese vier Frauen am gleichen Abend zur gleichen Zeit in der Clubdisco aufeinandertreffen und ich ausgerechnet im Moment ihres Aufeinandertreffens den Raum betrete? Eins zu hundert? Eins zu einer Million? Nix da, Leute. Wir befinden uns im Mikrokosmos Cluburlaub. Und damit in einer Wahrscheinlichkeitssphäre von eins zu eins. Irgendwie machen im Club immer alle das Gleiche zur gleichen Zeit. Das wurde mir in diesem Moment schmerzlich bewusst.

Aber eins nach dem anderen. Es war Dienstag: Anreisetag, Abreisetag und mein freier Tag. Mein Kumpel Sergio war an diesem Abend als DJ in der Clubdisco eingeteilt, und ich hatte versprochen, kurz vorbeizuschauen, um ihm Gesellschaft zu leisten. Vielleicht der größte Fehler meines Lebens.

Man stelle sich das so vor: Ich betrat die Disco. Links die Bar, rechts die Bühne, dazwischen die Tanzfläche. Auf der Tanzfläche: vier Frauen, die sich gegenseitig anschunkelten. So weit, so normal. Und für mich eigentlich auch völlig uninteressant, weil es ja mein freier Tag war. Ich ging also auf direktem Weg zum DJ-Pult, als ich aus dem Augenwinkel wahrnahm, dass eine der tanzenden Grazien in meine Richtung winkte. Auch das ist nichts Ungewöhnliches. Animateure sind bunte Hunde, und es gibt immer irgendwen im Club, der dich erkennt oder hallo sagen will. Ich habe also erst mal nur mechanisch zurückgewunken – um im selben Moment zu merken, dass das meine aktuelle »Freundin« war, die meine Aufmerksamkeit erregen wollte.

Nun ist es so, dass Animateure ihre Affären mit einer gewissen Diskretion behandeln. Vor anderen Gästen wird nicht rumgeknutscht oder auf große Romanze gemacht. Theoretisch soll jeder Gast das Gefühl haben, dass du ihm gehörst, deshalb sind demonstrative Exklusivverbindungen unerwünscht. Ich habe meinen Freundinnen das auch immer gesagt, und meist haben sie es verstanden. Diese hier war jedenfalls cool genug, nicht gleich auf mich zuzustürzen und sich mir an den Hals zu werfen. Die Glückliche. Denn ich selbst war beim Blick auf die Tanzfläche mit einem Schlag überhaupt nicht mehr cool. Wie in Zeitlupe erfasste ich die Gesichter der vier tanzenden Frauen. Mit jedem Blick rutschte mir das Herz in der Hose ein Stückchen tiefer.

Neben meiner Minibeziehung (nennen wir sie Ariane) war da Natascha, eine Affäre aus dem Vorjahr. Wir hatten uns seit ihrer Abreise regelmäßig Briefe geschrieben, in denen sie mich ihren »Traumprinz« nannte, was mir so schmeichelte, dass ich meine Antworten immer mit »Hallo, Prinzessin« begann. Ich hatte ihr sehnsüchtiges Gefasel nie ernst genommen und unseren Briefwechsel eher als romantische Spielerei abgetan. Ich hätte nie erwartet, dass mir diese Spielerei einen unerwarteten Überraschungsbesuch hätte einbrocken können. So falsch kann man liegen. Neben Natascha legte sich im Rhythmus der Musik Luisa ins Zeug. Luisa war eigentlich verheiratet, nutzte die Schulferien ihrer achtjährigen Tochter aber immer für Kurzurlaube, in denen sie Kerle aufriss, sobald die Kleine im

Bett war. Bei einem Tunesienintermezzo in den Osterferien war ihre Wahl auf mich gefallen. Danach hatte sie mich wochenlang mit SMS bombardiert, was mir irgendwann zu blöd wurde, so dass ich nicht mehr geantwortet hatte. Offenbar auch keine gute Entscheidung. Dass Luisa ihren Sommerferienexkurs ausgerechnet in »meinen« Club nach Lanzarote gelegt hatte, konnte ich jedenfalls unmöglich als Zufall abtun. Den Todesstoß versetzte mir allerdings die vierte Frau in der Runde. Da sie mir den Rücken zuwandte, hatte ich anfangs noch gehofft, es könne sich um eine Verwechslung handeln. Als sie jedoch zur Seite blickte und ich ihr Profil studieren konnte, gab es keinen Zweifel mehr: Das war Sarah, meine Ex-Freundin aus Deutschland. Ich sage »Ex-Freundin«, weil Beziehungen, die ich in der Saison für die Animation zu Hause zurückließ, für mich persönlich wenn nicht beendet, dann doch auf jeden Fall auf Eis gelegt waren. Was aber nichts daran änderte, dass ich nie offiziell mit Sarah Schluss gemacht hatte und immer noch von Zeit zu Zeit mit ihr telefonierte.

Mit anderen Worten: Da hotteten vier Frauen ab, die allesamt Ansprüche auf mich geltend machen konnten. Und das auch noch zu Recht. Manch einer würde angesichts einer solchen Gemengelage die Flucht ergreifen, ein anderer in Ohnmacht fallen, ich für meinen Teil drehte mich wie ferngesteuert zur Bar um und bestellte zwei doppelte Tequila. Als ich den ersten weggekippt hatte, wurde ich von hinten an der Schulter gepackt. Mit einem »Nett, dass du für mich mitbestellt hast« schnappte Sergio sich das zweite Glas und zog mich mit zum DJ-Pult. Ich war viel zu verdattert, um mich zu wehren. So nahm das Unglück seinen Lauf. Im nächsten Moment fand ich mich in der DJ-Kabine wieder, wo Sergio auf die Tanzfläche deutete und mir ins Ohr raunte: »Guck dir das an! Ich glaube, die vier Chicas sind scharf auf mich.«

Muss ich dazu sagen, dass die DJ-Kabine für alle Anwesenden einsehbar war? Muss ich dazu sagen, dass die vier »Chicas« bald darauf hochguckten und mich erkannten? Und muss ich dazu sagen, dass ihre Aufmerksamkeit von da an nicht mehr Sergio, sondern mir galt? Die Situation war so grotesk, dass mir noch heute beim Gedanken daran ganz übel wird. Ich stand hinter der Glasscheibe und versuchte, so charmant wie möglich das vierfache Winken und Zwinkern auf der Tanzfläche zu erwidern. Gleichzeitig zischte ich Sergio zu: »Tut mir leid, Alter, aber es wäre möglich, dass die Ladys heute ausnahmsweise nicht auf dich scharf sind.« Es muss mein gequälter Gesichtsausdruck gewesen sein, der ihn sofort verstehen ließ. Die Folge: Ich hatte einen vor Lachen brüllenden Kumpel neben und vier vor Vergnügen quiekende Damen vor mir. Zu allem Überfluss knallte in diesem Augenblick der bekloppte Mr-President-Hit »Four on the floor« durch die Boxen. Leckt mich, Leute. Mir ging der Arsch auf Grundeis.

Es würde den Rahmen sprengen, hier jedes Emotionsloch zu beschreiben, in das ich in den folgenden Stunden stürzte. Zumal ich bestimmt die Hälfte der panischen Details verdrängt habe. Deshalb gibt's den Rest dieses vom Schicksal meisterhaft choreographierten Abends im Schnelldurchlauf: Der Zufall wollte es, dass zwar keine der vier Frauen aus ihrer Freude mich zu sehen ein Geheimnis machte, aber auch keine von ihnen auf die Idee kam, eine der anderen nach ihrem Verhältnis zu mir zu befragen. Sie schienen sich auch nicht zu wundern, dass ich mich eisern hinterm DJ-Pult verschanzte. Die Party ging einfach weiter, und alle außer mir amüsierten sich köstlich. So hat ein Animateur es gern, und ich begann die Situation zu behandeln wie alle kniffligen Momente in meinem Berufsalltag. Ich improvisierte.

Ich schickte Sergio zu Sarah. Mit einem Zettel, auf dem stand:

»So 'ne Überraschung. Muss noch arbeiten. Wir treffen uns um 23 Uhr am Strand.«

Zu dem Zeitpunkt war es 22 Uhr, und wie ich meine Ex kannte, würde sie vor unserem Wiedersehen noch mal aufs Zimmer gehen, um sich frisch zu machen. Klappte auch. Kurz nachdem der DJ Sarah den Zettel zugesteckt hatte, verließ sie die Disco. Stufe zwei: Ich ließ dem Barmann ausrichten, dass er Luisa einen Drink ausgeben und sie um den Finger wickeln sollte, sobald sie etwas bei ihm bestellte. Ich wusste, dass das nicht lange dauern konnte, denn Luisa trank nicht nur gern, sondern auch viel. Besonders, wenn sie tanzte. Auch damit lag ich richtig. Wenig später standen die beiden ins Gespräch vertieft an der Bar und turtelten wie die Tauben.

Da waren's nur noch zwei. Als Ariane aufs Klo verschwand, nutzte ich die Gunst der Stunde, wagte mich aus der Deckung, packte Natascha beim Handgelenk und zog sie nach draußen. Ich weiß noch, dass es halb elf schlug und dass mein »Hallo, Prinzessin« etwas schrill klang, als wir kurz darauf am Pool standen und einander begrüßten. Ich erzählte ihr dann irgendwas von einer neuen Kollegin, der ich bei Vorbereitungen für den kommenden Tag helfen müsse, und versprach, nachts noch in ihr Zimmer zu kommen. Damit war sie zufrieden und ich frei für das 23-Uhr-Date.

Sarah und ich vögelten am Strand. Dass sie nicht allein meinetwegen gekommen war, sondern auch um eine Freundin auf andere Gedanken zu bringen, die sich gerade von ihrem Macker getrennt hatte, barg eine gewisse Ironie, war für mich aber ganz beruhigend. Danach duschen. Und auf zu Natascha. Ich klopfte bestimmt eine Minute lang an ihre Tür. Niemand öffnete. Irgendwann gab ich es auf. Wahrscheinlich war das Prinzesschen eingepennt. Es war mittlerweile immerhin ein Uhr. Glück gehabt.

Wenn ich es mir aus heutiger Sicht überlege, grenzt es an galoppierenden Schwachsinn, dass ich anschließend nicht einfach schlafen, sondern noch mal in die Disco gegangen bin. Vermutlich war aber auch das eine Fügung des Schicksals. Dafür dass bei meiner Ankunft nämlich schon ziemlich tote Hose herrschte, schockte die Situation, die ich vorfand, nicht schlecht: Am Tresen knutschte Luisa mit dem Barmann herum, hinterm DJ-Pult knutschte Natascha mit Sergio, und in einem Sessel saß eine betrunkene Ariane, die ich zur Krönung der Nacht noch in der Requisite geknallt habe.

»Was hat der Typ eigentlich für ein Schweineglück?«, denken jetzt vermutlich viele. Allen Neidern kann ich allerdings sagen, dass ich für den vergleichsweise glimpflichen Ablauf dieses Abends in der folgenden Woche mit jeder Menge unschöner Szenen bezahlen musste. Denn auch das ist ein Gesetz im Mikrokosmos Cluburlaub: Ein Geheimnis bleibt nie lange verborgen. Vier schon gar nicht. Insofern dreht sich mir bis heute der Magen um, wenn irgendwo der bekloppte Mr-President-Hit »Four on the floor« erklingt.

Das Melanie-Komplott

Freundschaft ist was Schönes, aber Freundinnen sind der Alptraum. Oder für alle Ballermänner, Fickrigen Familienväter und Animateure im Klartext: Wer eine Affäre mit einer Frau anfängt, die mit ihrer besten Freundin reist, lebt gefährlich. Das ist eine Warnung, die ich ernst meine. Damit alle verstehen, warum, verdeutliche ich es mit einer weiteren Kamikaze-Story aus dem Fundus meiner Berufsliebschaften.

Auf Mykonos saßen auf einmal Vanessa und Melanie an der Hotelbar der »Residence Cycladia«. Die beiden waren ein klassisches Freundinnenpärchen: Vanessa hatte lange mittelbraune Locken, Beine bis zum Himmel und einen Mund so sinnlich wie die Morgenröte über der Ägäis, während Melanie … Nun ja, Melanie hatte einen dicken Hintern, eine Brille und einen eigenwilligen Bürstenhaarschnitt. Auf diese Weise waren die zwei ein plakativer Beweis für die These, dass Freundinnenpärchen immer aus einer hübschen und einer weniger hübschen Hälfte bestehen. Mit Wörtern wie »hässlich« will ich hier nicht anfangen. Erstens weil das Geschmackssache ist, zweitens weil Melanie nicht wirklich hässlich war. Abgesehen von ihrer möchtegernextravaganten Dolce-&-Gabbana-Brille war sie sogar ganz niedlich. Trotzdem schrumpfte sie neben ihrer messerscharfen Freundin unweigerlich zum Beiwerk. Aber weiter im Text: Die beiden saßen also an der Bar, nuckelten an den Strohhalmen ihrer Cocktails und ließen unablässig die Blicke durch den Raum schweifen. Sie sprachen nicht viel, wenn allerdings doch mal die eine der anderen etwas ins Ohr flüsterte, folgte darauf jedes Mal dröhnendes Gelächter. Mich machte das irgendwie nervös. Erstens weil mein Blick bei jeder Lachsalve unweigerlich zu ihnen hinüberzuckte und sich in Vanessas übergeschlagenen Beinen verfing, zweitens weil ich mich fragte, ob die beiden die ganze Zeit lästerten oder einfach nur zu schüchtern waren, jemanden anzusprechen. Um es herauszufinden, trank ich mein Glas im Eiltempo aus, verabschiedete mich aus meiner aktuellen Gästekontaktunterhaltung und ging zur Bar. Im Vorbeigehen meinte ich lachend zu den beiden Grazien: »Wenn ihr mich noch einmal mit eurem Gewieher erschreckt, müsst ihr einen ausgeben.«

Sie fühlten sich sichtlich ertappt, kicherten unterdrückt und steckten die Köpfe zusammen. Genau so hatte ich es erwartet. Stufe zwei der Annäherungstaktik konnte eingeläutet werden. Während ich an der Bar auf ein neues Bier wartete, ließ ich die beiden schmoren und strafte sie mit Missachtung. Sobald ich allerdings mein Getränk in der Hand hielt, ging ich zu ihnen und entschuldigte mich: »Hey, das war gerade nicht so gemeint mit dem ›Gewieher‹. Ich hoffe, ihr habt das nicht übelgenommen.«

»Ach Quatsch, ist schon in Ordnung«, beeilte sich Melanie zu beteuern. »Wir haben uns nur gefragt, ob wir wirklich so laut waren.«

»Zumindest laut genug, um auf euch aufmerksam zu machen«, grinste ich. »Prost.«

Wir stießen an und tranken. Dann redete Melanie drauflos wie ein Wasserfall. Sie erzählte, dass sie früher oft wegen ihrer auffälligen Lache gehänselt worden war, dass sie diese mittlerweile aber als Markenzeichen empfand, dass Lachen das Immunsystem stärke, dass Bären keine Lachmuskeln hätten, und so weiter und so fort. Ihr unablässiges Geplapper war genauso Antwort auf meine Frage wie das stoische Schweigen ihrer schönen Freundin: Die beiden waren keine Lästermäuler, sondern einfach nur unsicher. Ich erspare mir die Wiedergabe aller Getränkebestellungen und Sternzeichengespräche, mit denen wir diese Unsicherheit nach und nach aufbrachen, und verlege das Geschehen direkt auf die Poolterrasse, auf der wir irgendwann zum Sternegucken landeten. Als Melanie nach einer Viertelstunde unruhigen Gehopses von einem Bein aufs andere endlich aufs Klo verschwand, raunte ich Vanessa zu: »Weißt du was?«

»Nee, was denn?«

»Ich würde dich jetzt echt gern küssen.«

Sie schmunzelte, überlegte kurz und antwortete: »Dann mach doch.«

Gesagt, getan. Wenige Augenblicke später lehnten wir an der Mauer und knutschten wie die Weltmeister. Fühlte sich super an, und ich hatte das Gefühl, mir diesen Kuss nach all der Quasselei redlich verdient zu haben. Leider dauerte er nicht lang. Nach gefühlten Sekunden wurde mir plötzlich von hinten auf die Schulter getippt. Ich ignorierte es zunächst. Erst als das Tippen stetig kräftiger wurde, drehte ich mich um. Da stand Melanie: »Hi Leute, da bin ich wieder. Die Klos muss man hier echt erst mal finden. In dem Gang ist irgendwie die Glühbirne kaputt, und ich bin erst in die falsche Richtung gelaufen, bis mir ein Typ von der Bar gezeigt hat, wo's langgeht. Der konnte nicht richtig Deutsch und meinte, ich soll dem ›Strahl an Ende von Gang‹ folgen. Aufs Klo, versteht ihr? Immer dem ›Strahl‹ folgen! HAHAHAHAHAHA!«

Spätestens jetzt verstand ich, warum sie wegen ihrer auffälligen Lache gehänselt worden war. Noch bemerkenswerter fand ich allerdings die Selbstverständlichkeit, mit der sie unseren Kuss unterbrochen hatte und jetzt einfach weiterlaberte, als ob nichts gewesen wäre. Da meine Knutschpartnerin nicht protestierte, wollte ich allerdings nicht die Stimmung vermiesen und hielt den Mund. Kurz darauf war es Vanessa, die auf die Toilette musste.

»Du weißt ja: Immer dem ›Strahl‹ folgen«, rief Melanie ihrer Freundin glucksend hinterher. Dann erstarb ihr Kichern, und sie sah mich an: »Tja …«

»Tja …«, äffte ich zurück und guckte weg. Ich wusste einfach nicht, was ich sagen sollte. Ich dachte zunächst, dass es meinem Gegenüber ähnlich ging, aber das war ein Irrtum. Bevor ich richtig schnallte, was los war, war Melanie einen Schritt auf mich zugetreten, hatte meinen Kopf in beide Hände genommen und hauchte: »Los, küss mich, Sven.«

Ich weiß noch, dass ich mein eigenes Spiegelbild in den Gläsern ihrer Brille näher kommen sah, als sie die Augen schloss und ihre Lippen fordernd auf meine presste. Ich dachte, ich

bin im falschen Film. Oder bei »Versteckte Kamera«. Oder
bei …

»Was ist 'n los mit dir?«, riss Melanies Stimme mich aus den
Gedanken. »Schon mal davon gehört, dass zum Küssen zwei
gehören?«

Ich taumelte zurück und war immer noch sprachlos. Was war
denn bitte mit dieser Frau kaputt? Bevor ich eine Antwort
bekam, hörte ich hinter mir Schritte, und Vanessa kam zurück: »Puh, der dunkle Gang ist ja wirklich gruselig. Außerdem hab ich, glaub ich, eine Ratte gesehen.«

Wieder wurde getan, als ob nichts passiert wäre. Wieder wurde ein bisschen gequatscht. Dann war Melanie plötzlich kalt,
und die beiden wollten aufs Zimmer gehen. Ich sagte die ganze Zeit kein Wort mehr. Erst als Vanessa mir beim Abschied
ins Ohr flüsterte »Sehen wir uns gleich noch?«, meinte ich
zögernd: »Wenn du willst, in einer Viertelstunde vor der
Disco.«

»Nein, lieber am Strand.«

»Okay.«

Miss Langbein und ich haben es in dieser Nacht also noch am
Strand getrieben. Das hat mich mit der Situation versöhnt, deshalb habe ich aus Rücksicht auf den Freundinnenfrieden nichts
von Melanies Kussaktion erzählt. Ob es etwas geändert hätte,
wenn ich es getan hätte? Vielleicht. Aber hinterher ist man immer schlauer. Unter den gegebenen Umständen kann ich nur
sagen, dass der Terror am nächsten Tag seinen Lauf nahm.
Schon vor der ersten Morgenaktivität war an der Rezeption
eine Beschwerde über mich eingegangen. Angeblich hatte ich
beim Frühstück einer gewissen Melanie Apfelsaft in den Schoß
gekippt. Ich war gar nicht beim Frühstück gewesen, aber die
Grenzen zwischen Wirklichkeit und Erfindung schienen an
diesem Tag ohnehin aufgehoben zu sein. Es ging in einer Tour

so weiter. Am späten Nachmittag schlugen auf der Beschwerdeliste ein absichtlich an Melanies Kopf geworfener Volleyball, ein gestelltes Bein beim Tischtennis, ein Schubs in den Pool, ein geklautes Handtuch und zweimal Spannerei zu Buche. Dass ich stinksauer war, leuchtet ebenso ein wie die unvermeidliche Einbestellung beim Hotelleiter. Der glaubte mir angesichts der Vielzahl von Beschuldigungen zwar, dass ein Komplott gegen mich im Gange war, aber er forderte mich auch unmissverständlich auf: »Sven, bevor sich die Beschwerdeserie rumspricht, sorg bitte dafür, dass sie aufhört!«

Aye, aye, Käpt'n. Fragte sich nur, wie. Mir fiel in diesem Moment nur ein Mittel ein: Bumsen. Für mich lag auf der Hand, dass Melanie die gestrige Zurückweisung nicht verwunden hatte. Deshalb war sie jetzt untervögelt und bösartig und musste mal kurz rangenommen werden, um wieder zur Vernunft zu kommen. So funktioniert Kudzussche Logik. Ich ging also zum Strand, wo die beiden Grazien in der Sonne brieten, und forderte Melanie auf mitzukommen. Erstaunlicherweise sträubte sie sich keine Sekunde und folgte bereitwillig. Unser Gespräch hinter der nächsten Mauer war kurz, aber auf den Punkt.

Ich sagte: »Was soll 'n der Scheiß?«

Sie sagte: »Ich weiß nicht, wovon du sprichst?«

Kleines, durchtriebenes Biest! Aber egal.

»Pass auf, das mit dem Kuss gestern Abend kam für mich etwas unerwartet«, fuhr ich fort. »Aber das musst du ja nicht gleich persönlich nehmen.«

»Du kannst es ja wiedergutmachen«, sprach das Biest und wedelte neckisch mit dem Zimmerschlüssel. Am liebsten hätte ich geschrien und wäre weggelaufen. Was tat ich stattdessen? Ich folgte meiner Mission, ging mit Melanie aufs Zimmer, rammelte drauflos, als gelte es einen Pokal zu gewinnen, und verabschiedete mich danach mit den Worten: »So, jetzt sind wir quitt.«

Ich ging davon aus, danach keinen Kontakt mehr mit den beiden Grazien zu haben. Weil ich annahm, dass Melanie ihrer Freundin brühwarm von unserem Schäferstündchen erzählte und Vanessa danach eingeschnappt sein und mich mit Verachtung strafen würde. Auch das ist Kudszussche Logik – die an diesem Tag allerdings genauso wenig griff wie die Grenzen zwischen Realität und Erfindung. Abends winkten mich die beiden beim Gästekontakt zu sich, quatschten mich in bester Laune voll, und beim Abschied hauchte Vanessa mir ins Ohr: »In einer Viertelstunde, du weißt schon, wo.«

Nach der zweiten Vögelei am Strand kam ich mir vor wie der Bumsdiplomat des Jahrtausends. Zwei Freundinnen waren scharf auf mich, die eine nahm ich zum Vergnügen, die andere für den Weltfrieden, und alle waren froh. In diesem beflügelnden Bewusstsein schlief ich eine Nacht, bestritt eine Teamsitzung und tanzte einen Clubtanz, dann war wieder Schluss mit glücklich. Die nächste Beschwerde war eingegangen. Mit belustigtem Grinsen erzählte mir Rezeptionist Rico, dass ich Melanie diesmal Juckpulver in den Bikini gekippt habe. Ich konnte sein Amüsement nicht teilen. Vielmehr machte ich meinem Ärger mit einem wütenden »Diese fiese, kleine Brillenschlange!« Luft.

»Nix Brille«, schüttelte Rico den Kopf.

»Na, dann eben nur Schlange.«

»Aber hüübsch!«

»Wie jetzt hübsch? Stehst du auf Bürstenschnitt, oder was?«

»Bürste?«

»Bürstenschnitt! Kurze Haare halt!«

»Nix Haare kurz. Lange braune Locken! Und die Beine …«

Er pfiff leise durch die Zähne.

Was redete der da? Nix Brille? Lange braune Locken? Beine? Das konnte doch nur heißen … Ich stürmte aus der Lobby und rannte wie vom wilden Affen gebissen zum Strand. Da lagen sie. Vanessa rechts, Melanie links. Das Böse unter der Sonne im Doppelpack. Diesmal war es Vanessa, die ich aufforderte mitzukommen. Sie weigerte sich.

»Dann müssen wir eben hier sprechen«, schnaubte ich.

»Von mir aus«, gab Miss Langbein zurück. »Melanie und ich haben keine Geheimnisse voreinander.«

»Ach nein?«

Beidseitiges Kopfschütteln.

»Na, dann würde ich gerne wissen, warum du, Vanessa, unter dem Namen deiner Freundin irgendwelchen Müll über mich an der Rezeption verbreitest.«

»Weil das meine Idee war«, antwortete Melanie wie aus der Pistole geschossen.

Mir blieb die Spucke weg. Waren diese Weiber völlig durchgeknallt? Blöde Frage. Natürlich waren sie. Aber verstanden hätte ich sie irgendwie trotzdem gerne: »Darf man fragen, was ihr mit dem Mist bezweckt?«

Zweifaches Schulterzucken. Dann Vanessa: »Du hast es nicht anders verdient.«

»Weil ich mit deiner Freundin geschlafen habe, oder was?«

»Nö«, schüttelte sie seelenruhig den Kopf. »Weil du mit mir geschlafen hast, obwohl du wusstest, dass Melanie scharf auf dich ist. So was macht man einfach nicht.«

Krach, bumm, Trommelwirbel! Ich werde mir diesen Satz irgendwann noch mal auf ein Kopfkissen sticken lassen. Wenn es in meinem Leben je Momente gab, in denen ich das Gefühl hatte, die bestehende Weltordnung löst sich in Wohlgefallen auf, dann gehört dieser hier definitiv dazu. Da vögelte eine Frau zweimal mit einem Typen, den sie verachtete, weil er ja eigentlich nicht sie, sondern ihre Freundin hätte vögeln sollen, und rannte am nächsten Tag zu seinem Arbeitgeber, um ihn durch Lügen in ein schlechtes Licht zu rücken? Das ist schon ziemlich kranke Scheiße. Und es ist definitiv keine Kudszussche Logik. So richtig hab ich das Ganze bis heute nicht begriffen. Wenn also irgendjemand meint, es mir stichhaltig erklären zu können, soll er sich bitte melden. Für mich persönlich war diese Erfahrung einfach nur das letzte Fünkchen Gewissheit bei einer Ahnung, die ich ohnehin schon lange mit mir rumtrug. Rumbaggern bei Freundinnenpärchen bringt nur Ärger. Es bleibt immer eine übrig, die entweder eifersüchtig oder neidisch ist oder sich vernachlässigt fühlt. Eigentlich beziehen sich all diese negativen Gefühle auf ihre Freundin. Da sie mit der aber noch ein paar Tage Urlaub und vielleicht sogar ein paar Beste-Freundinnen-Jahre zubringen muss, projiziert sie all ihren Ärger auf den Stecher der Gefährtin. Und weil die Gefährtin ein schlechtes Gewissen hat, dass sie ihre Freundin für einen Typen sitzenlässt, stimmt sie in die Lästerei mit ein, und im schlimmsten Fall kommt am Ende so ein Bullshit dabei heraus wie das Melanie-Komplott. Also Jungs, haltet euch an Vierer- oder Dreiergrüppchen, da kann sich der übrig gebliebene Rest immer noch untereinander beschäftigen. Freundinnenduos muss man im Duo erobern. Man sollte sich nur vorher einigen, wer wen will, und dann hoffen, dass es passt. Ich hab mir nämlich sagen lassen, dass Frauen das Hübsch-nicht-so-hübsch-Prinzip bei Männern genauso empfinden. Auf die Freundschaft!

Sackratten-Sven

Manchmal muss man sich aufopfern, um eine Frau ins Bett zu kriegen, es kommt aber auch vor, dass man sich aufopfert und damit eine Frau aus dem Bett vertreibt. Wer's nicht glaubt, möge sich die Geschichte von Sackratten-Sven reinziehen.

Als ich mit der Animation anfing, war es noch nicht so verbreitet wie heute, dass Männer sich den Sack rasierten. Oder sagen wir es so: Ich tat es jedenfalls nicht. Mich selbst hatten meine Schamhaare nie gestört, und bisher hatte sich auch keine Frau über sie beschwert – bis zum Tag, an dem Susi kam. Susi war eine Granate, deren Anblick mich schon bei der Zimmerschlüsselvergabe fesselte. Die meisten Gäste waren bei diesem Teil der Anreise knitterig und genervt. Nach ein paar Stunden Flug, den ersten Hitzeschwaden und der Busfahrt vom Flughafen zum Hotel sieht man nun mal nicht mehr aus wie frisch aus dem Ei gepellt. Susi war eine Ausnahme. Ihre blonden Haare lagen perfekt, ihre Körperspannung hatte etwas Majestätisches, und ihr schwarzes Minikleid brachte ihren schönen Hintern geradezu unverschämt gut zur Geltung. So was kann einen schon mal umhauen. Ich jedenfalls glotzte sie im Vorbeilaufen so hypnotisiert an, dass ich dabei über eine Reisetasche stolperte und mich der Länge nach auf die Schnauze legte. Es tat zum Glück nicht weh, und ich würde es allein deshalb immer wieder machen, weil sich Susis Mund nach dem Sturz zu einem hinreißenden Lachen verzog, das nicht nur ihre Augen, sondern auch ihre makellosen Zähne blitzen ließ. Aber ich werde schwülstig. Was ich eigentlich sagen wollte: Das Missgeschick führte dazu, dass Susi mich noch am gleichen Abend ansprach, um zu fragen, ob ich mir bei dem Sturz auch nichts getan hatte. Daraus erwuchs eine Unterhaltung, die ich immer noch als knisternd in Erinnerung habe. Mit ihren 29 Jahren war sie sieben Jahre älter als ich, was ich total aufregend fand. Als sie dann auch noch erzählte, dass sie Stripperin war, verwandelte sich in meinem Kopf endgültig jede ihrer Bemerkungen in ein lasziv verführerisches Schnurren. Ich hörte gar nicht mehr hin, was sie erzählte, es ging nur noch um das Wie – dieses leicht rauchige Timbre ihrer Stimme, die Art, wie sie zwischendurch spöttisch den linken Mundwinkel hochzog, die zarten Gesten, mit denen sie ihre Worte unterstrich. Beim Gedanken an all das werde ich sogar in der Erinnerung noch rollig, man kann sich also vorstellen, wie es von Angesicht zu Angesicht aussah. Die ganze Zeit rutschte ich unruhig auf dem Hosenboden hin und her, um meine Erregung in den Griff zu kriegen, erreichte damit aber logischerweise das Gegenteil. Wahrscheinlich war Susi so was gewohnt. Zumindest muss sie es bemerkt haben. Sonst hätte sie sicher nicht irgendwann davon angefangen, dass sie beim Sex mehr als auf alles andere aufs Blasen abfuhr. Und sie hätte sicher nicht die provozierende Frage gestellt, ob es mir genauso ging.

»Blasen?«, presste ich atemlos hervor. »Klar, super. Solange ich's nicht selber machen muss.«

Da war es wieder, das Lachen mit den blitzenden Augen.

Kurz und gut: Es dauerte nicht lange, und wir landeten in Susis Zimmer. Dort ging sie mit bemerkenswerter Zielstrebigkeit in die Knie, streifte mir Jeans und Shorts von den Hüften, um dann mit leisem Schreck und gedämpftem Tonfall zu rufen: »Ach herrje: Du bist ja ›nature‹.«

»Was bin ich?«

»Na, ›nature‹«, sah sie zu mir hoch. »Unrasiert.«

Sie sagte das, als ob es eine Krankheit wäre oder so was. Ratlos betrachtete ich meine Latte und den wirklich nicht übertriebenen Schamhaarbusch, aus dem sie hervorragte, und antwortete verunsichert: »Stimmt. Ist das ein Problem?«

»Na ja, wenn ich ehrlich bin …« Sie kam hoch, lächelte mich gütig an und umschloss meinen Ständer gleichzeitig mit der Faust. »Ich hab's lieber seidenglatt.«

Das war ja mal 'ne Ansage. Ich gebe zu, dass ich mich für den Rest unseres Rendezvous ein bisschen schmutzig fühlte. Vielleicht auch weil Susi selbst untenrum ein eindrucksvoller Beweis für »Seidenglätte« war. Heiß war's trotzdem, und da ich sowieso tierisch angespitzt war, machte es für mich fast keinen Unterschied, dass sie es mir »nur« mit der Hand besorgte. Dennoch war das Erste, was ich bei der Rückkehr in meine Gruppenunterkunft tat, Schere, Rasierer und Schaum zu schnappen und mich auf dem Klo einzuschließen. Dort war ich erst mal eine Weile beschäftigt. Ohne jegliche Routine ist so ein Kahlschlag ja dann doch ein hartes Stück Arbeit. Aber ich hab's geschafft. Hinterher war ich stolz wie Bolle und schlief wie ein Baby.

Der nächste Tag stand im Zeichen der Beherrschung. Erstens musste ich aufpassen, dass mich meine Vorfreude auf ein erneutes Rendezvous mit der Stripperin nicht allzu sehr von der Arbeit ablenkte, die zweite Herausforderung war, mich nicht permanent im Schritt zu kratzen, der auf die ungewohnte Nacktheit mit penetrantem Kribbeln reagierte. Irgendwie habe ich auch diese Herausforderungen gemeistert. Und als ich Susi am Abend in der Bar ins Ohr flüsterte »Du wolltest ›nature‹, heute sollst du sie bekommen«, war ihr darauf folgendes frivoles Lächeln der ultimative Lohn für die Entbehrungen. Diesmal verzogen wir uns sehr schnell aufs Zimmer. Die erotische Spannung war riesig. Sobald die Tür hinter uns ins Schloss gefallen war, drückte Susi mich gegen die Wand und ging in die Hocke. Sie lockerte meinen Gürtel, streifte meine Hose bis auf die Knöchel hinunter, sah mit einem feurigen Blick zu mir hoch und zog aufreizend langsam meine Shorts runter. Ich schloss die Augen und ließ meinen Kopf in den Nacken fallen. Ab jetzt hieß es nur noch genießen. Ohne Einschränkungen. Ohne mich schmutzig zu fühlen. Ohne Schamhaare. Endlich würde ich Susis volle Leidenschaft zu spüren bekommen. Ich würde mich ihr hingeben, sie glücklich machen und was weiß ich noch alles. Was waren schon Worte gegen die Glut der praktizierten Sexualität? Was war ein Mund, der redete, gegen einen Mund, der blies? Und warum zum Teufel passierte da unten eigentlich nicht langsam mal was? Als ich die Augen wieder aufmachte und den Kopf senkte, erblickte ich eine verlegen auf meine Lenden starrende Susi.

»Was ist denn?«, fragte ich. »Ich dachte, du magst das so?«

»Na ja, ich …«

»Jetzt mach mich nicht fertig.« Ich verstand die Welt nicht mehr. »›Seidenglatt‹. Dieses Wort stammt doch von dir.«

»Nun …«, druckste sie. »Ich würde das hier nicht unbedingt als seidenglatt bezeichnen.«

Es war das erste Mal seit dem Morgen, dass ich mir meine rasierte Pracht genauer ansah. Im Halbdunkel des Zimmers konnte man zwar nicht übermäßig gut gucken, aber wenn man irgendetwas nicht übersehen konnte, dann war es der Ausschlag in meinem Schritt. Ich erschrak! Die rasierten Stellen waren über und über mit roten Stellen und kleinen Pusteln bedeckt. Man konnte eher von Rauhfaser als von Seidenglätte sprechen. Ich verdeckte das Elend unwillkürlich mit den Händen.

»Sieht nicht so gut aus, oder?«, meinte Susi mitleidig.

Ich schüttelte den Kopf.

»Vielleicht solltest du mal zum Arzt gehen.«

Ich nickte.

»Nicht dass du Sackratten hast oder so was. Passiert schneller, als man denkt.«

Ich nickte erneut und zog meine Hose hoch. Spätestens bei dem Wort »Sackratten« war auch der letzte Rest an erotischer Spannung aus dem Raum entfleucht. Mit einem kleinlauten »Hey, tut mir leid« zog ich von dannen und verbrachte den Rest der Nacht damit, über Geschlechtskrankheiten von Tripper bis zu Filzläusen zu fantasieren und mich dabei noch tausendmal schmutziger zu fühlen als im unrasierten Zustand. Am nächsten Morgen saß Sackratten-Sven in aller Herrgottsfrühe beim Arzt. Der sah sich den Ausschlag zwei Sekunden an und gab Entwarnung. Ob ich mir den Sack mit dem gleichen Rasierer geschoren hätte, den ich auch fürs Gesicht benutzte? Klar, einen anderen hatte ich ja gar nicht. Mit der gleichen Klinge, die ich vorher für die Bartrasur benutzt hatte? Ja, schon, aber die war höchstens zweimal benutzt worden. Zweimal zu viel. Der Arzt erklärte mir, dass nach dem Rasieren immer Bakterien im Rasierer hängenblieben, auf die der empfindliche Schambereich sehr viel sensibler reagiere als das Gesicht. Ich solle in Zukunft frische Klingen benutzen. Dann verschrieb er mir eine Salbe, die den vermeintlichen Sackratten innerhalb von zwei Tagen den Garaus machte. Zu gerne hätte ich Susi das Ergebnis noch gezeigt, aber sie hatte inzwischen eine Liaison mit dem Barkeeper angefangen. Passte irgendwie. Der Typ war sogar auf der Brust rasiert.

Was lernen wir aus der Geschichte? Auch Sackgesichter sollten für die Klöten einen Extrarasierer parat halten. Und eine Affäre, die mit einem Sturz auf die Schnauze beginnt, endet auch mit einem. Obwohl … Das Zweite stimmt nicht ganz. Nach Susi habe ich die Aufmerksamkeit von Frauen noch oft durch spektakuläre Stolperer erregt. Klappte fast immer. Auch wenn die Stürze meist nur gespielt waren. Einen seidenglatten Urlaub wünscht: Sackratten-Sven!

Die Sexshow

Wenn man die letzten drei Anekdoten genauer betrachtet, fällt auf, dass das in ihnen vorkommende Gepimper immer außerhalb meiner eigenen Unterkunft stattfand. Das erklärt sich dadurch, dass ich keinen Bock hatte, mit Frauen zu schlafen, während nebenan die Kollegen schnarchten oder lauschten. Dass das in den meisten Hotels der Fall gewesen wäre, erklärt sich durch die Beschaffenheit der Animateursdomizile, die ich ja bereits erläutert habe. Wenn ich doch mal ein Einzelzimmer hatte, hab ich es natürlich sofort mit Kerzen und Tüchern zur Romantikhöhle ausgebaut. Vielleicht führte das dazu, dass die Rendezvous wirklich eine größere Intimität bekamen und deshalb nicht hierhergehören. Sie bleiben in diesem Kapitel jedenfalls außen vor. Stattdessen vollende ich das Sexdienstleister-Quartett mit einer Sexshow, die deutlich macht, dass das provisorische Außer-Haus-Gebumse immer wieder Raum für Entdeckungen bot. Genauer: In die Zimmer der Frauen vorzudringen war sowieso jedes Mal ein erhellender Blick hinter die Fassade, die Bumsburgen, die ich am Strand aus Bettlaken und zusammengeschobenen Liegen (als Windschutz) errichtete, empfinde ich im Nachhinein teilweise architekturpreiswürdig, und in der Requisite vögelten jedes Mal der Reiz des Verbotenen und die Möglichkeit zur Expansion mit. Expansion klingt so unsinnig, oder? Aber das täuscht. Die Nummer mit Kati war der beste Gegenbeweis. Let's go backstage!

Kati war hübsche 19 Jahre alt, stammte aus Chemnitz und war mit ihrer Mutter Sylvia nach Side gekommen, die ihr die Reise zum bestandenen Abitur geschenkt hatte. Ein großzügiges Geschenk, das bezeichnend für das gute Verhältnis zwischen Mutter und Tochter war. Während andere Eltern ihren Teenagern ständig Stress machten und sie wie Kleinkinder

behandelten, war Sylvia total cool. Ich bewunderte den Takt, mit dem sie einerseits schützend ihre Hand über die Tochter hielt, sie andererseits aber als die erwachsene Frau behandelte, die sie trotz ihrer Jugend war. Sylvia war fürsorglich, ohne bevormundend zu sein. Und sie war aufmerksam, ohne zu lauern. Ich glaube, sie war sogar die Erste, die bei unserem abendlichen Drei-Personen-Gespräch mitbekam, dass zwischen Kati und mir die Funken flogen. Jedenfalls verabschiedete sie sich lange, bevor ich selbst das Gefühl hatte, mit Kati allein sein zu wollen, und sie tat es nicht mit plumpen Seitenhieben à la »Schön sauber bleiben« oder »Pass bloß auf meine Tochter auf«, sondern mit einem schlichten »Genießt den herrlichen Abend, ihr zwei«. Das taten wir. Wir redeten noch eine Weile, gingen dann ein bisschen am Strand spazieren und endeten schließlich ganz zwanglos in der Requisite, weil Kati einen Petticoat aus der »Grease«-Show anprobieren wollte. Sie sah reizend aus in dem gelben Rüschenrock mit dem roten Spitzenbesatz. Und sie sah noch reizender aus, als sie ihn wieder auszog, um auch noch das pinke Modell mit den blauen Spitzen anzuprobieren. Dazu kam es nicht mehr. Der Funkenflug war inzwischen zu heiß, als dass ich mich noch länger hätte beherrschen können. Auch Katis promptes Stöhnen, als ich ihren Nacken küsste, verriet, dass sie total überfällig war. Alles Weitere war unglaublich. Diese Frau ging ab wie eine Rakete. Sie wand sich und spreizte die Beine so gierig, dass ich anfangs dachte, das sei eine Show. Aber das war nicht der Fall. Sie hatte einfach nur die Fähigkeit, sich kompromisslos hinzugeben. Dennoch raunte ich ihr irgendwann ins Ohr: »Das ist ja bühnenreif, was du hier abziehst.«
Andere Frauen wären von so einer Bemerkung vielleicht irritiert gewesen, aber Kati schien förmlich darauf gewartet zu haben.

»Wenn das so ist«, hauchte sie zurück. »Wie wär's, wenn wir dann auf die Bühne umziehen?«

So was ließ ich mir nicht zweimal sagen. Wenig später poppten wir on Stage. Vor uns der dunkle Zuschauerraum, über uns ein transparentes Zeltdach, durch dessen Ränder weißes Mondlicht hereinfiel, unter uns der Bühnenboden, über den ich sonst als John Travolta oder Johann hinwegfegte. Für mich war das einfach ein aufregendes Gefühl, für Kati war es der ultimative Kick. Sie ging so ab, dass ich ihr zeitweise den Mund zuhalten musste, um ihr Stöhnen zu dämpfen. Schließlich war der Bühnenraum von Gästeappartements umgeben, und es hätte jederzeit jemand reinkommen können. Ich fragte mich, ob Kati das einfach nur vergaß, oder ob sie es sich insgeheim vielleicht sogar wünschte. Es bedurfte nur eines Satzes, um es herauszufinden. Ich hielt für einen kurzen Moment inne, beugte mich zu meiner Bühnenpartnerin hinunter und flüsterte: »Und jetzt stell dir vor, der ganze Zuschauerraum wäre voller Menschen, Baby!«

Danach drehte sie völlig durch. Ich war an eine waschechte Exhibitionistin geraten. Es war ein Spiel mit dem Feuer, bei dem ich ihre Lust von nun an einerseits im Zaum hielt und andererseits mit Bemerkungen wie »Alle Augen sind auf dich gerichtet« oder »Wenn du kommst, gibt's Applaus« herausforderte. Vielleicht war es die Rolle meines Lebens, die ich in dieser Nacht spielte. Katis war es definitiv. Und damit genug gevögelt. Vorhang!

Das Geheimnis des Flows

Ich habe diesen Buchabschnitt mit der Frage begonnen, was ein Animateur überhaupt macht, und mich anfangs ein bisschen gegen das Klischee der spielenden, quatschenden und vögelnden Pausenclowns gewehrt. Nun stehe ich hier und hab selber das Gefühl, die ganze Zeit nur vom Spielen, Quatschen und Vögeln erzählt zu haben. Muss ich deswegen ein schlechtes Gewissen haben? Nein. Mal ehrlich, Leute: Geht es unter uns Menschen nicht genau um diese drei Dinge? Eigentlich spielen wir doch alle jeden Tag unterschiedliche Spielchen und unterschiedliche Rollen in der Hoffnung, dass sie uns Erfolg, Weisheit oder Glück bringen. Genauso müssen wir quatschen, um miteinander klarzukommen. Wer dafür einen seriöseren Begriff benutzen will, nennt es von mir aus Kommunikation oder Verständigung oder Socialising, am Ende ist das aber alles dasselbe. Und was das Vögeln angeht: Es ist halt ein Grundinstinkt, den die einen als Fortpflanzungstrieb betrachten und die anderen als Möglichkeit, die menschliche Genussfähigkeit voll auszukosten. Ich tendiere zur zweiten Variante. Wahrscheinlich eine Berufskrankheit, aber auf keinen Fall ein Widerspruch zur existenziellen Bedeutung von Sex.

Wenn man die drei Faktoren zusammenzählt und auf meinen Beruf bezieht, kann man im Grunde zusammenfassen: Animation ist Leben. Und das ist auch schon das ganze Geheimnis dessen, was ich als den »Flow« bezeichne. In meinem persönlichen Nomadenvirusjahrzehnt habe ich gelebt und nicht gekämpft. Ich hatte immer einen Schlafplatz, und ich hatte immer was zu essen. Dadurch waren die untersten Stufen meiner Bedürfnispyramide gesichert, und ich hatte Raum, mich zu entfalten – durch Spielen und Quatschen und Vögeln. Wahrscheinlich hätte ich so ein grundsorgenbefreites Dasein ohne die Animation nie kennengelernt. Was auch bedeutet hätte, dass ich die spielerische Einstellung, die ich heute zum Leben habe, nie entwickelt hätte. Man muss halt einmal vom Kuchen gekostet haben, um zu wissen, wie lecker er schmeckt. Vielleicht muss man sich auch mal ein bisschen an ihm überfressen haben, um sein Aroma wieder schätzen zu lernen. Damit will ich sagen, dass auch ich zwischenzeitlich das Syndrom hatte, das für das Vorurteil verantwortlich ist, Animateure seien arrogante Arschlöcher. An diesen Punkt kommt früher oder später jeder, der diesen Job macht. Das hat eine gewisse Logik. Man powert sich den ganzen Tag beim Sport und bei den Shows aus und hat dadurch ein geiles Körpergefühl. Jeder kennt und grüßt einen, dadurch fühlt man sich wie ein Promi. Man bekommt ohne Ende Komplimente und gewinnt dadurch an Selbstvertrauen. Tja, und dann rennt man halt braungebrannt und mit Sonnenbrille durch den Club, wird hier gegrüßt und da angeflirtet, und die Sonne scheint dazu, als wolle sie dem Ganzen ihren Segen geben. Ist doch klar, dass man da irgendwann denkt, dass man eine verfickt geile Type ist. Das legt sich aber wieder, wenn die Leichtigkeit des Seins zur Routine geworden ist und allmählich von den üblichen Sinnfragen verdrängt wird. Wofür mache ich das alles? Wohin führt es? Und was bleibt am Ende davon übrig? Zu diesen Punkten komme ich aber erst im Abreise-Abschnitt.

Für den Augenblick kann ich nur hoffen, dass ein paar Leute beim Mitschwimmen in meinem Flow vielleicht ihrem eigenen näher gekommen sind. Denn das könnte bedeuten, dass sie in Zukunft ein paar Zwänge nicht mehr so verkniffen sehen und ein Stückchen Urlaubsgefühl in den Alltag hinüberretten. Ansonsten würde ich sagen, wir machen es so, wie es Animateure halt machen, bevor sie zu einer neuen Station aufbrechen. Wir gehen mit der Gitarre und ein paar Buddeln Sangria runter zum Strand, feiern, bis der Mond unter- und der Sternenhimmel aufgegangen ist, und frönen den drei Hauptbestandteilen unseres Jobs, die ich am Anfang des Kapitels ja oft genug genannt habe. Wenn uns im Morgengrauen dann der Bademeister hochrüttelt und wir zum ersten Mal nicht zur Teamsitzung hechten, sondern nur noch Kofferpacken müssen, sind sie auf einmal da: der Kater danach und die Gewissheit, dass etwas vorbei ist. Danach kommt ein weiteres Gefühl hinzu: das Bedauern, an diesem Tag mal keinen Clubtanz tanzen zu müssen. Dass eine solche Empfindung überhaupt existiert, hätte ich sehr lange nie für möglich gehalten. Sie hat mich trotzdem eines Tages übermannt. Das Anerkennen des Unglaublichen gehört eben auch zu den Geheimnissen des Flows.

Teil 3
Abreise

Der geilste Job der Welt

Für mich bedeutet abreisen inzwischen immer auch Klarschiffmachen. Offene Rechnungen begleichen, alte Kriegsbeile begraben, offene Fragen beantworten – das macht man am besten, bevor man in die Heimat oder sonst wohin abdampft. Dann muss man sich danach nicht mit nervigen Unsicherheiten oder falschen Hoffnungen rumschlagen. Am besten lässt sich das am Beispiel von Urlaubsromanzen verdeutlichen. Und zwar so: Meine wildesten Jahre in der Animation fielen in eine Zeit, in der das Aufrechterhalten von Kontakten noch nicht unbedingt über E-Mails, Facebook oder Skype lief. Es wurden noch viel mehr Briefe geschrieben als heute. Ganz altmodisch mit Papier und Kugelschreiber. Jetzt fragen sich einige: »Was labert der Typ denn von Briefen und Kugelschreibern, wo er doch eigentlich vom Klarschiffmachen erzählen wollte?«

Ich sag's euch: Ich habe ungelogen tütenweise Briefe zu Hause, die mir Gäste nach ihrer Rückkehr in die Heimat geschrieben haben. Bestimmt die Hälfte dieser Briefe liest sich wie ein Abc der verpassten Chancen. Sie stammen zu neunzig Prozent von Frauen, mit denen ich irgendetwas hatte oder auch nicht hatte, und sehr viele beginnen mit Sätzen wie »Was ich vergessen habe, dir zu sagen ...« oder »Ich hab mich bisher noch nicht getraut zu fragen ...« oder »Wenn du jetzt hier wärst, würde ich alles anders machen ...«. Auf so was kann ich leider nur pragmatisch reagieren und antworten: Hättet ihr doch am besten gleich Tacheles geredet. Für alles andere sollte, wenn schon nicht das Leben, dann doch wenigstens der Urlaub zu kurz sein. Das klingt vielleicht hart, aber noch härter ist es doch, wenn man so einen »Was ich noch sagen wollte«-Brief in die Post gibt und nie irgendwas zurückbekommt. So was ist doch tausendmal unbefriedigender, als eine unbequeme Frage zu stellen, die man vermutlich sowieso nur deshalb nicht ausspricht, weil man unterbewusst schon weiß, dass man eine unbequeme Antwort bekommen wird. So sehe ich das. Trotzdem entschuldige ich mich an dieser Stelle für die vielen Briefe, die ich nie beantwortet habe, weil ich erstens keine Zeit dazu hatte und es mir in schriftlicher Form manchmal auch zu blöd war, Fragen wie »Was mir noch einfiel: Bist du Single?«, »Hättest du dich eigentlich beim Sex filmen lassen?« oder sogar »Willst du mich heiraten?« zu verneinen. Bis auf wenige Ausnahmen habe ich meinen Romanzen nie eine gemeinsame Zukunft in Aussicht gestellt. Und die Romantik des Moments zu genießen heißt ja nicht, dass man sich damit zu einer Brieffreundschaft verpflichtet, oder? So oder so rate ich dazu, die inneren und äußeren Baustellen, die man sich während eines Urlaubs oder einer Animationssaison eingebrockt hat, vor der Abreise dichtzumachen und im eigenen Interesse klare Verhältnisse zu schaffen.

Neben dem Begleichen von offenen Rechnungen gehört zu diesem Vorgang für mich auch eine persönliche Bilanz. Sie lässt sich mit zwei der im letzten Kapitel gestellten Sinnfragen auf den Punkt bringen: Wofür mache ich das alles? Und was bleibt am Ende übrig?

Wenn ich das Erste mit »Zur Hälfte für die Gäste, zur Hälfte für mich« und das Zweite mit »Ein gutes Gefühl bei allen Beteiligten« beantworten kann, ist alles super. Wenn nur eine der Antworten zutrifft, ist das auch okay. Stimmt keines von beiden, ist irgendwas schiefgelaufen. Letzteres gibt es zum Glück nur selten, aber es kommt vor. Allerdings immer nur dann, wenn ich bei einer Station weder zu den Kollegen noch zu den Gästen einen richtigen Draht finde. In diesem Zusammenhang ist mir irgendwann klargeworden, wie sehr meine eigene Zufriedenheit an die Zufriedenheit meines Umfelds gekoppelt ist. Ist ja auch logisch: Meine Aufgabe besteht darin, Leuten Spaß zu bringen, und wenn mir das gelingt, habe ich auch selber am meisten Spaß. Hat man das erkannt, ist der Job des Animateurs der geilste auf der ganzen Welt. Dann werden die fröhlichen Gesichter der Gäste zur Zufriedenheitstankstelle, jede gelöste Aufgabe macht Lust auf die nächste, und jedes Kompliment ist eine neue Motivation. Ich hab das für mich selbst »die Kunst, vom Glück anderer zu profitieren« getauft. Klingt doch gut, oder? Fühlt sich ja auch so an. Die zuvor erwähnten Briefe sind übrigens ein gutes Nebenprodukt dieser Kunst. Neben zu spät gestellten Fragen enthalten sie schließlich vor allem Schwärmereien über die schönen gemeinsamen Erlebnisse. Damit funktionieren sie nicht nur als Erinnerungsstütze und Tagebuchersatz, sondern in schwachen Momenten auch als Energieschub fürs Selbstbewusstsein. Wenn man sich selber gerade doof findet, tut es gut zu lesen, wie toll einen andere finden können. Für die zwei folgenden Geschichten brauche ich allerdings nicht erst nachzulesen. Sie sind mir auch ohne Gedächtnisstütze lebhaft in Erinnerung.

That's what friends are for

Den unerfreulichen Vorfall mit Carina in Ägypten habe ich erzählt. Dass mir dort zwei Wochen später Merle begegnete, war für mich persönlich ausgleichende Gerechtigkeit. Merle war 13, ziemlich dick und eine notorische Außenseiterin. Ich lief ihr das erste Mal über den Weg, als sie während der Teeniedisco mit eingezogenem Kopf hinter einer Säule stand, während ihre Altersgenossen in zwanzig Metern Entfernung tanzten. Ich war auf dem Weg zum Abendessen und dachte mir eigentlich nichts dabei, als ich im Vorbeilaufen sagte: »Angst vor der Höhle des Löwen? Nicht nötig. Die beißen nur, wenn sie verknallt sind.«

Eigentlich war es nur der Frust über das verdorbene Weihnachtsfest, der mit dieser Bemerkung an die Oberfläche sickerte, aber ohne es zu ahnen, hatte ich den Nagel auf den Kopf getroffen. Merle erschrak, glotzte mich an wie ein Gespenst und sagte: »Psst! Die müssen nicht merken, dass ich hier bin.«

Es war vielleicht ein bisschen unsensibel, aber ich antwortete spontan mit: »Warum bist du's dann?«

Merle druckste erst herum, dann schüttete sie mir ihr Herz aus. Sie erzählte, dass sich die anderen Mädchen am Strand über sie lustig gemacht hatten und sie sich seitdem nicht mehr in ihre Nähe wagte. Und dass ihre Eltern ständig Stress machten. Und dass sie in ihren Altersgenossen Felix verknallt war, aber sich nicht traute, ihn anzusprechen. Die üblichen Leiden des Teenageralters. Normalerweise kann man dem nur mit ermutigenden Worten begegnen, aber als Animateur darf man auch Taten entgegensetzen.

Ich sagte zu Merle: »Weißt du was? Wenn dein Tag schon blöd gelaufen ist, dann kann doch wenigstens die Nacht gut werden. Ich lade dich hiermit ein, heute Abend bei der Show mein Ehrengast zu sein.«

So geschah es dann auch. Vor der Vorstellung ließ ich vom Kellner ein Glas Orangensaft bereitstellen und belegte einen Platz in der ersten Reihe mit dem demonstrativ betexteten Schild »Reserviert für Merle von Sven«. Es lief eine Jukebox-Revue, bei der wir zu allen möglichen Knallern der Popgeschichte playbackten und dabei die Originalinterpreten imitierten oder parodierten. Der Abend endete mit einer Gruppendarbietung des Charity-Hits »That's what friends are for«. Normalerweise verbanden wir das Finale mit einem Dank an die Angestellten im Hintergrund, indem wir den Song der Technik oder dem Barpersonal widmeten. Nicht so an diesem Abend. Diesmal sangen wir ihn allein für Merle. Wir haben sie sogar auf die Bühne geholt. Das war ihr natürlich voll peinlich, aber es gab einen guten Grund: Ich wollte, dass alle Leute sahen, dass Merle unsere Freundin war. Viele Teenies haben keine eigene Meinung, sondern orientieren sich vor allem an der Haltung von Leuten, die sie cool finden. Als Könige des Clubs gehören Animateure oft dazu. Wer also mit einem Animateur befreundet ist, steigt automatisch im Ansehen vieler Jugendlicher. Genau das passierte bei Merle von diesem Abend an.

Während ich nach der Show mit ihr redete, gesellten sich immer wieder Teenies zu uns, die auf einmal sichtlich Interesse an dem zunehmend aufblühenden Mädchen hatten. Selbst ihre Eltern schienen beeindruckt zu sein, wie gut sich die Tochter, mit der sie sonst immer nur meckerten, in die Hotelgemeinschaft eingefügt hatte.

Kurzum: Vier Stunden, nachdem Merle hinter einer Säule gestanden und sich nicht in die Teeniedisco getraut hatte, saß sie inmitten einer Gruppe Gleichaltriger und amüsierte sich königlich. Danach musste ich mir um sie keine Sorgen mehr machen. Der unerwartete Anerkennungsschub verlieh ihr sogar das Selbstvertrauen, noch am gleichen Abend mit Felix zu knutschen. Sie »gingen« allerdings nur kurz miteinander. Dafür hielt die Freundschaft zwischen ihr und mir bis zum Schluss ihres Urlaubs. Von Merle hab ich übrigens auch einen Brief bekommen. Der kam allerdings komplett ohne die üblichen Formeln aus, was sie alles verpasst hätte. Es stand eigentlich gar nicht viel drin. Wenn man's genau nimmt, nur zehn Worte: »Hey Sven. Danke für die geilste Zeit meines Lebens. Merle.«

Der Bann ist gebrochen

Ein ganz persönliches Highlight war für mich der erste Besuch meines kleinen Bruders auf Lanzarote. Andy ist sechseinhalb Jahre jünger als ich. Er war damals 17 und ein ziemlicher Stubenhocker. Eine feste Freundin hatte er nie gehabt, Sex auch nicht, und die meiste Zeit hing er zu Hause herum und spielte Computerspiele. Das änderte sich nach dem Lanzarote-Aufenthalt. Der Besuch hat sein Leben umgekrempelt. Aber nicht nur das. Er hat auch unser brüderliches Verhältnis wieder zu dem gemacht, was es mal gewesen war: eine feste, freundschaftliche Verbindung. In der Kindheit hatten wir viel miteinander gespielt, als ich in die Pubertät gekommen war, hatte ich aber irgendwie den Draht zu ihm verloren. Ich weiß gar nicht mehr, was ich mir genau von Andys Besuch auf Lanzarote versprach. Was auch immer es war, es wurde weit übertroffen.

Als ich meinen Bruder vom Flughafen abholte, sah er fast ein bisschen bedauernswert aus. Wie er da stand, schüchtern, blass und mit einem viel zu großen Koffer, fühlte ich mich an mich selbst bei meiner ersten Reise nach Griechenland erinnert. Auch für Andy war es der erste Flug gewesen, und auch für ihn war es die erste größere Auslandsreise. Als ich mit einem Wagen vom Hotel vorfuhr, hat ihn das anfangs mehr eingeschüchtert als alles andere. Zu Beginn unseres ersten Abends klammerte er sich in der Bar so krampfhaft an den Tresen, dass mir schnell klarwurde, dass ich ihn ins kalte Wasser schmeißen musste.

»Hey, der Tresen steht auch von alleine, du musst dich nicht festhalten«, hab ich gesagt. »Los, komm mal mit.«

Dann führte ich ihn zu einem Tisch mit sechs Teeniemädels, die ich schon aus der Vorwoche kannte und für menschenfreundlich befunden hatte. Denen sagte ich: »Passt auf: Das ist mein Bruder Andy. Ich muss noch ein paar Dinge erledigen. Bis ich wieder da bin, seid ihr für ihn zuständig, okay?« Es gab keine Widerrede. Weder von meinem Bruder noch von den Mädchen. Im Gegenteil. Beide Seiten begutachteten einander einen Moment, dann prasselten schon die Fragen los, die neugierige Mädchen an den Bruder eines Animateurs üblicherweise haben: »Bist du auch so chaotisch wie Sven?«, »Warum seht ihr euch gar nicht ähnlich?«, »Wie ist es, wenn der eigene Bruder im Ausland wohnt?«.

So in der Art. Worüber genau sie sich unterhalten haben, kann ich nicht sagen, weil ich nicht dabei war. Ich weiß nur, dass die Mädchen in einer Stunde das schafften, was mir den ganzen Nachmittag nicht gelungen war: Sie lockten meinen Bruder aus der Reserve, so dass er bei meiner Rückkehr kaum wiederzuerkennen war. Zuvor das schüchterne Küken, war er jetzt der Hahn im Korb. Wo er sich vorher still und wortkarg gegeben hatte, lachte er jetzt laut mit. Aber das Beste war, als er zwischendurch Witze erzählte, bei denen nicht nur die Mädchen sich bogen vor Lachen, sondern auch ich unterm Tisch lag, weil er sie so trocken rüberbrachte. Wir haben gegackert wie die Hühner. Das blieb im Prinzip zwei Wochen lang so. Ich habe meinen Bruder in dieser Zeit völlig neu kennengelernt, und auch er hat in vielen Belangen zu sich selbst gefunden. In einer »Grease«-Show standen wir sogar gemeinsam auf der Bühne. Andy spielte einen Lehrer. Eine ganz kleine Rolle, aber immerhin mit Text. Und weil die sechs Mädchen aus seinem Fanclub im Publikum saßen, bekam er an diesem Abend mehr Applaus als die Hauptdarsteller.

Die Proben, das Volleyballspielen, das erste gemeinsame Sangria-Besäufnis am Strand – all das fühlte sich an wie ein erwachsenes Revival unserer Spiele aus der Kindheit. Nur dass wir jetzt viel weniger kleiner Bruder und großer Bruder waren, sondern einfach Freunde, die unabhängig vom Altersunterschied den Spaß ihres Lebens hatten. So kam es dann auch zu jenem denkwürdigen Morgen, an dem Andy mit todernster Miene vor mir stand und sagte: »Bruder, es ist was passiert.«

Ich bekam einen Schreck und fragte, was los sei. Aber er schüttelte nur den Kopf, sah mich missmutig an und meinte kryptisch: »Tut mir leid, das sagen zu müssen, aber es ist deine Schuld.«

»Meine Schuld?« Ich wurde ein bisschen panisch. »Was soll 'n das heißen?«

»Der Bann ist gebrochen.«

»Der Bann? Hä?«

»Man könnte auch sagen, die Flasche ist geköpft.«

»Kannst du mal Klartext reden, bitte.«

»Alter, denk doch mal nach«, prustete Andy plötzlich los. »Ich hab gepoppt, Mann.«

Ich muss ziemlich verdutzt geguckt haben. Weniger weil mich die Tatsache, dass mein Bruder das erste Mal Sex gehabt hatte, so umhaute, sondern eher, weil ich nicht von selbst darauf gekommen war. Am Abend stießen wir auf das große Ereignis an. Um am darauf folgenden Abend bereits auf das zweite Mal anzustoßen, das mein Bruder in ungebremstem Eifer bereits mit einer anderen Frau zelebrierte. Wir mochten uns vielleicht optisch nicht gleichen, aber vom Temperament ähnelten wir uns mehr, als wir angenommen hatten. Es passte also, dass Andy vier Jahre nach dem Urlaub auf Lanzarote ebenfalls als Animateur anfing, allerdings auf Mallorca. Nach allem, was ich gehört habe, hat er's dort ordentlich krachen lassen, aber er hielt nicht besonders lange durch. Aber das ist schon in Ordnung. Dass wir durch die Animation wieder näher zusammengerückt sind, spricht viel mehr für das Glückspotenzial dieses Berufs als langjährige Dienstzeiten.

Kudszus auf Kreuzfahrt

Leinen los, Anker lichten, Maschinen anwerfen! Wir gehen auf Kreuzfahrt. Damit gleich zu Beginn Tempo aufkommt, beginnen wir die Seereise mit einem Schlachtruf, der unter den Angestellten, die mit den Hotelschiffen dieses Planeten über die Weltmeere segeln, ein beliebter Running Gag ist: »Es ist kein Mensch, es ist kein Tier / Es ist der Kreuzfahrtpassagier!«

Das hab ich mir nicht ausgedacht, aber besser hätte ich es auch nicht ausdrücken können. Gäste auf Kreuzfahrtschiffen sind ein spezieller Schlag. Man könnte sagen, in Clubhotels wohnen die Monster und auf Clubschiffen die Furien. Ich habe mich anfangs gefragt, ob beim Einchecken Hysteriedrogen verteilt werden, die alle Leute durchknallen lassen, sobald sie das Schiff betreten. Inzwischen weiß ich, dass das gar nicht nötig ist. Weil sich diese Leute schon selbst Wochen, Monate oder sogar Jahre, bevor sie an Bord gehen, mit einer Hysteriedroge vollpumpen, die auf den unscheinbaren Namen »Große Erwartungen« hört.

Das ist schnell erklärt. Kreuzfahrten sind teuer, deshalb müssen viele Leute eine kleine Ewigkeit darauf sparen. In der Wartezeit gucken sie jede Kreuzfahrtdoku im Fernsehen, fachsimpeln in Kreuzfahrt-Internetforen mit anderen Passagieren über die besten Routen, Kabinen und Essenszeiten. Nebenbei decken sie sich im Merchandising-Shop mit Käppis, Fanshirts, Schlüsselanhängern und Schweißbändern im Look ihres Schiffes ein. Beladen mit all diesem geistigen und materiellen Ballast, poltern sie dann am großen Tag der Abreise die Gangway hoch und fühlen sich allein deshalb wie Könige, weil sie rausgeputzt sind wie welche. Außerdem werden sie in diesem Moment ja ein Stück weit selber zu den Protagonisten der Fernsehdokus, von denen sie so viele gesehen haben. Logisch, dass da alles perfekt sein muss. Jeder Schritt wird zum Großereignis und jede Geste zum Schlüsselmoment. Aber wie das so ist mit Augenblicken, die auf Teufel komm raus perfekt sein sollen: Es geht andauernd etwas schief. Da bleiben aufgetakelte Pfennigabsatzdiven mit ihren Schuhen an der Gangway hängen, oder aufgedrehte Kinder machen sich im unpassendsten Moment in die Hose, oder neureiche Herren tragen die Nase so hoch, dass sie beim Betreten des Schiffes die Kante übersehen und hinknallen. Es ist sogar mal eine Frau vor Ergriffenheit in Ohnmacht gefallen, sobald sie das Atrium des Schiffes erreicht hatte. Dabei schlug sie sich den Kopf an und bekam eine dicke Beule. Hat sicher weh getan. Aber der Schmerz störte die Dame überhaupt nicht. Ihr einziges Problem war, dass sie auf den Fotos, die ihr Mann während der Reise an jedem Geländer und jedem Pfosten von ihr machte, zur Seite gucken musste, damit man die Blessur nicht sah. Ein Riesendrama. Wenn auch nur eins von Hunderten, die auf Kreuzfahrtschiffen im Minutentakt die Kollision von jahrelang gewachsenen Erwartungshaltungen mit der Realität begleiten.

Woher ich das alles weiß? Ich war 2007 selber auf einem Kreuzfahrtschiff dabei. Natürlich nicht als Gast, sondern als Animateur. Eigentlich eine große Sache auf meinem Lebensweg, aber weil der Job nicht so ganz mein Fall war, findet er nur im »Abreise«-Kapitel seinen Platz. Damals ging eine neue »Premiumgeneration« von Kreuzfahrtschiffen an den Start, bei der die Gästebetreuung ausschließlich von Spezialisten bestritten werden sollte. Da ich in der Clubhotelbranche mittlerweile einen guten Ruf hatte, fragten mich die Gründer des Projekts, ob ich mir vorstellen könnte, die Animationslei-

tung zu übernehmen. Ob ich mir das *vorstellen* konnte? Na,
logisch, konnte ich. Wenn's nach mir gegangen wäre, hätte ich
von einem Tag auf den anderen angefangen, aber das Aus-
wahlverfahren war in diesem Fall etwas penibler, als ich es
gewohnt war. Es gab ein Assessment-Center, mehrere Vor-
stellungsgespräche und ein fünftägiges Seetauglichkeitstrai-
ning in Rostock. Erst dann bekam ich ein Zertifikat, das mir
bescheinigte, dass ich auf See arbeiten durfte. Samt einer Einweisung, was meine Aufgaben sein sollten. Da war von Filmen und Moderieren, Singen und Tanzen, Musikauflegen
und Sporttreiben die Rede. Das war zwar alles nichts Neues,
doch es auf einem Schiff zu tun hatte auch für mich seinen
besonderen Reiz. Letztendlich erging es mir aber wie vielen
Kreuzfahrern: Meine Erwartungen wurden enttäuscht. In
diesem Fall nicht, weil sie so wahnsinnig hochgesteckt waren,
sondern weil die Einweisung nach einem Leitfaden erfolgte,
der noch nicht an die neue Premiumgeneration angepasst war.
Wäre er es gewesen, hätte die Beschreibung meines Tagesab-
laufs ungefähr so geklungen: »Und Sie, Herr Kudszus, spielen
einmal Shuffleboard am Morgen und einmal Volleyball am
Nachmittag.«
Dann hätte ich vermutlich gefragt: »Und was soll ich mit dem
Rest der Zeit anfangen?«
Die Antwort hätte gelautet: »Socialising! Gästekontakt am
Pool, Gästekontakt an der Anytime-Bar und nachts Tanzflächenanimation in der Disco.«
Ich halte es gut für möglich, dass ich im Angesicht einer solchen Ansage mein Seetauglichkeitszertifikat zerknüllt und in
die Ostsee geschmissen hätte. Shuffleboard war für mich eigentlich nur eine mäßig hippe Bocciavariante, »Tanzflächenanimation« war ein Wort, bei dem sich mir die Haare auf-
stellten, und trotz aller Routine, die ich beim Smalltalk in-

zwischen entwickelt hatte, wollte ich damit trotzdem nicht gleich achtzig Prozent meines Arbeitstages verbringen. Doch es kam genau so. Ich glaube, ich habe nie wieder so viel gequatscht wie in meinen drei Monaten auf See. Mir blieb nichts anderes übrig. Außer den täglichen Volleyball- und Shuffleboard-Einlagen (bei denen ich in meiner Verzweiflung immer gnadenlos überzog) durfte ich ja nirgends mitmachen. Die Shows wurden von Musicalsängern, Zauberern und Comedians bestritten, für die Moderationen war eine versierte Radiotante zuständig, die auch den Bordsender betreute, das Filmen übernahm ein ausgebildetes Kamerateam, die Disco beschallten Profi-DJs, und auch sonst gab es für jeden Mist vom Malkurs bis zur Tanzlehrerin »Spezialisten«. Also musste ich labern. Ich hab mir irgendwann einen Spaß daraus gemacht, meine »Socialising«-Aktivitäten dafür zu nutzen, die Leute von ihren eigenen Ansprüchen runterzuholen. Das bot sich an, denn es wurde ja ständig gemeckert. Und wer musste es sich anhören? Klar: ich. Absurderweise schienen viele Gäste sich einzubilden, Kreuzfahrtschiffe seien gegen Unbequemlichkeiten wie Wind, Gedrängel, Lärm oder auch einfach nur Brandflecken im Teppich immun. Das konnte ja nicht gutgehen. Ich hab den Passagieren immer gesagt: »Wir sind zwar nicht an Land, aber wir sind trotzdem nicht aus der Welt.«

Bei dem Spruch mussten viele über ihre eigenen Ansprüche lachen, denn es fehlten ihnen meist die Worte. Auch hier musste man schließlich am Buffet anstehen. Auch hier geriet mal ein Cocktail zu sauer oder zu süß. Und auch hier konnte man an nervige Zimmernachbarn geraten. Hinzu kam, dass auch die luxuriösesten Pötte zwischendurch ein bisschen schaukelten, so dass vielen Passagieren schlecht wurde. Und dann war da noch ein ganz menschliches Problem, unter dem allerdings niemand mehr zu leiden schien als ich selbst: die Langeweile. Ich war jeden Tag wie ausgehungert, wenn es um 16 Uhr Zeit für Volleyball war. Und ich war todtraurig, wenn sich dieser Zeitpunkt mit dem Ende eines Landgangs überschnitt. Das bedeutete, dass sich oft nicht genügend Mitspieler fanden, weil die meisten Passagiere an der Reling standen, um das Auslaufen des Schiffes zu beobachten. Wenn doch eine Mannschaft zusammenkam, war es dafür umso gigantischer. Volleyball zu spielen, während die Schiffshymne durch die Boxen dröhnte und im Hintergrund die Landschaften von Madeira, Tunesien oder Mallorca vorbeizogen. Das bringt ein erhabenes Gefühl von Freiheit mit sich.

Ansonsten war es mit der Freiheit auf hoher See zugegebenermaßen nicht weit her. Die Unterkünfte waren zwar modern, aber so klein, dass nicht mal ein 1,78-Meter-Mann wie ich sich im Bett voll ausstrecken konnte. Und dann war da noch mein Zimmernachbar: ein Reiseleiter, der Vollalkoholiker war und sich jeden Abend eine Flasche Gin reinschüttete. Entsprechend roch es in der Kabine. Weil ich bei dem Alkoholdunst nicht schlafen konnte, bin ich oft rausgegangen und hab auf dem Crewdeck gepennt. Das war ein Bereich vorne am Bug, wo Passagiere nicht hindurften und wir sogar einen kleinen Mitarbeiterpool und einen Basketballkorb hatten. War echt schön da. Ich hab dort manchmal auch mit Kollegen aus Thailand, die als Reinigungskräfte arbeiteten, Körbe geworfen. Mit diesen Jungs hab ich irgendwie doch noch das erlebt, was es sonst wegen der Vereinzelung und Spezialisierung auf dem Schiff kaum gab: ein Gemeinschaftsgefühl der Crew. Obwohl wir nur in gebrochenem Englisch miteinander reden konnten, verstanden wir uns super. Und spätestens nachdem ich den Thais einen Basketball geschenkt hatte, war ich für sie der Held. Das hatte erstens zur Folge, dass in der Crewmesse sogar bei Überfüllung immer ein Platz für mich frei war, und zweitens, dass ich eines Abends nach einem Basketballspiel gefragt wurde, ob ich Bedarf nach »beautiful ladies« hätte. Beautiful ladies? Ich dachte zuerst, das wäre eine neue Droge oder so was. Es wörtlich zu nehmen fand ich albern. Immerhin befanden wir uns auf einem Schiff, da war es schlicht nicht möglich, mal schnell in den nächsten Puff zu rennen, um Frauen für einen untervögelten Animateur anzuheuern. Es sei denn ... Tja, es sei denn, der Puff befand sich schon auf dem Schiff. Ich wurde neugierig. Nach fünf Minuten hitzigen Radebrechens, in dem immer wieder Worte wie »Massage« und »sexy« und »Happy End« fielen, war ich aufgeklärt: Der »Puff« bestand aus einem Grüppchen weiblicher Landsleute meiner Basketballfreunde, die tagsüber als Zimmermädchen oder im Restaurant arbeiteten und sich ihr mickriges Gehalt nebenbei mit körperlichen Gefälligkeiten für die Angestellten aufbesserten. Natürlich inoffiziell, aber top organisiert. Für vierzig oder fünfzig Euro konnte man bei ihnen eine »Massage« buchen. Man musste vorher nur einen Termin machen. Das ließ sich so einfach arrangieren wie der Gang zum Bordfriseur.

Ich war baff. Kurzfristig war ich sogar drauf und dran, das Angebot wahrzunehmen, aber ich hab's am Ende nicht getan. Dazu muss ich sagen, dass das Ausleben sexueller Triebe für Angestellte zumindest auf den Schiffen, auf denen ich mitgefahren bin, außerordentlich schwierig war. Das war noch schlimmer als in Ägypten. Sex mit Gästen war ein sofortiger Kündigungsgrund, und wegen der überall rumhängenden Überwachungskameras war es fast unmöglich, ein stilles Örtchen zu finden. Im Prinzip war es also eine logische Konsequenz, dass sich die Mitarbeiter untereinander arrangierten – zumal es bei knapp sechshundertfünfzig Angestellten ausreichend Bedarf gab. Zwei Techtelmechtel, die in der Crewmesse ihren Anfang nahmen, hatte irgendwann auch ich. Das denkwürdigste Erlebnis hatte ich allerdings doch mit einer Passagierin: mit Isabell aus München.

Ich hatte ziemlichen Notstand, als mich »die Isi von der Isar« bei der Tanzflächenanimation schamlos anbaggerte. Sie hatte vorher schon öfter beim Shuffleboard vorbeigeschaut und dabei mehr als deutlich raushängen lassen, dass sie weder beim Spiel zugucken noch mitspielen, sondern eigentlich nur mit mir reden wollte. Als sie mir nun in der Disco eindeutige Avancen machte, kamen wir schnell zur Sache. Wir verabredeten uns am Squashcourt. Das war der optimale Ort für eine schnelle Nummer. Dort waren ausnahmsweise keine Kameras, es war dunkel, und um die Zeit waren auch keine Leute unterwegs. Es dauerte nicht lange, und wir lagen in der Mitte des Spielfelds und gaben unseren aufgestauten Begierden nach. Ich weiß noch, dass es eine mondlose Nacht war und die weißen Stellen, die Isis Bikinioberteil und -höschen hinterlassen hatten, im Dunkeln hell leuchteten. Und dass sie beim Sex irgendwas Bayerisches raunte. Und ziemlich laut stöhnte. Mich machte das alles total verrückt, und ich hätte auf Anhieb zum Höhepunkt kommen können, hab es mir aber zugunsten des längeren Genusses und aus Rücksicht auf Isi verkniffen. Ich könnte mich bis heute dafür ohrfeigen. Hätte ich nicht aus falsch verstandenem Ehrgeiz einen auf Dauerlaufstecher gemacht, wären wir vielleicht fertig gewesen, bevor urplötzlich gleißendes Flutlicht den Platz erhellte. Ja, ihr habt richtig gehört. Der Squashcourt erstrahlte auf einmal im Schein zahlloser Lampen. Und ja, es kommt hin, wenn ihr euch den Herrn Animationsspezialisten und seine bayerische Verehrerin jetzt als rammelnde Kaninchen in Schreckstarre vorstellt, die mitten auf einem üppig ausgeleuchteten

Präsentierteller kauern und Gesichter machen, als hätte man ihnen eine Rakete in den Hintern gesteckt.

»Woas'n des nu?«, fragte Isi und blinzelte zu mir hoch.

»Weiß nicht«, antwortete ich und blinzelte in die Scheinwerfer.

Dann hörte ich hinter der weißen Wand aus Licht undeutliches Gemurmel und leises Gekicher. Ich bin nie wieder so schnell in meine Klamotten gesprungen wie in diesem Moment. Und ich bin nie wieder so sinnlos kampfbereit auf ein gesichtsloses Gelächter zugelaufen wie auf diesem Squashfeld. Letztendlich sah ich mich vier meiner thailändischen Kumpels gegenüber, die mit Gummistiefeln und Plastikschürzen dastanden, verlegen lächelten und »Sorry, sorry« stammelten. Dann entrollten sie einen Wasserschlauch und sprühten damit die Außenwände des Schiffes ab. Ich erfuhr später, dass das jede Nacht gemacht wurde, damit das Salz des Meerwassers nicht auf den Wänden festbackt. Die Jungs erledigten also nur ihren Job. Ich konnte ihnen kaum böse sein. Auch wenn ich meinen Job mit Isabell unter diesen Umständen nicht zu Ende bringen konnte. Hinterher war ich den Jungs sogar dankbar, weil sie mich nicht verpfiffen haben. Das war nicht selbstverständlich. Die Regeln auf so einem Kreuzfahrtschiff sind knallhart. Und das Kleingedruckte wirkt sich oft negativ auf das zwischenmenschliche Miteinander unter den Angestellten aus.

War man zum Beispiel länger als drei Tage krank, wurde man von Bord geschickt, und das Vertragsverhältnis galt als beendet. Den Flug ins Heimatland zahlte das Kreuzfahrtunternehmen noch, aber eine Rückkehr aufs Schiff gab's nicht. Das war das Gesetz des »no return«. Neunundneunzig Prozent der Angestellten, die einmal ausfielen, kehrten nicht wieder zurück. Das ist bitter, aber irgendwie logisch. Auf so einem

Schiff gibt es halt nur eine sehr begrenzte Menge Platz. Es ist eine logistische Meisterleistung, diesen Ameisenhaufen von Angestellten überhaupt unter Kontrolle zu halten, also ist alles bis ins kleinste Detail durchkalkuliert. Das heißt auch, dass jeder, der nicht gebraucht wird, erstens unnötigen Ballast darstellt und zweitens ohnehin knappen Platz wegnimmt. Kranke Passagiere kann man sich da nicht leisten. Zumal sich Infektionskrankheiten auf dem beengten Raum eines Schiffes viel schneller ausbreiten. So lebten die Angestellten unter dem ständigen Druck, bloß keine Schwächen zu zeigen, und alle hatten Schiss um ihre Jobs. Auch ich hatte mal einen halben Tag Zahnschmerzen und bin sofort unruhig geworden. Letztendlich waren es aber nicht die Zahnschmerzen, die meiner Karriere auf hoher See ein Ende bereiteten, sondern die Erkenntnis, dass ich fürs Kreuzfahren nicht geboren bin. Schon gar nicht in der Premiumvariante. Also hab ich gekündigt.

In einer meiner letzten Nächte auf See gab es dann noch einen magischen Moment, der mich für all die Langeweile der letzten Monate entschädigte. Ich war mal wieder vor meinem besoffenen Zimmernachbarn aufs Crewdeck geflüchtet. Es war eine klare Nacht. Über mir schien der Mond, vor mir schimmerte das endlose Meer. Auf einmal hörte ich von unten ein leises regelmäßiges Platschen. Um zu erkunden, was da los war, ging ich vorne an die Reling. Zu dem Punkt, an dem Kate Winslet und Leonardo DiCaprio in *Titanic* den »König der Welt« machen. Erst konnte ich im Halbdunkel nichts erkennen, aber dann sah ich sie: Vor dem schäumenden Bug sprangen Delphine durchs Wasser. Echte Delphine. Vier Stück. Es sah aus, als wollten sie dem Schiff den Weg weisen. Oder mir?

Egal: Wir nehmen Kurs auf den Heimathafen und rüsten uns fürs Einschiffen. Und falls vor dem Landgang noch jemand wissen will, was aus »Isi von der Isar« geworden ist: Wir haben in der Nacht nach der Squashcourt-Show doch noch zu Ende gepoppt. Allerdings auf dem Crewdeck. Ein verbotenes Vergnügen. Also bitte nicht weitersagen. Und nun: Anker setzen!

Das Leben danach

Geht die Urlaubssaison vorbei, nimmt man am besten Urlaub. Das gilt zumindest für Animateure. Ich habe es nach Möglichkeit immer vermieden, zum Saisonende noch im Hotel zu sein. Genau wie ich es normalerweise vermeide, zu Hotels, in denen ich schon mal gearbeitet habe, als Gast zurückzukehren. Irgendwie zieht mich das beides runter. Beim Saisonende leuchtet das wahrscheinlich jedem ein: Dann werden Bühnendekorationen demontiert, Kostüme verstaut, Hanteln in den Keller gebracht, Poolnudeln, Bocciaschläger und Wasserbälle ins Depot gefahren. Man muss schon Masochist sein, um so was zu mögen. Weil es höllisch anstrengend und saudeprimierend ist. Es ackert ja ständig das Bewusstsein mit, dass man da gerade eine Welt in ihre Einzelteile zerlegt, die man selbst mit aufgebaut hat – und die es in dieser Form nie wieder geben wird. Fast immer werden Hotels im Winter renoviert. Wenn dann im nächsten Jahr die Saison anfängt, gibt es auf einmal Wände und Zimmer, wo vorher keine waren, während Türen und Mauern verschwunden sind, wo es vorher welche gab. Zudem nutzt jedes neue Team seine Räumlichkeiten anders. Kurzum: Das Ende der Saison ist wie die Vertreibung aus dem Paradies.
Und was das Zurückkehren angeht … Ich habe es nur einmal erlebt, dass ich in ein Hotel gekommen bin, in dem wirklich alles noch genau so war, wie ich es in Erinnerung hatte. Das war ausgerechnet im »Fuego del Volcán« auf Lanzarote. Im Jahr 2006 arbeitete ich wieder auf der Insel, aber in einem anderen Hotel am anderen Ende von Playa del Carmen. An meinem freien Tag kam ich auf die Idee, mir meine alte Wirkungsstätte anzugucken. Ich muss ein bisschen nostalgisch

gewesen sein. Und wenn ich es nicht war, dann wurde ich es spätestens beim Betreten der Anlage. Der Bühnenvorhang war derselbe, der in meiner Anfangszeit von mir auf- und zugezogen worden war, im Miniclub stand dieselbe Sitzbank, auf der ich Dunja beim Vögeln erwischt hatte, für die Terrassenstühle benutzten sie dieselben Stoffüberzüge, auf denen die toten Jungen der Streunerkatze zur Welt gekommen waren, im Fundus hingen sogar noch die bunten Batikshorts, die Bärbel und Gerrit so gut gefallen hatten. Die Zeit schien stehengeblieben zu sein. Das Einzige, was fehlte, waren die Leute. Ohne Andro, Caro, Timo und all die anderen, die das »Fuego del Volcán« zu dem gemacht hatten, was es für mich bedeutete, war der Besuch irgendwie ein Trip in eine vergangene Welt, die nur noch auf Fotos existierte. Es war, wie wenn man an Orte aus der Kindheit zurückkehrt. Ich kannte die Gerüche, die Räume und die Geschichten, aber alles wirkte kleiner und älter und fremder.

Aber bevor ich melancholisch werde, komme ich lieber zur Beantwortung der letzten offenen Sinnfrage: Wohin führt das Ganze?

Bezieht man die Frage auf den Animateursberuf als solchen, war das Kreuzfahrtkapitel eine Art Vorgriff auf die Zukunft. Die Zergliederung und Spezialisierung von Teilbereichen der Animation wird in den kommenden Jahren weiter voranschreiten. Durch die wachsende Vielfalt von Erlebniskonzepten in Gastronomie, Kommerz und Entertainment werden sich zudem immer mehr Nischen für Animateure auftun – egal ob es um die Unterhaltung auf Messen und Großveranstaltungen oder in Einkaufszentren und Vergnügungsparks geht. Durch diese Entwicklung wird auch die Anzahl von Agenturen steigen, bei denen Veranstalter je nach Größe ganze Animationsteams oder auch einzelne Showacts wie Zauberer und

Travestiekünstler oder Ausrüstung buchen können. Nebenbei verfeinern die Clubhoteltitanen, die durch die Allroundanimation groß geworden sind, ihre Konzepte, während andere aus Kostengründen die Animation ganz einstellen. All das passiert schon jetzt, so dass die Branche derzeit am Scheideweg zwischen Qualitätssicherung und Radikalsparen steht. Ob es einen Weg dazwischen gibt? Gucken wir mal.

Und damit zu den Animateuren selbst: Die Frage, ob man als Animateur alt werden kann, ist durch Figuren wie Andro, Manne oder den Typen aus dem Internetcafé indirekt bereits beantwortet, die Frage nach dem Altern in Würde dagegen nicht. Zu Letzterem sage ich nur so viel: Ich versuche es gerade. In dem vollen Bewusstsein, dass ich nicht noch mit fünfzig als weltfremde Karikatur meiner selbst durch die Clubhotels der südlichen Hemisphäre tingeln will, probiere ich gerade verschiedene Animationskonzepte in Deutschland aus. An meiner Motivation soll es nicht scheitern, aber wie weit man mich gehen lässt, wird sich noch zeigen. In Deutschland tut man sich mit purer Unterhaltung nicht unbedingt leicht. Deswegen gibt es ja so viele Vorurteile gegenüber Animateuren. Und deswegen bleiben auch immer wieder Leute unfreiwillig an diesem Job kleben. Wenn ein Animateur am Ende der Saison nach Deutschland zurückkehrt, muss er nicht nur den alltäglichen Überlebenskampf um Schlafplatz, Essen und Arbeit wieder aufnehmen, er muss sich auch mit der Missgunst seiner Mitmenschen auseinandersetzen. In der Familie mosern die Angehörigen: »Wann willst du denn endlich mal was Vernünftiges machen?« Und in der freien Wildbahn unterstellen viele, dass man nicht »richtig« arbeiten kann oder will. Ich selber habe meine Winter in den letzten zwölf Jahren zwar häufig in Ganzjahresclubs auf den Kanaren oder in Nordafrika verbracht, aber ich hatte zwischendurch auch

Phasen, in denen ich zum Beispiel als Paketausfahrer gearbeitet habe. Angesichts der feindseligen »Der faulen Animateurssocke halsen wir doppelt viel Arbeit auf«-Schikane, die ich dort erlebt habe, kann ich jeden verstehen, der sich zurück in ein Clubhotel flüchtet. Wenn wir also nicht in hundert Jahren immer noch als Volk der Spaßbremsen missverstanden werden wollen, sollten wir vielleicht damit aufhören, die Spaßmacher in unserer Gesellschaft zu verurteilen. Das bringt einen großen Vorteil mit sich: Wenn man nicht ständig auf die Leichtlebigkeit der anderen schimpft, kann man sich selbst mehr Leichtlebigkeit erlauben. Die Folge: Sonne, Hitze und Meeresrauschen bleiben im Herzen. Ich muss sie allerdings jetzt leider ausknipsen. Adiós, amigos!

Diddeldaddeldudel-Dank

Ich möchte allen danken, die mich kennen, mich mögen oder auch nicht mögen, die ich mag oder auch nicht mag – kurzum: allen, die mich zu dem gemacht haben, der ich bin. Vielen Dank an Christian Lütjens, der dieses Buch sinnvoll zu Papier gebracht hat, und an Iris Hechenberger vom Verlag für die Chance, es zu veröffentlichen. Mein besonderer Dank gilt aber meinem besten Freund Uwe Jensen – ein Freund, wie es keinen zweiten gibt. Er hat mich immer aufgenommen, wenn ich eine Bleibe brauchte, mir Geld oder sein Auto geliehen, er holt mich vom Flughafen ab oder bringt mich hin. Vermutlich würde er sogar sein letztes Hemd für mich hergeben. Ich hoffe, dass ich mich für die meisten Gefallen noch in diesem Leben revanchieren kann. Uwe, du bist der Größte!

Thilo Mischke

In 80 Frauen um die Welt

Von einem, der auszog, die Liebe zu finden

Thilo Mischke, gerade frisch getrennt, schwelgt in Selbstmit-
leid, als seine Kumpel bei einem feuchtfröhlichen Discoabend
auf eine völlig absurde Idee kommen. Thilo soll eine Weltreise
machen und dabei 80 Frauen verführen. Schafft er das, zahlen
ihm seine Freunde den Trip.
So macht sich Thilo auf die aufregendste Reise seines Lebens
und erkundet die Frauenwelt zwischen Indien, Israel und den
Fidschi-Inseln. Am Ende ist er nicht nur um viele Erfahrungen und Abenteuer reicher, sondern er findet – völlig unver-
mutet und am Ende der Welt – die große Liebe.

»Sex-Odyssee mit Happy End!«
BZ